KB139641

The Easy Guide
Book of
Using Eclipse

by Lee doo jin
www.owllab.com

www.pisibook.co.kr

- 저자 : 이두진

아울연구소 소장입니다. 아울연구소(www.owllab.com)는 아울(www.owl.co.kr)이라는 소프트웨어 개발 회사가 앞선 IT 기술의 동향과 발전 추이를 스터디하는 목적으로 설립한 연구소입니다. 아울은 스마트폰의 탄생과 함께 바로 다양한 상업적 앱 개발을 진행해왔으며, 앱북과 앱콘텐츠의 개발과 배포 사업을 진행하고 있습니다. 저서로는 "안드로이드 앱 개발 완벽 가이드", "아이폰 앱 개발 완벽 가이드". "안드로이드 기초와 실전 앱 프로젝트", "HTML5와 폰갭으로 웹앱 나도 만든다", "모바일 웹과 웹을 위한 jQuery Mobile" 등이 있습니다.

소스 코드는 웹하드 (www.webhard.co.kr)에서 다운받을 수 있습니다.

- ID : pisibook　　• 비밀번호 : webhard　　• 폴더 : 내리기 전용

쉽고 자세한 Eclipse 사용법

초판 발행일 : 2012년 5월 18일

발행인 : 이병재
펴낸곳 : 도서출판 PCBOOK
지은이 : 이두진
편집인 : 홍아트

주소 : 서울시 강남구 신사동 526-7
전화 : 02)325-0837-8
팩스 : 02)325-0836

ISBN : 978-89-8193-140-7
등록번호 : 제 10-1205호
책 값 : 20,000원

도서출판 PCBOOK
이메일 : pcbk@chol.net
홈페이지 : www.pisibook.co.kr

저자가 드리는 글

"안드로이드 앱 개발 완벽 가이드", "아이폰 앱 개발 완벽 가이드", "안드로이드 기초와 실전 앱 프로젝트", "HTML5와 폰갭으로 웹앱 나도 만든다", "모바일 웹과 웹앱을 위한 jQuery Mobile"에 이어 본서를 집필했습니다. 나름 선발 개발자로서의 책임과 의무감으로 다시 집필하기 시작하여 스마트 앱 개발 시리즈를 일단락하고, 후발 개발자들을 위해 프로그래밍 세계를 넓은 시각으로 보여주면서 진정한 개발자의 길로 안내하고자 본서를 집필하게 됐습니다.

컴퓨터 프로그래밍이 이미 실생활에 큰 변혁을 가져오고 있다는 것을 공감할 것입니다. 공상과학이 공상에 머무르지 않는 것은 도올 선생께서 강조하시는 "실천하는 사상가"들 때문입니다. 우리는 이미 프로그래밍이라는 도구로 행동하고 있습니다. 이런 행동에 공존과 공유의 사고가 결여되면 세상은 빠져나올 수 없는 늪이 되어 버릴 수 있습니다. 프로그래밍의 힘은 기하급수적으로 커져 가고 있습니다. 이제는 마음만 먹으면 공상과학으로 상상만 하던 인공지능을 만드는 것도 그리 어렵지 않습니다.

이와 같은 현상을 본서에서 논하는 이클립스가 조용히 조금씩 보여주고 있습니다. 이클립스를 존재하게 했던 지금의 자바 기술은 특정 개인의 노력이나 사상만으로 만들어진 것이 아닙니다. 한 사람 한 사람 우리들 모두가 고민하던 삶의 원칙에 대한 고민이 이클립스에 차곡차곡 쌓여 있습니다. 이를 가능케 하는 것은 철학이고 사상입니다. 자바와 이클립스가 세상을 지배하는 것은 단순한 기술만이 아니기 때문입니다. "자바"라는, "이클립스"라는 기술을 탄생시킨 배경 철학이 있었고, 많은 개발자들을 자연히 모여들게 하는 사상적인 힘이 있었기 때문입니다. 그 철학과 힘의 요체는 바로 "공유"입니다.

이러한 철학이나 사상은 금전으로부터 시작되지 않았습니다. 중도에 자금의 힘으로 철학과 사상을 구매하려던 어리석은 기업들도 많았습니다. 하지만 그런 기업들은 하나같이 발전 속도가 둔화되고 퇴보되어 왔습니다. 그 당시의 상품을 구매했을 뿐 철학과 사상을 살 수 없었기 때문입니다.

공유를 바탕으로 끝없이 확장을 거듭하는 이클립스와 같은 통합개발도구를 보면 우리나라의 대기업들이 깨쳐야 할 것이 많다는 생각입니다. 힘 있는 대기업들이 모든 초점을 눈앞의 현금에만 맞춰왔기 때문에 우리나라에서는 이클립스 같은 툴이 탄생하지 못했습니다. 당장의 실적이나 목전의 이익에만 급급해서 이클립스와 같은 공유 툴의 개발은 4차원적인 얘기라고 무시하던, 근시안적이고 저급한 시장 논리에서 벗어나야 합니다.

본서를 학습할 개발자님들은 필자가 들려주는 이클립스 이야기를 통해 프로그래밍과 공유에 대해 한번쯤 생각해보는 시간을 가졌으면 좋겠습니다.

차례

1부 이클립스 환경 구축과 설치하기

2부 기본 자바 코딩을 위한 이클립스 사용법

7장 코딩을 위한 소스 편집 기능들   115

3부 웹 개발을 위한 이클립스 사용법

8장 HTML 웹 프로젝트   135

9장 HTTP Preview 웹서버 환경   153

4부 안드로이드와 웹앱을 위한 이클립스 사용법

찾아보기

1부

이클립스 환경 구축과 설치하기

Chapter 01 이클립스의 소개

자바(Java)는 객체지향 프로그래밍 언어이기 때문에 자바가 발전하면 할수록 더 많은 라이브러리를 참조하게 됩니다. 참조할 자바 라이브러리들에서 제공하는 API들도 매우 다양하기 때문에 개발자가 이 API를 일일이 암기하여 코딩하는 것은 거의 불가능합니다. 이런 문제를 일거에 해결해주는 자바 개발도구가 바로 이클립스(Eclipse)입니다.

이클립스는 응용 프로그램들의 다양한 개발 목적에 맞춰 몇 가지의 버전을 배포하고 있습니다. 이 버전들은 각각의 개발 목적에 적합한 라이브러리를 포함시키는 방식으로 패키징하고 있으므로 필요에 따라 원하는 개발도구를 추가로 설치하여 개발자가 원하는 자기 맞춤형 개발도구를 구성할 수 있습니다.

예를 들어, 기본형인 Eclipse Classic 버전을 설치한 후, 이 기본 패키지에 웹 개발용 도구를 플러그인 방식으로 추가 설치하여 웹 개발 전용으로 사용할 수 있습니다.

이클립스 패키지의 종류

이클립스는 개발 분야에 따라 적합한 라이브러리들을 조합하여 몇 가지 버전의 패키지를 배포하고 있습니다. 이클립스에서 배포하는 패키지의 종류를 개괄적으로 살펴보면 이클립스를 이용해 어떤 프로그램을 개발할 수 있는지를 알 수 있으며, 또한 자바 프로그래밍 분야에 어떤 작업들이 있는지를 전반적으로 조감할 수 있는 좋은 기회가 될 것입니다.

하지만 만일 초보 프로그래머라면 아직 잘 모르는 용어와 개념이 많을 것이므로 여기서 소개하는 이클립스의 각 응용 분야를 너무 깊이 알려고 하지 말고, 익히 잘 알려진 웹이나 스마트 앱 분야이외에도 프로그래밍 분야에 이런 구체적이고 다양한 분야들이 있구나 하는 정도로 편하게 읽어 보기 바랍니다.

먼저 이클립스에서 배포하는 각 분야에 대해 간단히 언급하고 또한 각 패키지마다 포함하고 있는 라이브러리들을 나열할 것인데 이 라이브러리는 이클립스 버전에 따라 약간의 차이는 있을 수 있고, 초보자에게는 생소한 패키지명이 될 수 있습니다. 하지만 이클립스의 기본을 익히고 나서 나중에 다른 분야의 패키지가 어떤 라이브러리를 제공하는지 알아야 할 때 이 장이 큰 도움이 됩니다.

그림과 같이 이클립스는 www.eclipse.org 사이트에서 무료로 다운받아 설치할 수 있습니다.

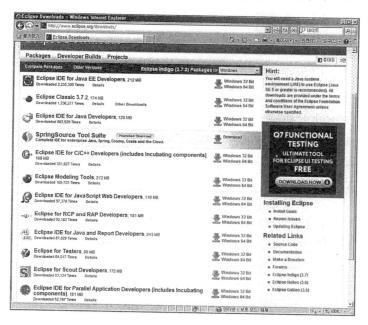

아래 그림은 Mac OS X의 Safari(사파리) 웹브라우저로 이클립스 사이트에 접속한 사례입니다. 이처럼 이클립스 배포 사이트에서는 자동으로 개발자의 OS에 알맞은 패키지를 다운받을 수 있도록 합니다.

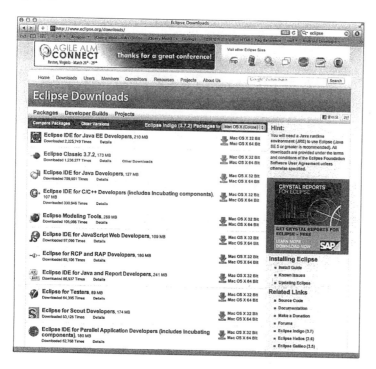

이클립스는 자바를 기반으로 작동하는 프로그램이기 때문에 자바를 지원하는 OS에서는 어디서나 설치할 수 있습니다. 따라서 이클립스는 MS Windows, Mac OS X, Linux 등 거의 모든 OS에서 동일한 기능을 지원하도록 패키지를 배포하고 있습니다.

> **참고 ┃ 이클립스의 버전과 코드명**
>
> 이클립스(eclipse)는 일식이나 월식과 같이 행성에 가려 빛을 잃는다는 천문학에서 따온 이름입니다. 그래서 이클립스 버전에 붙이는 코드명도 행성의 이름을 이용하고 있습니다. 이클립스는 버전에 따라 다음과 같은 코드명을 부여하고 있습니다.
>
> | 버전 | 코드명 |
> | --- | --- |
> | 3.7 | Indigo(인디고) |
> | 3.6 | Hellos(헬로우스) |
> | 3.5 | Galileo(갈릴레오) |

이제 이클립스에서 배포하는 패키지 종류를 살펴봅니다. 지금부터 초보자에게는 다소 어렵게 느껴지는 자바와 관련된 여러 가지 용어가 나옵니다. 자바는 용어의 의미를 이해하는 것으로 부터 시작합니다. 자바는 기능별 용어들을 약자로 표기하고 이 이름을 패키지명으로 사용합니다. 이 용어들을 이해하는 것만으로도 자바에 대해 전체적인 조감을 할 수 있으며, 개발자 간의 의사소통에도 중요한 요소로 작용합니다. 자바 패키지들은 약자로 표기하기 때문에 어려워 보일 수 있지만, 이 약자를 풀어보면 의미를 쉽게 이해할 수 있을 뿐만 아니라, 초보자도 자바에 대해 기술적으로 깊이 있는 대화를 할 수 있게 됩니다.

앞으로 이클립스 패키지들을 소개하는 과정에서 등장하는 용어들은 간단한 참고를 통해 그 용어들의 의미를 소개하겠습니다.

Eclipse IDE for Java EE Developers

이 패키지가 가장 대중적으로 사용되는 패키지입니다. 이 패키지는 기업형 응용 프로그램이나 웹 응용 프로그램을 개발하기에 적합한 패키지이며, Java IDE, Java EE, JPA, JSF, Mylyn 등의 라이브러리들을 포함하고 있습니다. 이 패키지에는 다음과 같은 라이브러리들이 포함되어 있습니다.

org.eclipse.cvs

org.eclipse.datatools.common.doc.user

org.eclipse.datatools.connectivity.doc.user

org.eclipse.datatools.connectivity.feature

org.eclipse.datatools.doc.user

org.eclipse.datatools.enablement.feature

org.eclipse.datatools.intro

org.eclipse.datatools.modelbase.feature

org.eclipse.datatools.sqldevtools.feature

org.eclipse.datatools.sqltools.doc.user

org.eclipse.epp.package.common.feature

org.eclipse.help

org.eclipse.jdt

org.eclipse.jpt.common.eclipselink.feature

org.eclipse.jpt.common.feature

org.eclipse.jpt.dbws.eclipselink.feature

org.eclipse.jpt.jaxb.eclipselink.feature

org.eclipse.jpt.jaxb.feature

org.eclipse.jpt.jpa.eclipselink.feature

org.eclipse.jpt.jpa.feature

org.eclipse.jsf.feature

org.eclipse.jst.common.fproj.enablement.jdt

org.eclipse.jst.enterprise_ui.feature

org.eclipse.jst.jsf.apache.trinidad.tagsupport.feature

org.eclipse.jst.server_adapters.ext.feature

org.eclipse.jst.server_adapters.feature

org.eclipse.jst.server_ui.feature

org.eclipse.jst.web_ui.feature

org.eclipse.jst.webpageeditor.feature

org.eclipse.jst.ws.axis2tools.feature

org.eclipse.jst.ws.cxf.feature

org.eclipse.jst.ws.jaxws.dom.feature

org.eclipse.jst.ws.jaxws.feature

org.eclipse.mylyn.bugzilla_feature

org.eclipse.mylyn.context_feature

org.eclipse.mylyn.ide_feature

org.eclipse.mylyn.java_feature
org.eclipse.mylyn.wikitext_feature
org.eclipse.mylyn_feature
org.eclipse.pde
org.eclipse.platform
org.eclipse.rse
org.eclipse.rse.useractions
org.eclipse.tm.terminal
org.eclipse.tm.terminal.ssh
org.eclipse.tm.terminal.telnet
org.eclipse.tm.terminal.view
org.eclipse.wst.common.fproj
org.eclipse.wst.jsdt.feature
org.eclipse.wst.server_adapters.feature
org.eclipse.wst.web_ui.feature
org.eclipse.wst.xml_ui.feature
org.eclipse.wst.xsl.feature

참고 Java IDE

IDE란 "Integrated Development Environment"의 약자로 "통합개발환경"을 말합니다. 따라서 Java IDE는 "자바 통합개발환경"을 의미합니다.

참고 Java EE

EE는 "Enterprise Edition"의 약자이며 Java EE는 표준 패키지인 Java SE(Standard Edition)에 "웹 애플리케이션 서버" 관련 기능을 추가한 패키지입니다. "웹 애플리케이션 서버"는 웹서버에 설치하여 작동하는 서버 측 프로그램을 의미하며, 영문으로는 "WAS(Web Application Server)"라고 합니다. Java EE는 예전에는 "J2EE"라는 이름으로 불린 바 있습니다.

참고 EJB

EJB는 "Enterprise JavaBeans(엔터프라이즈 자바빈즈)"의 약자이며, 기업형 서버 측 컴포넌트 모델을 개발하기 위한 기술들을 제공합니다. 그래서 자바 웹 분야에서는 기업형 웹 개발을 할 때 JSP로 화면을 구성하고, 업무 로직은 EJB로 작성하는 개발 환경을 갖추게 되었습니다. EJB는 일반적으로 "세션 빈(Session Bean)"과 "엔티티 빈(Entity Bean)"으로 나뉘는데, 세션 빈은 휘발성 서버 메모리에 관련된 모듈이고, 엔티티 빈은 데이터베이스와 연동하는 등의 기타 업무 로직들을 담고 있는 모듈을 의미합니다.

JPA는 "자바 퍼시스턴스 API(Java Persistence API)"의 약자이며, 관계형 데이터베이스 연동에 대한 기능들을 제공합니다. JPA는 EJB의 엔티티 빈(Entity Bean) 기술을 구체화시킨 기술입니다.

JSF는 "자바 서버 페이스(JavaServer Faces)"의 약자이며, Java EE 기반에서 웹용 사용자 인터페이스(Web User Interface)를 쉽게 개발할 수 있도록 지원하는 컴포넌트형 웹 개발용 프레임웍입니다. MVC 모델로 JSP를 사용하는 웹 개발 방법론에 대한 또 다른 형식의 컴포넌트 방식입니다.

Mylyn은 전기적 신경 전달에 관한 생물학적인 용어인 "마이엘린(Myelin)"에서 유래된 이름입니다. 이클립스는 "마일린(Mylyn)"이라는 이름으로 "통합 태스크 관리(Integrated Task Management)"를 지원하는 개발도구를 제공하고 있습니다. 이클립스에서의 "태스크(Task)"는 여러 가지 의미를 가지지만, 쉽게 말하면 작업 스케줄에 따라 자동으로 실행하는 것으로, 이의 효율적인 제어를 위한 모듈이 마일린입니다.

Eclipse Classic

이 패키지는 이클립스의 기본 패키지입니다. 이클립스 플랫폼, 기본 자바 개발도구, 플러그인 개발 환경 등이 포함되어 있습니다.

Eclipse IDE for Java Developers

이 패키지는 일반적인 자바 개발자를 위한 이클립스의 통합개발 환경 패키지입니다. 이 패키지에는 Java IDE, CVS client, XML Editor, Mylyn, Maven integration, WindowBuilder 등이 포함되어 있습니다. 이 패키지에 포함되어 있는 라이브러리들은 다음과 같습니다.

Eclipse IDE for Java Developers에 포함되어 있는 라이브러리들

org.eclipse.cvs
org.eclipse.egit

org.eclipse.egit.mylyn

org.eclipse.epp.package.common.feature

org.eclipse.equinox.p2.user.ui

org.eclipse.help

org.eclipse.jdt

org.eclipse.m2e.feature

org.eclipse.m2e.logback.feature

org.eclipse.mylyn.bugzilla_feature

org.eclipse.mylyn.context_feature

org.eclipse.mylyn.ide_feature

org.eclipse.mylyn.java_feature

org.eclipse.mylyn.wikitext_feature

org.eclipse.mylyn_feature

org.eclipse.platform

org.eclipse.rcp

org.eclipse.wb.core.feature

org.eclipse.wb.core.ui.feature

org.eclipse.wb.layout.group.feature

org.eclipse.wb.swing.feature

org.eclipse.wst.xml_ui.feature

참고 Apache Maven

Apache Maven은 아파치(Apache) 워크그룹에서 주도한, 자바를 위한 빌드용 개발도구이며, 원론적으로는 소프트웨어 프로젝트를 관리하고 파악하기 위한 개발도구라고 할 수도 있습니다. Apache Maven은 POM(Project Object Model)이라는 개념을 기반으로 하고 있고, 프로젝트를 빌드하거나 각 모듈을 문서로 리포팅하는 기능을 합니다. "매이븐(Maven)"이란 이름은 히브리어의 "mevin"에서 유래한 용어로 "one who understands"의 의미이며, 소프트웨어에서는 새로 창조한 프로젝트를 이해할 수 있게 한다는 것으로 해석되고 있습니다.

참고 Maven integration

이클립스에서 말하는 Maven integration은 "m2eclipse" 또는 "m2e"라는 약자로 표현하기도 하는데, Eclipse IDE에서 Apache Maven을 지원하기 위한 모듈입니다. 이클립스는 Maven의 pom.xml을 쉽게 작성하고 컴파일할 수 있도록 지원하고 있습니다.

이클립스에서 말하는 윈도우빌더(WindowBuilder)는 GUI 개발 환경을 의미합니다. 텍스트 편집기로 일일이 코딩하느라 많은 시간을 허비해야 하는 어려움을 없애기 위해 GUI 개발 환경을 제공하여 한눈에 제반 설정사항들을 파악하고 작성할 수 있도록 도와줍니다. 그래서 이클립스의 "윈도우빌더"를 "디자인 편집기"라고도 합니다. 이 윈도우빌더는 웹 화면을 디자인하거나, 안드로이드에서 화면 디자인을 할 때, 또는 XML을 작성할 때도 큰 도움이 됩니다. 다음 그림은 안드로이드에서 화면 디자인을 할 때 윈도우빌더가 제공하는 GUI 개발 환경의 사례입니다.

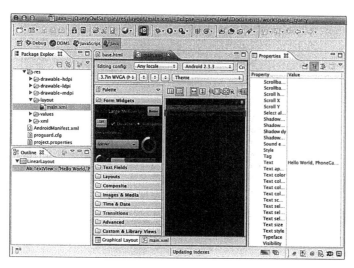

Eclipse IDE for C/C++ Developers (includes Incubating components)

Eclipse IDE for C/C++ Developers (includes Incubating components),
107 MB
Downloaded 330,946 Times   Details

Mylyn으로 C/C++ 개발을 하기위해 통합개발 환경으로 제공되는 이클립스 패키지입니다. 이 패키지에 포함되어 있는 라이브러리에서 보는 바와 같이 org.eclipse.cdt 패키지와 같은 Incubation 컴포넌트들이 포함되어 있습니다.

org.eclipse.cdt 패키지의 "CDT"는 "C/C++ Development Toolkit"의 약자입니다. 따라서 이 패키지는 C/C++ 개발을 할 수 있는 툴킷을 제공합니다. 이 패키지로 C/C++ 개발을 하려면 컴파일러가 추가로 필요한데, Cygwin GCC와 MinGW GCC가 대표적입니다. 이 컴파일러(빌더)를 설치하고 컴파일러의 위치를 이클립스에 설정하여 개발하는 방식입니다. 이 패키지에 포함되어 있는 라이브러리들은 다음과 같습니다.

Eclipse IDE for C/C++ Developers에 포함되어 있는 라이브러리들
org.eclipse.cdt
org.eclipse.cdt.build.crossgcc
org.eclipse.cdt.debug.ui.memory
org.eclipse.cdt.launch.remote
org.eclipse.cdt.msw
org.eclipse.cdt.mylyn
org.eclipse.cdt.p2
org.eclipse.cdt.platform
org.eclipse.cvs
org.eclipse.egit
org.eclipse.epp.package.common.feature
org.eclipse.equinox.p2.user.ui
org.eclipse.help
org.eclipse.linuxtools.cdt.autotools
org.eclipse.mylyn.bugzilla_feature
org.eclipse.mylyn.context_feature
org.eclipse.mylyn.ide_feature
org.eclipse.mylyn.team_feature
org.eclipse.mylyn.wikitext_feature
org.eclipse.mylyn_feature
org.eclipse.platform
org.eclipse.rcp
org.eclipse.rse

Eclipse Modeling Tools

 Eclipse Modeling Tools, 269 MB
Downloaded 105,086 Times   Details

이 패키지는 프로그래밍 논리나 로직을 도식화하는 모델링 관련 도구 위주로 구성되어 있습니다. Ecore Tools, RCP, EMF, XSD, OCL, UML 등의 모델링을 지원합니다. 이 패키지에 포함되어 있는 라이브러리들은 다음과 같습니다.

Eclipse Modeling Tools에 포함되어 있는 라이브러리들
org.eclipse.amalgam.discovery

org.eclipse.cvs

org.eclipse.egit

org.eclipse.emf.cdo.epp

org.eclipse.emf.compare.sdk

org.eclipse.emf.ecoretools.sdk

org.eclipse.emf.eef.codegen.ecore

org.eclipse.emf.query.sdk

org.eclipse.emf.sdk

org.eclipse.emf.transaction.sdk

org.eclipse.emf.validation.sdk

org.eclipse.epp.package.common.feature

org.eclipse.equinox.p2.user.ui

org.eclipse.gef.sdk

org.eclipse.gmf.runtime.sdk

org.eclipse.help

org.eclipse.jdt

org.eclipse.mylyn.bugzilla_feature

org.eclipse.mylyn.context_feature

org.eclipse.mylyn.ide_feature

org.eclipse.mylyn.java_feature

org.eclipse.mylyn.pde_feature

org.eclipse.mylyn.wikitext_feature

org.eclipse.mylyn_feature

org.eclipse.ocl.all.sdk

org.eclipse.pde

org.eclipse.rcp

org.eclipse.sdk

org.eclipse.uml2.sdk

org.eclipse.xsd.sdk

Eclipse IDE for JavaScript Web Developers

이 패키지는 자바스크립트로 웹 개발을 하기에 적합한 라이브러리들로 구성되어 있습니다. 이
패키지는 자바스크립트 통합개발 환경인 JavaScript IDE를 제공하며 JavaScript, HTML, CSS,

XML 등에 대한 개발도구를 포함하고 있습니다. 이 패키지에 포함되어 있는 라이브러리들은 다음과 같습니다.

Eclipse IDE for JavaScript Web Developers에 포함되어 있는 라이브러리들
org.eclipse.cvs
org.eclipse.epp.package.common.feature
org.eclipse.help
org.eclipse.platform
org.eclipse.wst.common.fproj
org.eclipse.wst.jsdt.feature
org.eclipse.wst.server_adapters.feature
org.eclipse.wst.web_ui.feature
org.eclipse.wst.xml_ui.feature
org.eclipse.wst.xsl.feature

Eclipse for RCP and RAP Developers

 Eclipse for RCP and RAP Developers, 180 MB
Downloaded 92,106 Times   Details

이 패키지는 RCP와 RAP 응용 프로그램 개발하기에 적합한 패키지입니다. 이 패키지에 포함되어 있는 라이브러리들은 다음과 같습니다.

Eclipse for RCP and RAP Developers에 포함되어 있는 라이브러리들
org.eclipse.cvs
org.eclipse.egit
org.eclipse.egit.mylyn
org.eclipse.epp.package.common.feature
org.eclipse.equinox.p2.user.ui
org.eclipse.help
org.eclipse.jdt
org.eclipse.jgit
org.eclipse.mylyn.bugzilla_feature
org.eclipse.mylyn.context_feature
org.eclipse.mylyn.ide_feature
org.eclipse.mylyn.java_feature

```
org.eclipse.mylyn.pde_feature
org.eclipse.mylyn.wikitext_feature
org.eclipse.mylyn_feature
org.eclipse.pde
org.eclipse.platform
org.eclipse.platform.source
org.eclipse.rap.tooling
org.eclipse.rcp
org.eclipse.wst.xml_ui.feature
```

참고　RCP

RCP는 "Rich Client Platform"의 약자입니다. 소프트웨어 프로그래밍에서 "Rich"라는 용어는 쉽게 고급 프로그래밍을 할 수 있다는 의미로 사용됩니다. 그래서 RCP는 새로운 응용 프로그램을 쉽고 빠르게 만들 수 있도록 지원하는 소프트웨어 개발 플랫폼을 말합니다. RCP로 만든 응용 프로그램을 "RCP Application"이라고 부릅니다. 예전에는 응용 프로그램을 만들려면 처음부터 끝까지 모든 필요한 기능을 개발해야 했는데, 갈수록 많아지는 기능과 반복적인 코딩 작업에 개발자들은 한계를 느끼게 되었습니다. 플러그인이라는 개념이 기존의 응용 프로그램의 기능을 확장할 수 있는 방법으로 새로운 프로그램 개발의 장을 열기는 했지만, 특정 응용 프로그램을 기반으로 자신의 목적에 맞는 새로운 응용 프로그램을 만들 수는 없었습니다.

플러그인의 한계를 넘어설 수 있게 한 것이 RCP라는 개념입니다. 이클립스는 자바로 만들었기 때문에 여러 개발자가 만든 라이브러리를 마음대로 조합할 수 있는 기반을 가졌습니다. 따라서 RCP 개념을 쉽게 사용할 수 있는 기반을 가졌고, 이클립스의 오픈 마인드는 RCP로 나만의 이클립스 프로그램을 만들 수 있게 되었습니다. 예를 들어, Aptana는 이클립스를 기반으로 한 웹 개발도구입니다. Aptana는 RCP 기술로 만든 응용 프로그램인 것입니다.

이클립스는 RCP라는 개념으로 이클립스 프로그램 자신의 기능을 확장하는 플러그인을 만들기도 하고, 이클립스 코어를 기반으로 새로운 목적의 응용 프로그램을 만들 수도 있습니다. 이러한 응용 프로그램들을 모두 RCP 응용 프로그램이라고 합니다. RCP 개념 때문에 이클립스는 이 장에서 보고 있는 바와 같이 개발 목적에 따라 다양한 형태의 개발 프로그램으로 배포될 수 있게 된 것입니다. 한편 "탈 웹브라우저"의 대안으로 RCP 개념이 논의되기도 하는데 웹브라우저의 한계는 스마트앱과 같은 응용 프로그램으로 변하는 방향으로 갈 수밖에 없다는 예측에서 논의되고 있습니다. 최근에는 웹앱이 "탈 웹브라우저"의 현실적인 대안으로 자리 잡기 시작했는데, 웹앱 솔루션이 완성되기 전에는 이클립스의 RCP가 데스크탑 응용 프로그램 분야에서 "탈 웹브라우저"의 대안이 아니겠느냐는 의견이 많았습니다.

참고　RAP

RAP는 "Rich Ajax Platform"의 약자입니다. RAP는 Ajax 기반의 Rich Internet Application을 쉽게 만들 수 있도록 지원하는 플랫폼입니다. RAP로 만든 응용 프로그램을 RAP Application이라고 합니다.

Eclipse IDE for Java and Report Developers

이 패키지는 Java EE 개발도구와 BIRT 리포팅 도구를 포함하고 있어 Java EE을 이용해서 리포팅을
위한 웹 응용 프로그램을 개발하기에 적합하도록 구성되어 있습니다. 이 패키지에는 다음과 같은
라이브러리들이 포함되어 있습니다.

Eclipse IDE for Java and Report Developers에 포함되어 있는 라이브러리들
org.eclipse.birt
org.eclipse.birt.chart.cshelp
org.eclipse.birt.cshelp
org.eclipse.birt.doc
org.eclipse.birt.example
org.eclipse.cvs
org.eclipse.datatools.common.doc.user
org.eclipse.datatools.connectivity.doc.user
org.eclipse.datatools.connectivity.feature
org.eclipse.datatools.doc.user
org.eclipse.datatools.enablement.feature
org.eclipse.datatools.intro
org.eclipse.datatools.modelbase.feature
org.eclipse.datatools.sqldevtools.feature
org.eclipse.datatools.sqltools.doc.user
org.eclipse.epp.package.common.feature
org.eclipse.help
org.eclipse.jdt
org.eclipse.jpt.common.eclipselink.feature
org.eclipse.jpt.common.feature
org.eclipse.jpt.dbws.eclipselink.feature
org.eclipse.jpt.jaxb.eclipselink.feature
org.eclipse.jpt.jaxb.feature
org.eclipse.jpt.jpa.eclipselink.feature
org.eclipse.jpt.jpa.feature
org.eclipse.jsf.feature
org.eclipse.jst.common.fproj.enablement.jdt
org.eclipse.jst.enterprise_ui.feature

org.eclipse.jst.jsf.apache.trinidad.tagsupport.feature

org.eclipse.jst.server_adapters.ext.feature

org.eclipse.jst.server_adapters.feature

org.eclipse.jst.server_ui.feature

org.eclipse.jst.web_ui.feature

org.eclipse.jst.webpageeditor.feature

org.eclipse.jst.ws.axis2tools.feature

org.eclipse.mylyn.bugzilla_feature

org.eclipse.mylyn.context_feature

org.eclipse.mylyn.ide_feature

org.eclipse.mylyn.java_feature

org.eclipse.mylyn.wikitext_feature

org.eclipse.mylyn_feature

org.eclipse.persistence.jpa

org.eclipse.persistence.moxy

org.eclipse.persistence.sdo

org.eclipse.platform

org.eclipse.rse

org.eclipse.rse.useractions

org.eclipse.tm.terminal

org.eclipse.tm.terminal.ssh

org.eclipse.tm.terminal.telnet

org.eclipse.tm.terminal.view

org.eclipse.wst.common.fproj

org.eclipse.wst.jsdt.feature

org.eclipse.wst.server_adapters.feature

org.eclipse.wst.web_ui.feature

org.eclipse.wst.xml_ui.feature

org.eclipse.wst.xsl.feature

참고   BIRT

BIRT는 "Business Intelligence and Reporting Tools"의 약자입니다. 기업용 리포팅 응용 프로그램을 만드는 솔루션을 의미합니다.

Eclipse for Testers

개발한 프로그램을 실험하기에 적합하도록 구성한, 테스터를 위한 이클립스 패키지입니다. 이 패키지에는 다음과 같은 라이브러리들이 포함되어 있습니다.

Eclipse for Testers에 포함되어 있는 라이브러리들
org.eclipse.cvs
org.eclipse.epp.package.common.feature
org.eclipse.equinox.p2.user.ui
org.eclipse.help
org.eclipse.jubula.feature
org.eclipse.mylyn.bugzilla_feature
org.eclipse.mylyn.context_feature
org.eclipse.mylyn.ide_feature
org.eclipse.mylyn.wikitext_feature
org.eclipse.mylyn_feature
org.eclipse.persistence.jpa
org.eclipse.platform
org.eclipse.rcp

Eclipse for Scout Developers

Scout 개발에 적합하도록 구성한 이클립스 패키지입니다. 이 패키지에는 다음과 같은 라이브러리들이 포함되어 있습니다.

Eclipse for Scout Developers에 포함되어 있는 라이브러리들
org.eclipse.cvs
org.eclipse.epp.package.common.feature
org.eclipse.equinox.p2.user.ui
org.eclipse.help
org.eclipse.jdt
org.eclipse.mylyn.bugzilla_feature

org.eclipse.mylyn.context_feature

org.eclipse.mylyn.ide_feature

org.eclipse.mylyn.java_feature

org.eclipse.mylyn.pde_feature

org.eclipse.mylyn.wikitext_feature

org.eclipse.mylyn_feature

org.eclipse.pde

org.eclipse.platform

org.eclipse.platform.source

org.eclipse.rcp

org.eclipse.scout.rt.feature

org.eclipse.scout.sdk.feature

참고 **Eclipse Scout**

Eclipse Scout는 "Business Application Framework"을 슬로건으로 하며 사무용 프로그램을 쉽게 개발할
수 있도록 지원하는 프레임웍입니다. org.eclipse.scout 패키지를 기준으로 프레임웍을 제공하며 GUI 환경의
이클립스에서 Scout API들을 사용하면 쉽게 사무환경에 대한 서버/클라이언트 프로그램을 만들 수 있습니다.

Eclipse IDE for Parallel Application Developers (includes Incubating components)

 **Eclipse IDE for Parallel Application Developers (includes Incubating
components)**, 180 MB
Downloaded 52,768 Times   Details

이 패키지는 병렬 응용 프로그램(Parallel Application) 개발을 위한 이클립스 통합개발 환경을
제공하는 패키지입니다. 이 패키지는 C/C++ IDE, Fortran, UPC, MPI, Parallel Debugger 등에
대한 개발도구를 포함하고 있습니다.

Eclipse IDE for Parallel Application Developers에 포함되어 있는 라이브러리들
org.eclipse.cdt
org.eclipse.cdt.bupc
org.eclipse.cdt.core.parser.upc.feature
org.eclipse.cdt.debug.ui.memory
org.eclipse.cdt.mylyn
org.eclipse.cdt.p2

org.eclipse.cdt.platform

org.eclipse.cdt.xlc.feature

org.eclipse.cvs

org.eclipse.epp.package.common.feature

org.eclipse.equinox.p2.user.ui

org.eclipse.help

org.eclipse.jgit

org.eclipse.linuxtools.cdt.autotools

org.eclipse.linuxtools.cdt.libhover.feature

org.eclipse.linuxtools.changelog

org.eclipse.linuxtools.gcov

org.eclipse.linuxtools.gprof.feature

org.eclipse.mylyn.bugzilla_feature

org.eclipse.mylyn.context_feature

org.eclipse.mylyn.ide_feature

org.eclipse.mylyn.team_feature

org.eclipse.mylyn.wikitext_feature

org.eclipse.mylyn_feature

org.eclipse.photran

org.eclipse.platform

org.eclipse.ptp

org.eclipse.ptp.pldt.upc

org.eclipse.ptp.rdt

org.eclipse.ptp.rdt.sync

org.eclipse.ptp.rdt.sync.fortran

org.eclipse.ptp.rdt.xlc

org.eclipse.ptp.remote.rse

org.eclipse.rcp

org.eclipse.rephraserengine

org.eclipse.rse

org.eclipse.wst.xml_ui.feature

참고 **병렬 응용 프로그램 (Parallel Application)**

아무리 하드웨어적인 사양이 좋아진다 하더라도 컴퓨터 프로그래밍에서 병렬적인 연산처리는 중요합니다. 직렬방식으로 논리를 처리하는 것보다 가능한 한 병렬방식으로 연산 작업들을 분산해서 처리하면 몇 배로 빠른 결과를 도출할 수 있기 때문입니다. 이와 같은 병렬처리를 하는 컴퓨터 시스템을 병렬 컴퓨팅(Parallel

Computing)이라고 합니다. 병렬 컴퓨팅이 요구되는 어떤 작업을 병렬적으로 처리하는 응용 프로그램을
병렬 응용 프로그램이라고 합니다.

참고 Fortran

20년 이상의 프로그래밍 경력이 있는 개발자라면 포트란(Fortran)이라는 프로그래밍 언어를 직접 사용해
본 적이 있을 것입니다. 그 당시 수학적인 연산을 전문으로 하는 컴퓨터 프로그래밍 언어로 유명했었고
그 이유로 아직까지 과학자들 사이에 명맥을 유지하고 있습니다. 병렬 프로그래밍은 주로 컴퓨터로 연산을
해도 많은 시간이 소모되는 작업을 좀 더 빨리 처리해야할 필요가 있을 때 사용하게 되는데 그 대상이 통계나
과학적인 계산이 대부분입니다. 그래서 병렬 프로그램에서 포트란을 사용하는 경우가 종종 있습니다.

참고 UPC

UPC는 "Unified Parallel C"의 약자입니다. UPC는 병렬 컴퓨팅을 할 때 고성능의 연산능력을 제공하기
위해 특화된 C 언어입니다.

참고 MPI

MPI는 "Message Passing Interface"의 약자입니다. 병렬 프로그래밍을 하려면 병렬로 묶은 컴퓨터들 사이에
서로 공동 연산에 대한 메시지를 주고받아야 하는데 이에 대한 솔루션을 MPI에서 제공합니다.

이클립스 기반 환경의 이해와 설치

앞서 설명한 이클립스 패키지들 중에서 가장 대표적인 "Eclipse IDE for Java EE Developers" 패키지를 설치하는 사례를 소개합니다. 이클립스를 설치하는 과정은 다음과 같이 매우 간단합니다.

❶ 1.6.0 버전 이상의 JDK를 설치한다.
❷ 이클립스 패키지를 다운받아 압축을 푼다.

하지만 설치의 배경과 환경을 이해하는 것이 아주 중요합니다. 이클립스로 자바를 제대로 익히려면 무턱대고 설치하기 전에 자바에 대한 주변 환경을 점검할 것을 권장합니다. 초보자에게는 꼭 알아야 할 자바에 대한 기초 지식이 될 것입니다.

2.1 이클립스 설치 환경과 JVM의 이해

이클립스 공식 사이트에서 그림과 같이 이클립스의 설치에 대한 안내를 찾아 볼 수 있습니다. 여러 가지 패키지를 배포하기도 하고, 설치 과정이 까다롭지 않기 때문에 구체적인 설치 과정을 보여주지는 않고 있습니다. 설치조건이나 알려진 특기사항, 또는 새로운 버전에 대한 설치 안내가 주요 내용입니다.

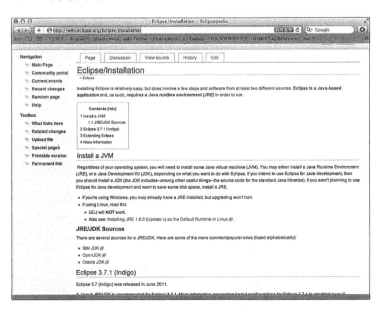

본서에서는 집필 당시의 최신 버전인 인디고(Indigo)를 기준으로 소개합니다.

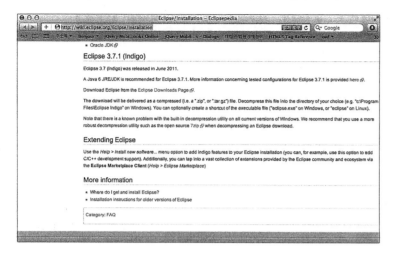

이클립스를 설치하기 위해서는 먼저 JRE(Java Runtime Environment)와 JVM(Java Virtual Machine)이 설치되어 있어야 합니다. 요즘 OS들은 대부분 JRE나 JVM이 기본으로 설치되어 있는데, 설치되어 있지 않다면 http://java.sun.com 사이트 또는 http://www.oracle.com 사이트에서 다운받아 설치합니다. 일단은 기본 설치를 가정하고, 아닌 경우 실제 설치는 2.5절에서 살펴봅니다.

자바를 다운받는 사이트를 가보면 Java SE, Java EE 등이 있고, 그 안에는 JDK(Java Development Kit)과 JRE(Java Runtime Environment)가 있습니다. 자바를 개발하려면 Java EE의 JDK를 다운받아 설치하는 것이 좋습니다. 물론 Java SE의 JDK를 설치해도 무방합니다. 필요하다면 나중에 필요한 라이브러리를 추가하면 되기 때문입니다.

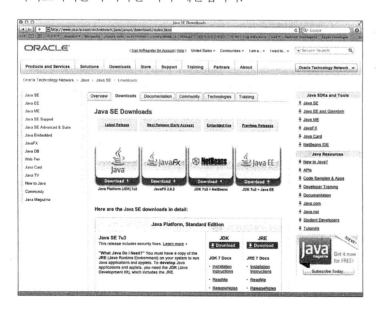

Java SE(Standard Edition)는 말 그대로 자바의 표준 패키지입니다. 앞서도 언급했지만 Java SE에 "웹 서버" 관련 모듈을 추가한 것이 Java EE(Enterprise Edition)입니다. 따라서 자바로 웹 개발을 하고자 한다면 Java EE를 설치할 것을 권장합니다.

JRE(Java Runtime Environment)는 말 그대로 자바가 작동하기 위한 환경을 제공하는 패키지입니다. 즉, 사용자를 위한 패키지입니다. 한편 JDK(Java Development Kit)는 자바 개발자를 위한 패키지로 개발자를 위한 환경과 실행할 수 있는 사용자용 환경도 포함되어 있습니다. 따라서 자바를 개발하려면 JDK를 설치하는 것이 옳겠지요.

JVM(Java Virtual Machine)은 자바를 별도의 독립적인 OS처럼 작동하게 하기 위한 일종의 가상 OS를 말합니다. 결국 자바를 실행할 수 있는 가상 환경이라고 할 수 있습니다. JRE 안에 JVM이 포함되어 있고, JDK 안에 JRE의 모든 기능이 포함되어 있기 때문에 JDK를 설치하면 완전한 환경을 갖추었다고 할 수 있습니다. 이클립스 뿐만 아니라 자바 관련 설치 가이드에서 JVM이 필요하다는 안내는 JRE 또는 JDK를 설치하라는 의미입니다.

2.2 이클립스와 JDK 버전

이클립스의 인디고(Indigo) 버전의 경우 자바 1.6.0 이상을 대상으로 개발했기 때문에 JDK를 설치할 때 자바 1.6.0 이상의 버전을 설치해야 합니다. JDK 배포 사이트를 보면 JDK 6과 JDK 7이 있는데 JDK 6은 자바 1.6.x 버전을 의미하고, JDK 7은 자바 1.7.x 버전을 의미합니다.

개발 대상에 따라 어느 버전을 기준으로 할 것인지는 기획단계에서 충분히 논의됐을 것입니다. 자바 프로그램의 경우 예전부터 버전에 민감하기 때문에 이미 만든 프로그램을 버전업할 때는 그 프로그램이 사용하고 있는 자바 API들 중에 버전업하면서 변경되거나 없어진 API가 있는지 검토하는 과정을 거칩니다. 이 과정 없이 JDK만 바꿔버리면 예전에 없던 오류가 발생하게 됩니다.

특히, 웹서버 프로그램의 경우 많은 개발자들이 투여되어 개발, 운영하게 되므로 웹서버 또는 WAS 서버에서 사용하는 JDK와 응용 프로그램에서 사용하는 JDK 버전을 동일하게 맞추어야 합니다. 웹 응용 프로그램의 버전 검토를 하지 않은 상태에서 서버의 JDK 버전만 바꿔버리면 원인도 모르는 상태에서 웹 응용 프로그램의 오류를 잡아야 하는 상황이 벌어집니다.

이런 원치 않는 상황은 오래 동안 자바로 개발을 해온 현장에서도 빈번히 발생하는 상황입니다. 특히 자바 분야에서 기본 개념을 중시하는 이유가 여기에 있습니다. 기본 개념은 그리 추상적이거나 어렵지 않습니다. 앞의 설명에서도 필자가 강조했듯이 기본 개념은 모두 용어 그 자체에 담겨 있습니다. 프로그래밍에서 사용하는 용어들은 모두 목적과 역사가 충분히 담겨져 있습니다. 이것이 필자가 20여 년간 프로그래밍을 연구하면서 얻은 노하우입니다.

따라서 자바 프로그래밍에서 JDK 버전 관리는 매우 중요합니다. 자바로 응용 프로그램 개발을 시작할 때는 가급적 최신 버전을 사용할 권장합니다. 많은 시간과 노력을 들여 응용 프로그램을 개발한 후에 버전업을 하는 것이 간단한 일이 아니기 때문입니다. 만일 기존의 응용 프로그램에 기능을 추가하는 프로그래밍을 한다면 반드시 기존의 자바 버전에 맞춰 개발해야 하는 것도 잊지 말아야 합니다.

2.3 JVM 설치여부 확인

이클립스를 사용하려면 JDK이든 JRE이든 자바를 실행할 수 있는 JVM 환경이 설치되어 있으면 됩니다. 대부분의 최근 OS에는 이미 JVM 환경이 OS 설치 과정에 포함되어 있습니다. 이를 확인하려면 MS Windows의 경우 다음과 같이 명령 프롬프트에서 간단히 확인해볼 수 있습니다. Mac OS X 또는 Linux의 경우 터미널에서 같은 명령어로 확인할 수 있습니다.

스텝 **1**

MS Windows에서는 "시작 > 보조 프로그램 > 명령 프롬프트" 메뉴를 실행하거나 "시작 > 실행 > 열기"에서 "cmd"를 입력하고 "Enter"를 누르면 명령 프롬프트 창이 나타납니다.

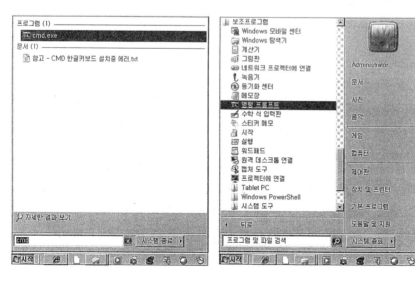

스텝 **2**

명령 프롬프트 창에서 "java -version" 명령을 입력하고 Enter 키를 눌러 실행하면 그림과 같이 이 컴퓨터에 설치되어 있는 자바 버전을 확인할 수 있습니다.

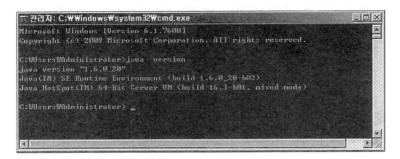

실험 컴퓨터에는 1.6.x 버전의 자바가 설치되어 있으므로 이클립스를 곧바로 설치할 수 있는 환경이 준비되었다고 판단할 수 있습니다. 만일 그림과는 달리 "java" 명령어를 찾을 수 없다는 메시지가 나오면 오라클 사이트에서 JDK를 다운받아 설치해야 합니다.

스텝 **3**

이클립스를 설치하는 이유는 자바 프로그램을 개발하기 위해서 입니다. 따라서 자바 소스를 컴파일(빌드)할 수 있는 컴파일러(빌더)가 있어야 하는데 "javac"가 자바 빌더입니다. 그림과 같이 명령 프롬프트에서 "javac -version" 명령을 입력하고 실행하면 자바 빌더의 버전을 확인할 수 있습니다. 이 실험 컴퓨터에 설치되어 있는 자바 빌더는 1.6.x 버전임을 알 수 있습니다.

참고 | **java 명령과 javac 명령**

java 명령은 MS Windows에서는 java.exe 파일입니다. Mac OS X나 Linux는 유닉스 계열의 OS이기 때문에 java 파일로 되어 있다는 점을 참고하기 바랍니다. javac 명령 역시 MS Windows에서는 javac.exe 파일이 실체입니다. javac 명령은 자바 소스를 빌드(컴파일)하고, java 명령은 빌드된(컴파일된) 자바 프로그램을 실행합니다. 자바 소스 파일명은 xxx.java 형식을 사용하고, 컴파일된 자바 파일명은 xxx.class 형식이 됩니다. 자바 소스 파일을 빌드(컴파일)할 때는 "javac -옵션들 xxx.java"와 같은 방식으로 명령을 실행하고, 빌드된 자바 파일을 실행할 때는 "java -옵션들 xxx"와 같은 방식으로 실행합니다.

자바는 가상기기(Virtual Machine) 형식으로 작동하기 때문에 하나의 컴퓨터에서 여러 개의 자바 버전으로 응용 프로그램을 실행하거나 개발할 수 있습니다. 예를 들어, 한 컴퓨터에 JDK 6과 JDK 7을 서로 다른 폴더에 설치했다면, 각 폴더에는 java, javac 등의 명령 파일들이 있을 것입니다. 따라서 어느 폴더에 있는 명령어를 사용하는가에 따라 개발자가 자바 버전을 선택, 사용할 수 있습니다. 물론 기본 자바 버전에 대한 JDK 경로를 지정하는 정도의 환경 설정은 필요합니다.

2.4 기본 자바 버전 경로 설정

여러 개의 JDK를 설치하고 자신의 OS가 사용할 기본 JDK 버전을 수동으로 설정하려면 아래와 같이 합니다. 단, 이클립스는 개발 프로젝트에서 사용할 JDK 버전을 프로젝트별로 따로 설정할 수 있다는 점을 염두에 두기 바랍니다. 이 부분은 나중에 이클립스를 설치한 후에 구체적으로 언급할 것입니다. MS Windows의 경우 시스템 환경변수에서 설정할 수 있고, Mac OS X나 Linux의 경우 /etc/profile 또는 해당 계정에 대한 .bashrc 파일 등에서 설정할 수 있습니다.

본서에서는 MS Windows의 경우를 소개합니다. Mac OS X나 Linux의 경우 쉘 명령어에 대한 지식이 필요하고, Mac OS X는 자바에 대한 기본 설정이 잘 되어있기 때문에 본서에서는 생략합니다.

스텝 **1**

"제어판 > 시스템 > 고급 시스템 설정" 메뉴를 실행하여 시스템 속성 창을 호출합니다.

스텝 **2**

"시스템 속성 창 > 고급 > 환경변수" 버튼을 클릭하여 "시스템 환경 변수" 창을 엽니다.

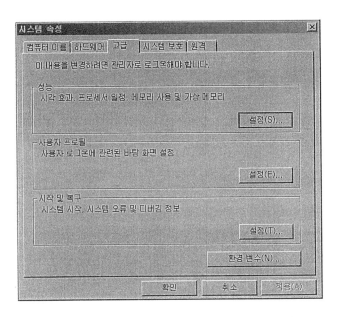

스텝 **3**

"시스템 변수 > Path 항목" 을 선택하고, "편집" 버튼을 클릭합니다.

스텝 4

본 실험 컴퓨터에는 그림과 같이 "Path"라는 시스템 변수에 JDK 1.6.x 버전에 대한 실행경로가 기본 자바 버전으로 설정되어 있습니다.

이 실험 컴퓨터에는 "Path"라는 환경변수에 다음과 같이 설정되어 있는데, 각각의 경로 설정을 세미콜론(;)으로 구분하고 있다는 것을 눈여겨 봐두기 바랍니다.

Path 환경변수 작성 사례

C:\Program Files \Java\jdk1.6.0_20\bin;%SystemRoot%\system32;%SystemRoot%;%SystemRoot%
\System32\Wbem;%SYSTEMROOT%\System32\WindowsPowerShell\v1.0\;C:\Program
Files\Android\tools;

참고   MS Windows의 Path 환경변수

MS Windows에서 "Path"라는 시스템 환경 변수는 명령 프롬프트에서 실행 명령을 입력할 때 일일이 전체
경로를 모두 입력하지 않고, 해당 명령 파일만 입력하여 실행할 수 있게 합니다. 앞서 실험 사례에서 보았던
"java -version" 명령어는 Path라는 시스템 환경변수에 "C:\Program Files\Java\jdk1.6.0_20\bin"라고 설정했
기 때문에 "C:\Program Files\Java\jdk1.6.0_20\bin\java -version"과 같이 전체 경로와 함께 명령어를 입력할
필요가 없었던 것입니다.

2.5 JDK 최신 버전 설치

기존에 JDK가 설치되어 있다하더라도 필자가 실험하고 있는 실험 컴퓨터에서와 같이 개발에 필요한 다른 버전의 JDK를 설치하여 개발할 수 있습니다. 다음은 집필 당시 최신 버전의 JDK 를 설치하는 사례를 보여줍니다.

스텝 1

그림과 같이 오라클 사이트의 다운로드 페이지에서 최신 버전의 JDK를 찾습니다. 집필 당시 JDK 는 JDK 7인 1.7.x가 최신 버전이었는데 Java SE 패키지의 경우 JDK 7을 배포하고 있지만, Java

EE의 경우 JDK 6까지만 배포하고 있어 자바 1.7.x 버전의 특성을 실험하기 위해 Java SE의 JDK 7을 다운받기로 했습니다. 독자의 경우 이와 같이 자신의 개발 목적에 알맞은 JDK 버전을 찾아 다운받기 바랍니다.

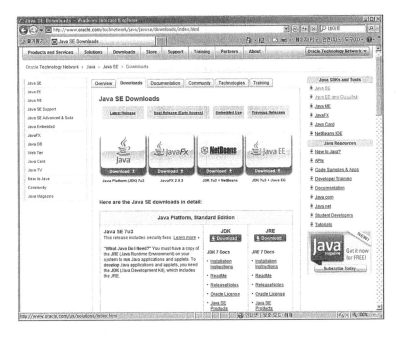

스텝 2

JDK는 그림과 같이 개발자의 OS에 따라 배포하는 패키지를 선택해야 합니다. 또한 같은 OS 중에서도 자신의 컴퓨터가 32 비트인지 64 비트인지를 파악하여 다운받아 설치할 필요가 있습니다.

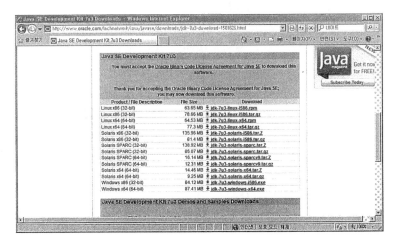

참고 **운영체제 비트 수 확인**

자신의 컴퓨터가 32 비트인지 64 비트인지는 "제어판 > 시스템"을 통해 확인할 수 있습니다. 필자의 실험 컴퓨터는 그림과 같이 "64 비트 운영체제"로 나타나고 있습니다.

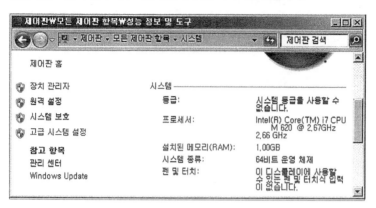

스텝 3

필자는 다운로드 페이지에서 "Windows x64(64-bit)"를 선택해서 그림과 같이 저장할 위치를 선택하여 다운받았습니다.

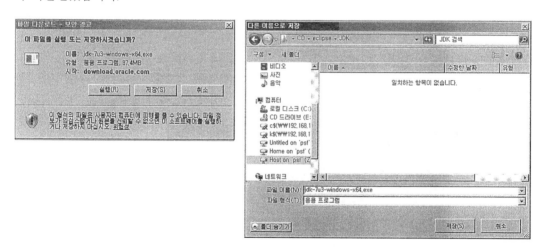

스텝 4

다운받은 설치파일을 더블클릭하여 설치를 시작합니다.

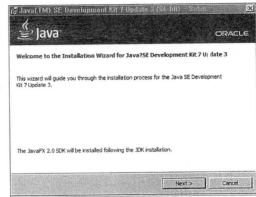

스텝 5

설치 과정은 설치 마법사의 지시에 따라 몇 번의 클릭만으로 간단히 설치됩니다. 하지만 설치 과정의 안내문을 확인하면서 설치하는 JDK 패키지에 어떤 것들이 있는지를 눈 여겨 보는 것이 나중에 이 JDK를 기반으로 개발하는데 도움이 됩니다. 그림과 같이 설치 과정을 보면 이 JDK 패키지에는 개발도구와 샘플 소스, 그리고 JRE까지 포함되어 있는 것을 알 수 있습니다. 따라서 JDK만 설치하면 JRE도 같이 설치된다는 것을 알 수 있습니다.

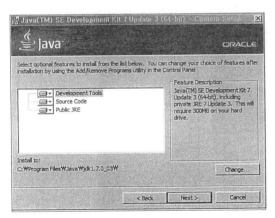
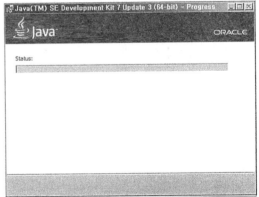

스텝 6

그림과 같이 설치 과정에서 JRE 설치 경로를 보여줍니다. 많은 JDK 버전을 설치하고 여러 가지 난이도 있는 실험을 하다 보면 JRE의 설치 경로를 변경해야 할 때도 있습니다. 그래서 설치 마법사에서 JRE 설치 경로를 알려주고 필요에 따라 설치 경로를 변경할 수 있도록 지원하고 있습니다.

스텝 7

JDK에 대한 기본 패키지 설치를 완료하고 나면, JavaFX 패키지를 설치할 것을 연이어 권유합니다. JDK 6부터는 JavaFX 패키지를 설치할 것을 권유하는데, 오라클이 자바를 인수하면서 야심차게 JavaFX를 만들고 있다는 것을 엿볼 수 있습니다.

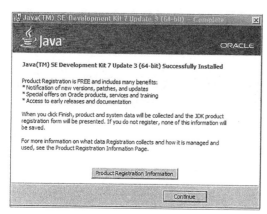 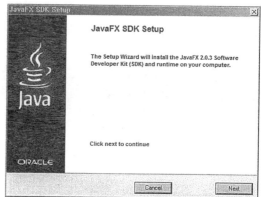

스텝 8

JavaFX의 설치 위치를 확인하는 화면을 거친 후 설치를 계속 진행합니다.

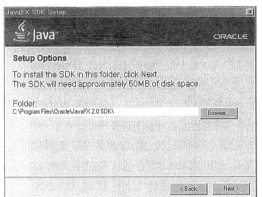 

스텝 9

JavaFX 설치까지 완료하면 그림과 같이 나타납니다.

스텝 10

JDK를 설치한 폴더를 확인해보면 그림과 같이 기존에 설치되어 있던 JDK 6와 지금 설치한 JDK 7이 설치되어 있는 것을 볼 수 있습니다. 위의 설치 과정은 JDK 7을 지정한 폴더에 설치만 했을 뿐이고, 새로 설치한 JDK 7을 시스템 환경 설정의 기본 자바로 설정한 것은 아니라는 것을 염두에 두기 바랍니다.

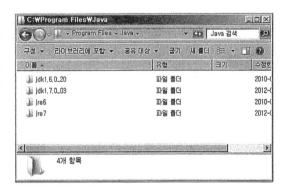

JavaFX는 그동안 축적된 자바 기술들을 종합하여 리치 클라이언트 플랫폼(Rich Client Plaform)을 목표로 만든, GUI 개발 환경을 지원하는 개발도구입니다. JavaFX는 Adobe 사의 Flex를 능가하는 차세대 개발 솔루션으로 기대되고 있습니다. 현재는 데스탑 응용 프로그램용이 완성되었으나 앞으로는 스마트 모바일을 포함하여 모든 단말기에서 구동할 수 있도록 하는 개발 계획을 제시하고 있습니다. JavaFX를 설치하고 이클립스와 비슷한 GUI 개발 환경을 가진 NetBeans IDE를 설치하면 GUI 개발 환경을 제공합니다. 자바 기능을 기본으로 하고 FXML 파일을 이용한 XML기반의 마크업을 지원하며, 2D, 3D, Chart를 모두 포함하고 있고, 애니메이션까지 GUI 환경에서 개발할 수 있습니다. 특히, 스마트앱으로 발전한 개발 기술들을 채용하고 있어 안드로이드나 iOS 개발자들이 쉽게 개발할 수 있도록 만들었습니다. JavaFX가 설치된 폴더를 확인해보면 그림과 같이 나타납니다. JavaFX로 GUI 환경에서 개발하려면, 오라클 사이트에서 NetBeans IDE 다운받아 설치해야 합니다. JavaFX 패키지는 단지 터미널에서 JavaFX를 개발할 수 있는 일종의 API들만 제공한다는 것을 참고하기 바랍니다.

2.6 이클립스 설치

이클립스는 JDK 6 버전 이상이 설치된 상태에서 이클립스 사이트에서 적합한 이클립스 패키지를 하나 다운받아 압축을 푸는 것으로 설치 과정이 끝납니다.

스텝 **1**

그림처럼 이클립스 사이트의 다운로드 페이지에서 자신의 개발 환경에 적합한 패키지를 선택하여 다운받습니다. 본서에서는 "Eclipse IDE for Java EE Developers"를 선택했고, 필자의 실험 컴퓨터는 64 bit이므로 Windows 64 Bit를 선택하여 다운받습니다.

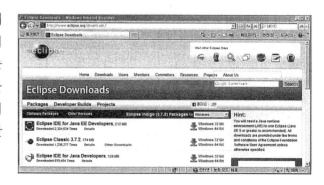

스텝 2

선택한 패키지의 다운로드 페이지에서 다운로드 버튼을 클릭하여 다운받습니다.

스텝 3

필자가 다운받은 파일은 그림과 같습니다. 다운받은 이클립스 설치 파일은 .zip으로 압축되어 있습니다. 이 압축파일을 압축 해제합니다.

스텝 4

압축 해제한 폴더 안에 eclipse 폴더가 있는데 이 폴더가 이클립스 프로그램 폴더입니다. 이 폴더를 실제로 사용할 위치로 이동할 필요가 있는데, 자바는 한글 폴더명에 민감하기 때문에 가급적이면 필자의 사례와 같이 한글 폴더명이 없는 C\와 같은 위치에 이동하여 사용하기 바랍니다. 이클립스는 그림에서 보는 바와 같이 여러 종류의 이클립스 패키지를 폴더명만 바꾸거나 다른 폴더로 이동하여 서로 다른 이클립스 패키지를 하나의 개발 컴퓨터에 놓고 사용할 수 있습니다. 필자는 이전에 설치했던 이클립스 프로그램은 eclipse_old라는 폴더명으로 바꾸고 새로 다운받은 이클립스를 eclipse라는 폴더에서 사용하기로 했습니다.

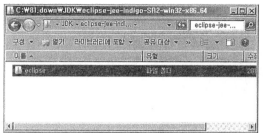

스텝 5

eclipse 폴더 안을 보면 그림과 같이 eclipse.exe라는 실행 파일이 있는데 이 실행 파일을 더블클릭하면 이클립스 프로그램이 시작됩니다.

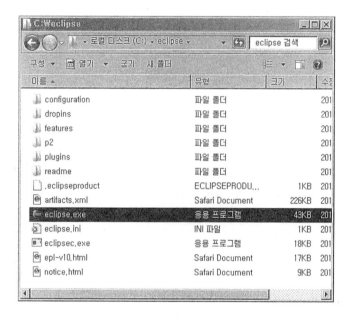

스텝 6

이클립스 프로그램을 실행하면 이클립스 로고가 나타나고, 처음 이클립스를 실행했다면 그림과 같이 프로젝트 파일을 저장하는 웍스페이스(workspace)라는 저장소의 위치를 확인하는 창이 나타납니다. 이클립스는 다양하고 많은 프로젝트를 웍스페이스 별로 나누어 개발할 수 있도록 지원하고 있기 때문에 이와 같은 안내창이 나타나는 것입니다. 이 창은 나중에 웍스페이스를 변경하고자 할 때 File > Switch Workspace 메뉴를 통해 나타날 것입니다. 웍스페이스 변경에 대한 실험은 나중에 다시 보여주도록 하겠습니다. "OK" 버튼을 클릭합니다.

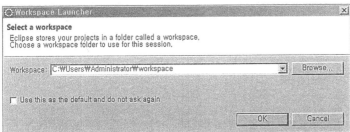

스텝 7

웍스페이스에 대한 설정을 완료하면 그림과 같이 이클립스가 로드해야 할 자바 라이브러리들을 읽어들입니다.

스텝 8

라이브러리들을 모두 읽고 나면, 그림과 같이 이클립스 첫 화면이 나타납니다. 이 화면에서 필요에 따라 이클립스에 대한 샘플 소스들을 살펴 볼 수 있고, 작업장으로 들어가려면 화면 오른쪽 상단에 있는 "Workbench" 버튼을 클릭합니다.

스텝 9

다음 화면이 이클립스 작업장의 기본화면입니다. 여기서부터 이클립스가 시작됩니다. 이클립스의 설치 과정은 이클립스를 다운받아 압축만 풀면 되므로 설명이 필요 없을 정도로 아주 간단합니다. 이클립스는 자바와 관련된 모든 프로그래밍을 할 수 있도록 지원하기 때문에 이클립스가 복잡하고 어려워 보일 뿐입니다.

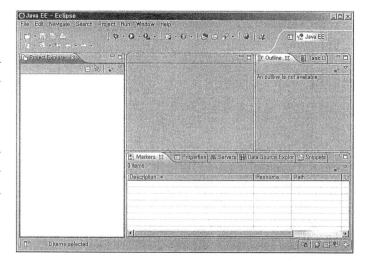

C hapter 03 이클립스의 기본 환경 구축

앞 장에서 소개한 바와 같이 이클립스로 개발할 수 있는 분야는 매우 방대합니다. 따라서 자신이 개발하고자 하는 프로그램에 적합한 JDK 버전을 설정할 필요가 있고, 현재 설치한 패키지 이외에 플러그인을 추가로 설치할 필요도 있습니다. 이 장에서는 이와 같이 이클립스의 기초 개발 환경을 구축하는데 꼭 알아야 할 필수 사항들을 소개합니다.

이 장에서 소개하는 개발 환경 설정사항 이외에도 이클립스에는 수많은 환경설정들이 있으나 대부분의 설정들은 특정 개발 분야에서만 필요한 사항들이라 이 시점에서 일일이 다 들여다보는 것은 무의미합니다. 또한 그 정도의 세세한 사항들은 이클립스에 익숙해지면 자연스럽게 이해가 됩니다.

3.1 이클립스의 기본 JDK 버전 설정

이클립스는 개발 대상의 JDK 버전을 임의로 설정할 수 있습니다. 개발자의 OS 시스템에서 인식하는 JDK와 무관하게 이클립스에서 사용할 기본 JDK 버전을 따로 설정하려면 다음과 같이 전역 환경설정에서 컴파일러로 사용할 JDK 경로를 설정하면 됩니다.

스텝 1

"Window > Preferences" 메뉴를 실행합니다.

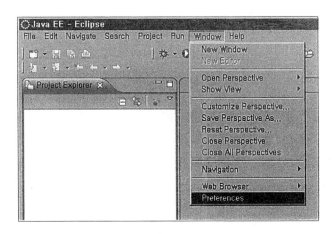

이클립스의 환경설정은 크게 2가지로 나눌 수 있습니다.

종류	메뉴
전역 환경설정	Window > Preferences
프로젝트 환경설정	프로젝트 선택, File > Properties

이클립스는 전역 환경설정 아래에 프로젝트 환경설정이 있는 상속형 환경설정 구조로 되어 있습니다. 전역 환경설정을 해두면, 프로젝트에 특별히 다른 설정을 하지 않는 한 전역 환경설정을 그대로 상속받아 적용됩니다. 따라서 본 사례와 같이 이클립스가 시스템 기본 JDK인 JDK 6을 사용하고 있었는데 전역 환경설정에서 JDK 7로 변경 설정하면 이후 새로 생성하는 프로젝트들은 모두 전역 환경설정에 따라 JDK 7을 기준으로 생성됩니다. 나중에 보여 줄 기회가 있을 테지만 프로젝트 환경설정을 변경할 때는 "프로젝트 탐색기(Project Explorer)"에서 생성된 프로젝트를 선택하고, 그림과 같이 "File > Properties" 메뉴를 실행하면 됩니다.

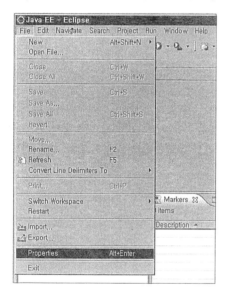

스텝 2

Preferences 창에서 "Java > Compiler" 메뉴를 클릭하면 그림과 같이 개발자의 OS 시스템이 인식하고 있는 JDK 6 버전으로 설정되어 있습니다. 참고로 필자의 실험 컴퓨터의 경우 앞서 설치 과정에서 보여준 바와 같이 제어판의 시스템 환경설정에서 Path 속성의 값을 JDK 6으로 설정했기 때문입니다.

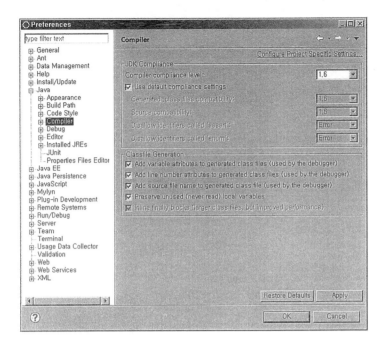

스텝 3

앞서 JDK 7 버전을 추가로 설치했기 때문에 그림과 같이 다른 버전으로 변경할 수 있는 여지가 있습니다.

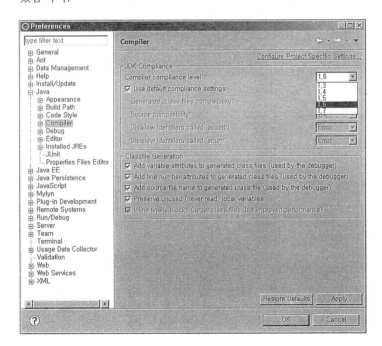

스텝 4

그림과 같이 JDK 7 버전으로 변경해보겠습니다. 1.6에서 1.7로 변경하자 설정 창 하단에 경고 메시지가 나타납니다. 경고문은 현재 1.6 버전에 대한 JEE 설정은 있지만 1.7에는 적합하지 않다는 것을 안내하고 있습니다. 이 경고 메시지의 "Configure……." 버튼을 클릭해봅니다.

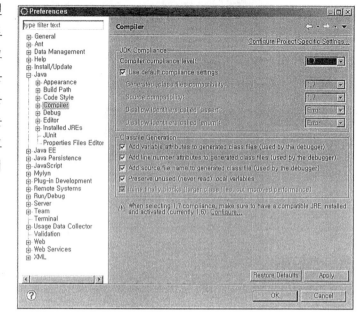

스텝 5

그림과 같이 Java > Installed JREs 설정 화면이 나타납니다. 그림처럼 이 이클립스에는 JDK 1.6.x에 대한 JRE 설정만 있습니다. 여기에 JRE 1.7.x 버전을 추가해야 합니다. "Add" 버튼을 클릭하여 JRE 1.7.x 버전을 추가합니다.

스텝 6

"Add JRE" 창에서 "Standard VM"을 선택하고, "Next" 버튼을 클릭합니다.

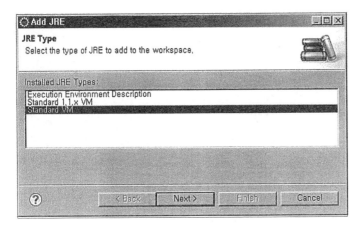

스텝 7

"Add JRE" 창에 JRE Definition 화면이 나타납니다. 여기서 JRE 경로를 선택하면 되는데 입력하는 항목은 많지만 그리 복잡하지는 않습니다. "Directory..." 버튼을 클릭하여 앞서 설치한 JDK 1.7.x 버전의 설치 폴더를 찾아옵니다. 입력 항목들은 모두 JRE에 대한 정보를 요구하지만 JRE 폴더를 지정해도 되고 JDK 폴더를 지정해도 됩니다. 필자는 JDK 폴더를 선택합니다.

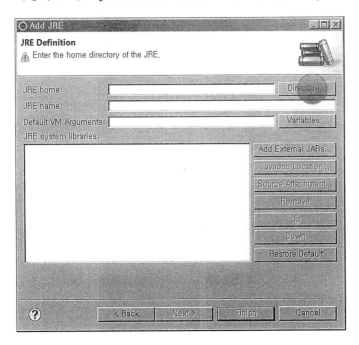

스텝 8

그림과 같이 JRE home 항목에서 "Directory" 버튼으로 JDK 7 폴더를 선택하면 선택한 JDK 폴더를 해독하여 자동으로 나머지 아래의 항목들을 채웁니다. 만일 아래 항목들을 자동으로 채우지 않는다면 JDK 또는 JRE 폴더를 잘못 선택했거나 JDK 또는 JRE가 제대로 설치되지 않았기 때문입니다. "Finish" 버튼을 클릭합니다.

스텝 9

그림과 같이 앞서 추가한 JDK 7에 대한 JRE가 목록에 추가됩니다. 필자는 방금 추가한 JRE를 기본으로 체크한 후, "OK" 버튼을 클릭했습니다.

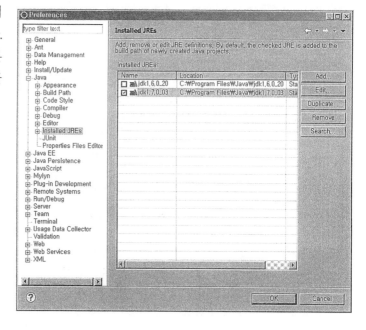

스텝 10

그림과 같이 컴파일러 설정이 변경됐다는 안내 창이 나타납니다. "Yes" 버튼을 클릭하여 컴파일러 변경을 확정합니다.

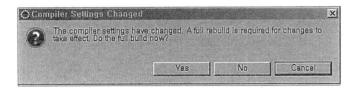

스텝 11

Java > Compiler 설정화면을 다시 확인해보면 앞서 나타났던 경고 안내문이 사라진 것을 확인할 수 있습니다. "OK" 버튼을 클릭하여 전역 환경설정 창을 닫아 기본 JDK 버전 설정을 완료합니다.

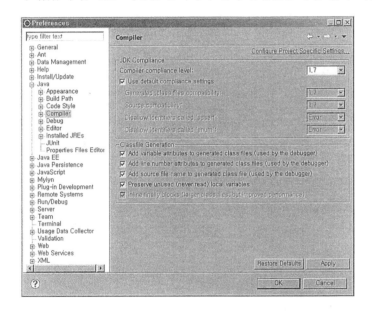

Mac OS X에서의 이클립스의 기본 JDK 버전 설정

실무의 최전선에 있는 개발자들을 위해 Mac OS X 환경에서의 특기사항을 살펴봅니다. 앱스토어로 실질적인 수익을 기대할 수 있는 소프트웨어 시장이 열리면서 Mac OS X 환경에서 개발하는 개발자들이 많이 늘었습니다. 스마트앱뿐아니라 모바일 웹의 사용이 급증하면서 웹사이트에서도 HTML5를 표준으로 하는 Mac OS X의 사파리 브라우저에 맞춰야 하는 상황이기 때문에 Mac OS X 개발 환경을 무시할 수 없으며, 과거와는 달리 Mac OS X가 MS Windows에 비해 월등한 통합개발 환경을 제공하기 때문에 그 점유율도 기하급수적으로 늘고 있는 상태입니다.

그런데도 Mac OS X에 적응하지 못하고 중도에 포기하는 개발자들이 적지 않습니다. 이들은 결국 몇 가지 간단한 Mac OS X의 특기사항을 이해하지 못해 그런 것인데 다음에서 설명하는 최신 버전의 JDK 설정과정도 비슷한 경우입니다. MS Windows 환경에서만 개발할 개발자의 경우 이 부분은 간단히 참고하는 정도로 넘어가기 바랍니다. 하지만 나중에 프로그래밍의 최전선에 나서게 될 때는 꼭 필요한 내용이 될 것입니다.

스텝 **1**

Mac OS X에 JDK를 설치하고, 이클립스를 설치한 후 전역 환경설정을 할 때는 그림과 같이 "Eclipse > 환경설정..." 메뉴를 사용합니다. MS Windows에서의 "Window > Preferences" 메뉴와 같습니다. Mac OS X에서는 응용 프로그램의 환경설정 시 "응용 프로그램 > 환경설정..." 메뉴를 사용하도록 표준화되어 있기 때문입니다.

스텝 **2**

필자의 Mac OS X에는 JRE 6가 기본으로 설치되어 있는데, 그림과 같이 시스템 환경에 따라 이클립스도 JRE 6이 기본으로 설정되어 있습니다. 여기서 "Add" 버튼을 클릭하여 추가로 설치한 JDK 7을 추가해봅니다.

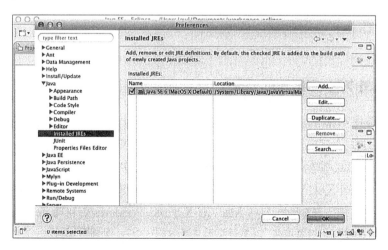

스텝 **3**

Mac OS X의 경우 "Add JRE" 창에서 "MacOS X VM"을 선택합니다. Mac OS X는 전용 VM을 사용하기 때문에 이와 같이 선택하는 것입니다. "Next" 버튼을 클릭합니다.

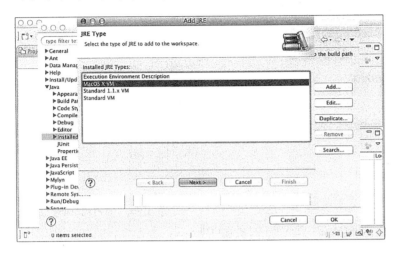

스텝 **4**

MS Windows에서와 같이 JRE Definition 화면에서 "JRE home > Directory..." 버튼을 이용하여 최신 JDK 경로를 선택할 수도 있지만 그 경로를 선택하기 어려운 경우에 봉착할 수 있습니다.

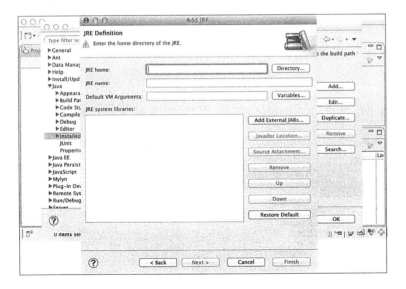

스텝 5

Mac OS X는 그림과 같은 경로에 새로 설치한 JDK가 있는데, Mac OS X 용 패키지 형태로 되어 있어 1.7.0.jdk라는 하나의 파일처럼 인식합니다.

스텝 6

이 패키지 파일을 선택하고 마우스 오른쪽 버튼으로 콘텍스트 메뉴를 열어, "패키지 내용 보기" 메뉴를 실행해야 그 안에 있는 파일들을 탐색할 수 있습니다.

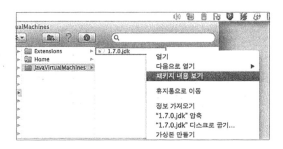

스텝 7

Mac OS X 패키지는 Contents 폴더 안에 찾고자 하는 파일들이 있습니다. 이제 MS Windows에서 봤던 JDK 폴더와 파일들을 볼 수 있고 Mac OS X 패키지에 대한 이해를 할 수 있을 것입니다.

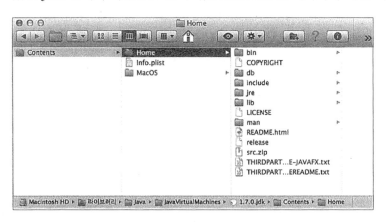

스텝 8

이와 같이 JDK가 패키지로 되어 있을 경우에는 그림과 같이 직접 JDK 홈 경로를 입력해야 JDK 패키지를 이클립스가 해독할 수 있습니다.

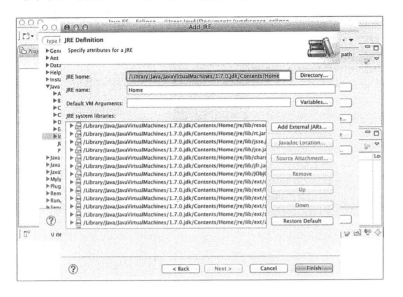

스텝 9

추가로 설정할 JRE에 대한 이름을 알기 쉽게 입력하고, "Finish" 버튼을 클릭하면 이클립스에 최신의 JRE를 등록할 수 있습니다.

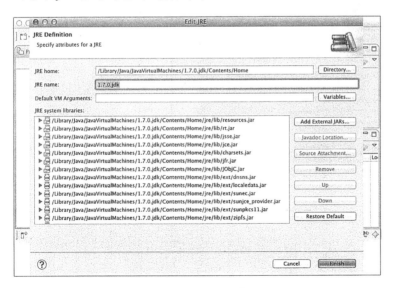

스텝 10

그림과 같이 추가 등록한 JRE를 체크하고 "OK" 버튼을 클릭하면 됩니다.

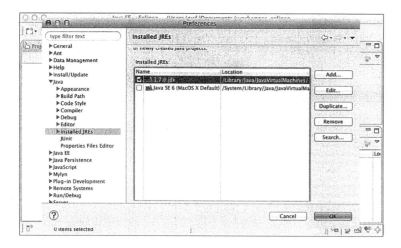

스텝 11

나머지 과정은 앞서 설명한 MS Windows와 동일합니다.

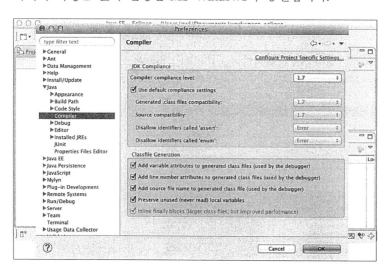

3.2 이클립스 플러그인 추가 설치 방법

이클립스는 자바를 기반으로 하기 때문에 수많은 개발자들이 제공하는 수많은 플러그인들을 추가할 수 있습니다. 모든 것을 나 혼자 처음부터 끝까지 개발한다면 진정한 자바 개발자라 할 수 없습니다. 자신이 만들고자 하는 프로그램에 다른 개발자들이 개발하여 배포하는 모듈 또는 API들을 수동으로 라이브러리에 추가하거나 플러그인 방식으로 설치하여 개발하는 것이 기본입니다. 또한 자신이 이름 모를, 일면식 없는 개발자들에게 도움을 받은 만큼 실력이 쌓이면 자신이 만든 API를 전 세계에 배포하는 공헌도 필요합니다.

이클립스는 이런 오픈 마인드, 오픈 소스 네트웍을 구현하기 위해 두 가지 배포와 설치 방식을 제공합니다.

종류	메뉴
배포 서버 방식	Help > Install New Software
마켓플레이스 방식	Help > Eclipse Marketplace

배포 서버 방식은 이클립스 플러그인을 배포하는 서버 주소를 입력하여 그 서버에서 배포하는 패키지를 찾아 설치하는 방식입니다. 이클립스를 설치하면 기본 배포 서버 주소가 몇 개 있습니다. 이외에 특정 패키지들은 구글링을 통해 배포 주소를 찾아 원하는 패키지를 설치할 수 있습니다. 익히 잘 알려진 안드로이드의 경우도 이 방식을 통해 이클립스용 안드로이드 플러그인을 설치할 수 있습니다. 마켓플레이스 방식은 스마트 폰의 앱을 앱스토어나 안드로이드 마켓에서 배포하는 것과 같은 방식입니다. 이클립스에서 운영하는 이클립스 마켓플레이스에서 원하는 플러그인을 찾아 쉽게 설치할 수도 있고 업데이트도 할 수 있습니다. 배포 서버 방식은 고전적인 설치방식이고 마켓플레이스는 스마트 설치방식이라 할 수 있습니다.

배포 서버 플러그인 설치 방식

스텝 **1**

"Help > Install New Software" 메뉴를 실행합니다.

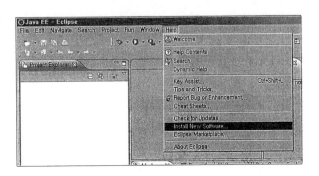

스텝 2

"Install" 창에 "Work with" 항목이 있는데 이 항목이 다운받을 배포 서버를 선택하는 항목입니다. 처음 설치를 하면 몇 개의 배포 서버 주소만 있습니다. "Available Software Sites" 버튼을 클릭하면 자신이 구글링에서 찾은 배포 서버 주소를 추가할 수 있습니다. 아래 그림은 이클립스의 Indigo 사이트를 선택하여 이 배포 서버에서 추가로 다운받아 설치할 수 있는 패키지들을 보여주고 있습니다. 이 방식은 선택한 배포 서버가 살아 있을 때 유용한 것이므로 간혹 배포 서버가 다운되거나 사라졌거나 또는 네트웍 장애가 있을 경우 아래의 패키지 목록을 가져오지 못하는 경우가 있을 수 있으니 참고하기 바랍니다.

필요한 패키지를 체크하면 "Next" 버튼이 활성화되면서 설치를 진행할 수 있습니다. 설치하는 과정은 마법사에 의해 진행되므로 본서에서는 이 정도로 매듭짓겠습니다. 이 화면 아래에 "already installed?"라는 링크 버튼이 있는데 이 버튼을 클릭하면 기존에 이미 설치되어 있는 패키지들을 살펴보거나 관리할 수 있습니다.

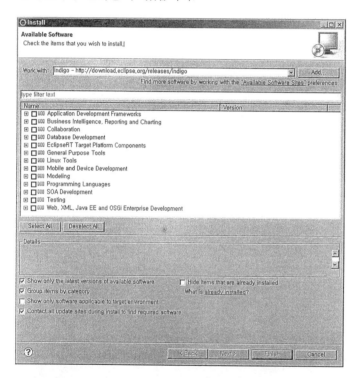

스텝 3

위의 화면에서 "already installed?" 버튼을 클릭하면 그림과 같이 Eclipse Installation Details 창이 나타나 이미 설치되어 있는 패키지들을 살펴볼 수도 있고 "Update..." 버튼을 이용해 최신 버전으로 업데이트도 할 수 있으며, "Uninstall..." 버튼으로 설치된 패키지를 삭제할 수도 있습니다. 나머지 탭들은 이클립스를 사용하면서 자연히 활용법을 알게 될 것입니다. 이 정도로 살펴보고 "Close" 버튼을 클릭하여 설치 창을 닫습니다.

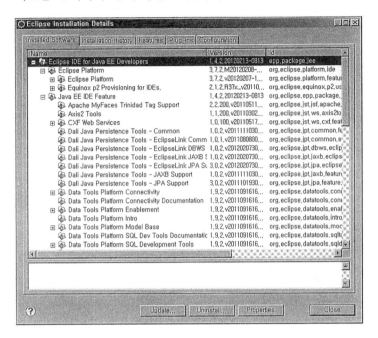

마켓플레이스 플러그인 설치 방식

스텝 1

"Help > Eclipse Marketplace..." 메뉴를 실행합니다.

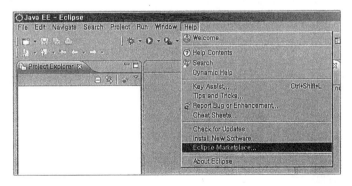

스텝 2

"Eclipse Marketplace" 창이 나타
나면, "Search > Find" 항목에 검
색어를 입력하거나 선택상자를
이용하여 원하는 플러그인 패키
지를 찾을 수 있습니다.

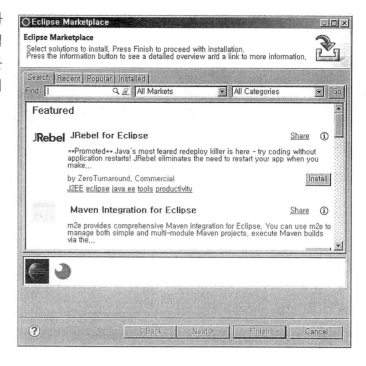

스텝 3

그림은 "JavaFX"를 검색어로 플
러그인을 찾은 사례입니다. 차세
대 프로그래밍 플랫폼인 JavaFX
는 NetBeans 외에 이클립스에서
도 개발할 수 있는 플러그인이 지
원됩니다. 이와 같이 패키지를 찾
아 해당 패키지의 "Install" 버튼을
클릭하여 원하는 패키지를 설치할
수 있습니다.

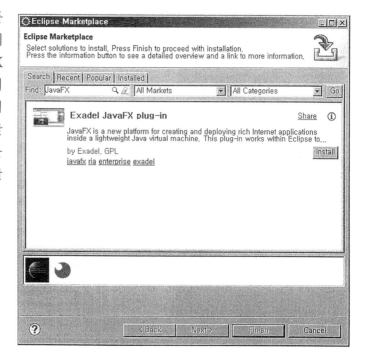

스텝 4

이번에는 "Phonegap"을 검색어로 이클립스에서 웹앱을 개발할 수 있는 폰갭 패키지를 찾아보았습니다. 폰갭은 차세대 스마트앱 개발 솔루션을 제공하고 있는데 몸집은 작지만 세계의 거대 기업들이 꼼짝 못하고 따라가게 하는 흥미진진한 솔루션입니다. 이 폰갭 패키지는 웹앱을 위한 jQuery Mobile, Sencha Touch 패키지도 포함하고 있습니다.

역시 설치 과정은 마법사로 쉽게 이루어지기 때문에 이전에 살펴본 것으로 매듭짓고 "Cancel" 버튼을 클릭하여 마켓플레이스 창을 닫겠습니다. 참고로 마켓플레이스에서 폰갭 패키지를 설치하고 활용하는 과정을 보고 싶다면 피씨북에서 발간한 "HTML5와 폰갭으로 웹앱 나도 만든다" 또는 "모바일 웹과 웹앱을 위한 jQuery Mobile"의 개발 환경 구축 부분을 참조하기 바랍니다.

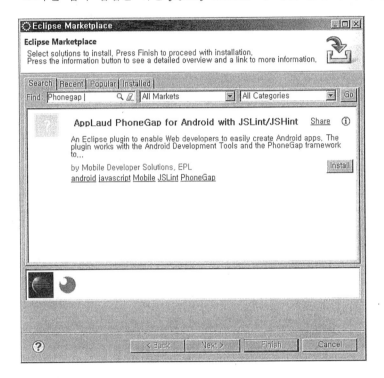

2부

기본 자바 코딩을 위한
이클립스 사용법

Chapter 04 기본 자바 프로젝트 생성과 실행

이 장에서는 간단한 자바 프로젝트를 생성하고 실행하면서 기초적인 이클립스 사용법을 소개합니다. 이클립스는 프로젝트 기반으로 소스를 작성하고 실행하는 방식입니다. 그냥 간단히 자바 소스를 만들고 터미널에서 컴파일하고 실행하는 정도로는 요즘 세상이 요구하는 응용 프로그램을 제작할 수 없습니다. 다른 개발자들이 제공하는 많은 라이브러리를 참조하고 공조하면서 솔루션 차원에서 작업해야 다양하고 세세한 기능을 구현하는 프로그램을 만들 수 있습니다. 그래서 이클립스와 같은 통합개발도구가 나타나게 된 것이고, 이러한 시대적 요구에 따라 이클립스는 프로젝트 단위로 소스를 관리하고 개발하며 패키징하는 방식을 사용하고 있습니다.

4.1 이클립스 웍스페이스 (workspace)

이클립스는 프로젝트를 폴더로 묶고 저장할 웍스페이스(workspace)라는 프로젝트 소스 저장 폴더를 설정해야 시작할 수 있습니다. 따라서 이클립스에서 자바 프로젝트를 생성하고 개발 작업을 하려면 먼저 적합한 웍스페이스를 설정하고 있는지를 확인해야 합니다.

이미 이클립스 설치 당시 웍스페이스를 지정했다 할지라도 필요에 따라 언제든지 웍스페이스를 여러 개로 나누고 변경할 수 있습니다. 여기서는 처음 이클립스를 실행하면서 웍스페이스를 설정하는 방법과 추후에 웍스페이스를 변경하여 작업을 진행하는 방법을 소개합니다.

웍스페이스 생성

다음 사례는 Mac OS X에서 이클립스를 처음 설치하고 실행하는 경우이지만 MS Windows에서도 똑같습니다. 앞으로 특별히 언급하지 않는 한, 지금부터 설명하는 내용은 Mac OS X와 MS Windows에서 모두 동일합니다.

스텝 1

Mac OS X의 경우 다운받은 이클립스는 그림과 같이 나타나고, Eclipse.app 파일이 이클립스를 실행하는 파일입니다. MS Windows의 경우는 Eclipse.exe 파일입니다. 이 파일을 더블클릭하면 이클립스가 실행됩니다.

스텝 2

Mac OS X의 경우는 인터넷에서 다운받은 응용 프로그램을 처음 실행할 때만 그림과 같은 경고문이
나타납니다. "열기" 버튼을 클릭하여 이클립스 실행을 허가합니다.

스텝 3

이클립스가 처음 실행될 때 웍스페이스를 설정하는 안내 창이 나타납니다. 기본 설정은 그림과
같습니다.

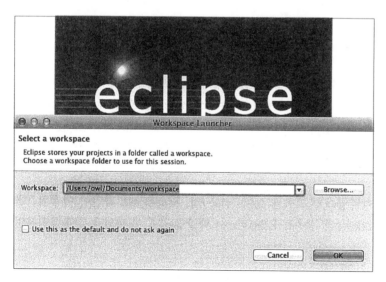

스텝 4

그림과 같이 기본 설정이 아닌 다른 경로를 직접 입력했습니다. 입력한 폴더는 기존에 존재하지 않는 폴더입니다. "OK" 버튼을 클릭하면 입력한 폴더가 자동으로 생성되면서 새로운 웍스페이스를 할당합니다.

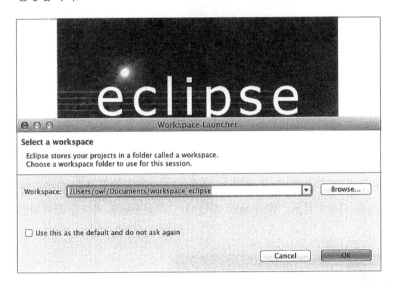

참고 Workspace 대화상자

Workspace Launcher 창 아래에 있는 "Use this as the default and do not ask again"을 체크하면 이 웍스페이스를 기본 웍스페이스로 지정하고 다음부터는 이 대화상자가 나타나지 않습니다. 이 대화상자는 나중에 웍스페이스를 변경하는 메뉴에서 호출할 수 있기 때문에 이 체크상자를 체크해도 문제가 발생하지 않습니다. 다만 많은 웍스페이스로 작업을 해야 할 경우 현재 내가 실행한 이클립스가 어느 웍스페이스를 작업장으로 하고 있는지 확인할 필요가 있을 때가 있습니다. 이 경우 이 체크를 해제하여 이클립스를 실행할 때마다 확인함으로써 웍스페이스를 혼동하는 실수를 하지 않도록 경고 창의 기능으로 활용하는 것도 필자의 경험상 권장할 만 합니다.

스텝 5

앞서 새로 할당한 웍스페이스 폴더를 찾아보면 그림과 같이 생성되어 있는 것을 확인할 수 있습니다. 앞으로는 이 폴더에 프로젝트 관련 파일들이 저장될 것입니다.

스텝 6

앞서도 소개한 아래 화면은 이클립스의 "Welcome" 화면이라고 합니다. 나중에 이클립스에서 제공하는 샘플이나 튜토리얼 등을 다시 참고하기 위해 이 화면을 열고 싶을 때가 분명 있을 것입니다. 그 때는 "Help > Welcome" 메뉴를 사용하세요. "Welcome" 화면에서 Workbench 버튼을 클릭하여 작업장 화면으로 들어갑니다.

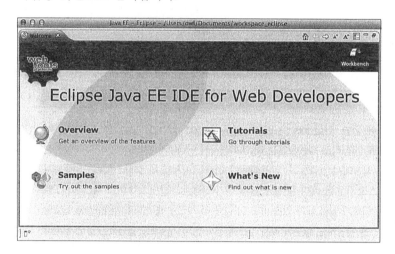

스텝 7

그림과 같이 작업장 상단 바를 보면 현재 이 이클립스가 어떤 웍스페이스를 저장소로 할 것인지를 표시해주기도 합니다.

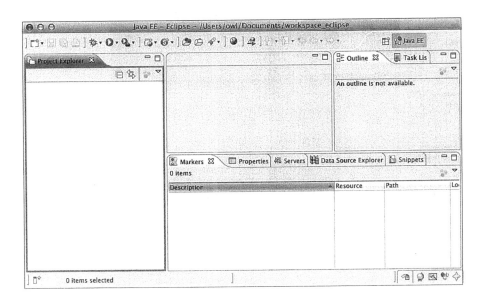

이클립스 작업장은 분할영역 화면(Perspective)이라는 방식을 사용합니다. 분할영역 화면은 최근 이클립스뿐 아니라 많은 개발 프로그램에서 사용하고 있는 방식입니다. 한때는 멀티 모니터 환경의 확장에 힘입어 멀티 창이 더 효율적인 개발 화면이 아니겠느냐는 시기도 있었지만 최근에는 한 화면에서 탐색할 수 있으면서 집중할 부분을 확대하여 작업할 수 있는 분할영역 화면이 대중적인 인기를 끌고 있습니다.

분할영역 화면은 위의 그림과 같이 대개 중앙에 소스 편집 영역을 두고, 왼쪽에 프로젝트 또는 소스 탐색기를, 오른쪽에는 속성이나 참고사항 등 세로형에 적합한 창들을 배치합니다. 하단에는 주로 버그나 콘솔 등을 배치하는 것이 일반적이나 개발자의 취향에 따라 드래그앤드롭으로 각 창을 원하는 영역에 이동 배치할 수도 있습니다.

또한 집중하고자하는 창이 있으면 그 창의 상단 제목 바를 더블클릭하면 해당 창을 풀 화면으로 전환하여 작업할 수 있고, 다시 제목 바를 더블클릭하면 이전 분할영역 화면으로 돌아옵니다. 이와 같이 화면 구성이 복잡해 보이지만 쉽게 집중할 수 있는 편리함 때문에 많은 개발자들에게 분할영역 화면이 애호를 받고 있습니다.

웍스페이스 변경

필자도 프로젝트의 특성과 시기에 따라 여러 개의 웍스페이스로 구분하여 작업하고 보관해둡니다. 이클립스가 이미 실행된 상태에서 웍스페이스를 변경하여 작업하려면 그림과 같이 File > Switch Workspace > Other... 메뉴를 사용합니다. 이 메뉴를 실행하면 위에서 보았던 "Workspace Launcher" 창이 나타나 웍스페이스를 변경할 수 있게 됩니다.

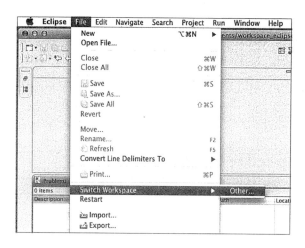

4.2 자바 프로젝트 생성

간단한 자바 프로젝트를 생성하는 사례를 살펴봅니다.

스텝 **1**

File > New의 서브메뉴에는 여러 가지 대표적인 프로젝트 생성 메뉴와 기타 파일 또는 폴더를
생성할 수 있는 메뉴들이 있습니다. File > New > Project... 메뉴를 실행하면 이클립스에서 생성할
수 있는 여러 가지 프로젝트를 탐색하고 선택하여 프로젝트를 생성할 수 있습니다.

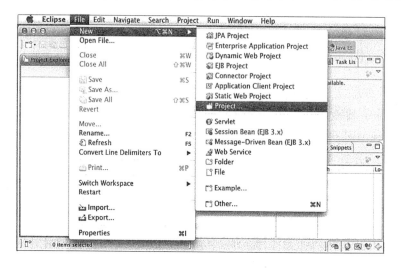

스텝 2

"New Project" 창에서는 그림과 같이 이클립스에서 지원하는 프로젝트들을 탐색하고 선택할 수 있습니다. 가장 간단한 기본 자바 프로젝트인 "Java > Java Project"를 선택하고 "Next" 버튼을 클릭합니다.

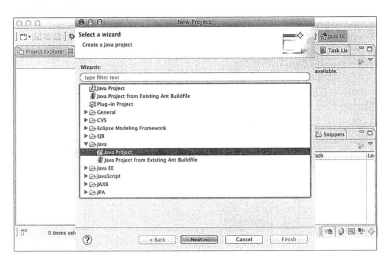

스텝 3

"New Java Project" 창이 나타나면 "Project name" 항목에 그림과 같이 프로젝트 명을 입력합니다. 프로젝트명은 자바 명령법에 따라 영문과 숫자를 이용하여 입력해야 합니다. 만일 잘못 입력하면 다음 과정으로 넘어갈 수 없으며 경고문이 나타납니다.

생성할 프로젝트에 대한 저장소를 "Location" 항목에서 확인하고, JRE 항목에서 이 프로젝트에서 사용할 JRE 또는 JDK 버전을 설정합니다. 본 사례는 시스템이 기본 JRE로 인식하는 1.6이 기본설정으로 잡혀 있어 그대로 1.6 버전을 사용하기로 했습니다.

Project layout 항목은 자바 소스 파일과 컴파일 후 만들어지는 클래스 파일을 같은 폴더에 둘 것인지 분리할 것인지를 설정하는 프로젝트 생성 옵션입니다. 오래전 자바 초창기에는 터미널에서 수동으로 일일이 컴파일해야 했기 때문에 소스 파일과 클래스 파일을 같은 폴더에 놓고 쓰는 습관이 생기게 됐습니다. 하지만 최근에는 이클립스와 같은 고차원의 개발도구를 사용하면서 소스 파일과 배포본인 클래스 파일을 완전히 분리하여 배포본의 버전 관리를 하는 것이 표준으로 되어가고 있습니다.

"Next" 버튼을 클릭하여 다음 생성 과정을 살펴봅니다.

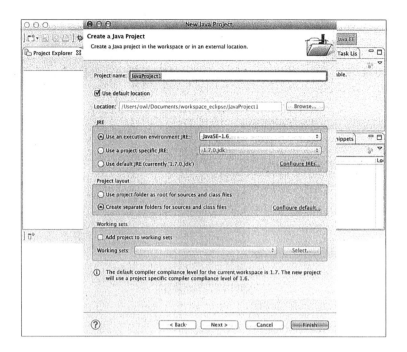

참고 **이클립스의 Working Sets**

이클립스에는 프로젝트를 하나의 그룹으로 묶는 "Working Sets"라는 프로젝트 그룹 개념이 있습니다. 위와
같은 프로젝트를 생성할 때도 Working Sets 설정 항목이 나타나는데, 나중에 원하는 Working Sets에 프로젝트를
설정할 수 있기 때문에 굳이 지금 설정하지 않고 넘어가도 됩니다. 이클립스의 Working Sets에 대해 익숙해지면
프로젝트를 생성할 때 어느 Working Sets을 설정해야 하는지 자연히 알게 될 것입니다.

스텝 4

"New Java Project" 창이 "Java Settings" 과정으로 전환됐습니다. 이 화면에서는 이 자바 프로젝트가
사용할 소스 폴더와 컴파일 결과 폴더 그리고 기타 프로젝트에 대한 설정 및 참조 라이브러리
등을 추가로 설정할 수 있습니다.

이 모든 설정들은 나중에 프로젝트 속성에서 다시 변경 설정할 수 있기 때문에 초반부터 일일이
살펴볼 필요는 없습니다. 단지 본 사례에서는 JavaProject1이라는 프로젝트는 src 폴더를 소스
폴더로 정의하고, bin 폴더를 결과 폴더로 정의하고 있다는 정도로 이해하고 "Finish" 버튼을 클릭하면
됩니다.

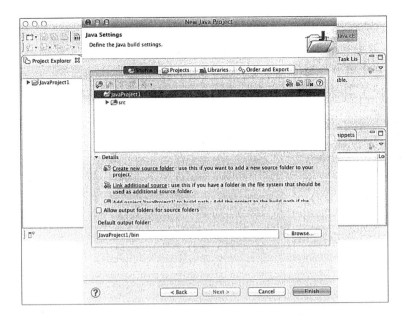

스텝 5

그림과 같이 프로젝트 생성을 완료할 때 "Open Associated Perspective?"라는 확인 창이 나타납니다. 이는 자바 프로젝트에 대한 분할영역 화면(Perspective)을 처음 열기 때문입니다. 이 창에서 "Yes" 버튼을 클릭하여 지금 생성한 프로젝트에 적합한 분할영역 화면이 나타나게 합니다.

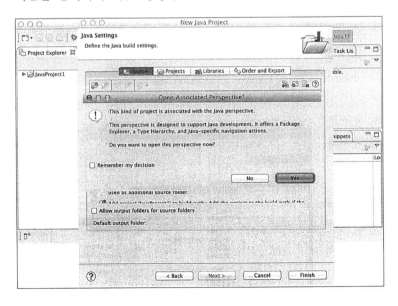

스텝 6

그림과 같이 Java Perspective 분할영역 화면이 나타나면서 JavaProject1이라는 자바 프로젝트가
나타납니다. 이클립스는 분할영역 화면 왼쪽에 있는 Package Explorer 창 또는 Project Explorer
창을 통해 작업할 프로젝트와 그 안에 들어 있는 소스 파일들을 탐색할 수 있습니다.

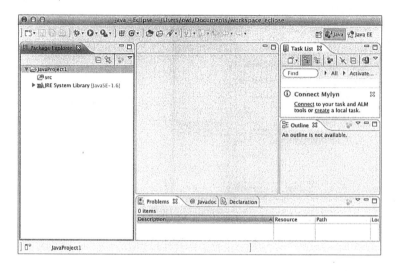

4.3 자바 클래스 파일 생성과 삭제

앞에서 생성한 자바 프로젝트에 간단한 자바 소스를 만들어 이클립스와 친숙해지는 과정을 만들어
봅니다.

스텝 1

이 프로젝트는 src 폴더에 자바 소스를
저장하기로 프로젝트를 생성할 당시에
약속되어 있습니다.

그림과 같이 "src 폴더 > 콘텍스트 메뉴
> New > Class" 메뉴를 실행하면 자바
클래스 생성 마법사 창이 나타나 쉽게
원하는 자바 클래스 소스를 생성할 수
있습니다.

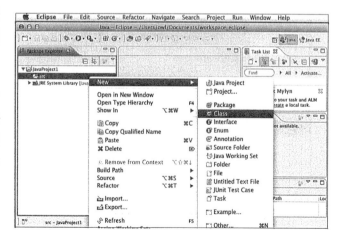

스텝 2

그림과 같이 "New Java Class" 창이
나타납니다. 이 사례는 src 폴더에서
클래스 파일 생성을 요청했기 때문
에 그림과 같이 Source folder 값은
자동으로 입력됩니다. Package 항
목에는 자바 패키지명 규칙에 따라
입력했습니다. Name 항목에는 자바
클래스 이름을 입력해야 하는데, 그
림과 같이 소스 파일 확장자명까지
입력하는 등 자바 클래스명 규칙에
어긋나면 창의 상단에 "×" 아이콘
과 함께 안내문이 나타나고 더 이상
진행할 수 없게 됩니다.

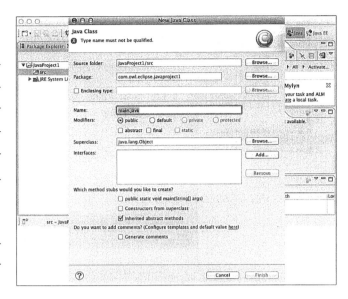

스텝 3

이제 Name 항목에 올바른 규칙에 따
라 클래스명을 정의하고 기본 설정에
서 "Finish" 버튼을 클릭해봅니다.

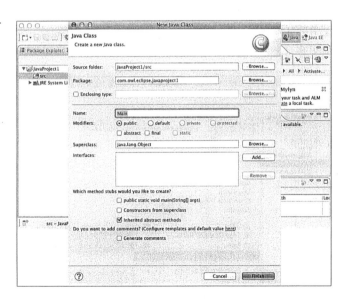

스텝 4

그림과 같이 src 폴더에 Main.java 파일이 생성된 것을 확인할 수 있습니다. Main.java 파일은
패키지가 com.owl.eclipse.javaproject1이므로 com/owl/eclipse/javaproject1 폴더 안에 Main.java

파일이 생성되어 있습니다. 자동으로 작성된 Main.java 파일의 기본 구문도 눈여겨보기 바랍니다. 클래스 생성 창에서 정의한 설정에 따라 기본 구문이 자동으로 작성되는 것을 알 수 있을 것입니다.

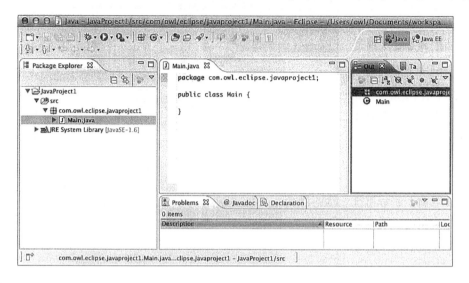

스텝 5

필자는 생성한 Main.java 소스 파일을 삭제하고, 원하는 설정을 제대로 해서 다시 클래스 파일을 생성하기로 했습니다. 그림과 같이 "Main.java > 콘텍스트 메뉴 > Delete" 메뉴를 실행하여 Main.java 파일을 삭제합니다.

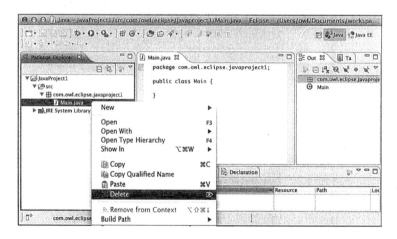

스텝 6

이클립스에서 파일을 삭제할 때는 그림과 같이 재확인 창이 나타납니다. "OK" 버튼을 클릭하여 삭제를 결정합니다.

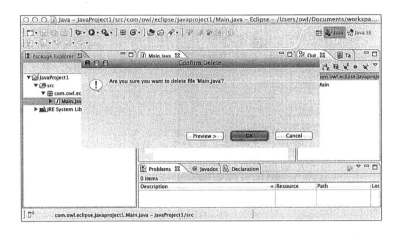

스텝 7

Main.java 파일은 삭제되었지만 com.owl.eclipse.javaproject1 폴더는 그대로 남아 있습니다. com
.owl.eclipse.javaproject1 폴더 > 콘텍스트 메뉴 > New > Class 메뉴를 실행하여 클래스 파일
생성을 재시도합니다.

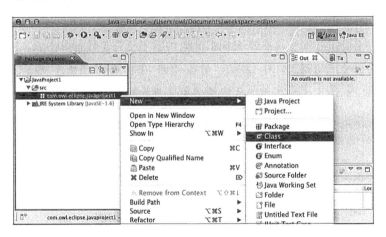

스텝 8

이번에는 패키지 폴더를 선택하고 자바 클래스 생성 창을 요청했기 때문에 그림과 같이 "New
Java Class" 창에 패키지명이 자동으로 입력되어 있는 것을 볼 수 있습니다. Name 항목에 클래스명을
"Main"으로 입력하고, public static void main(String[] args) 옵션과 Constructors from superclass
옵션을 추가로 체크하여 자동 작성 구문을 설정했습니다. 그림과 같이 설정을 하고 "Finish" 버튼을
클릭하여 Main.java 파일의 생성을 실행합니다.

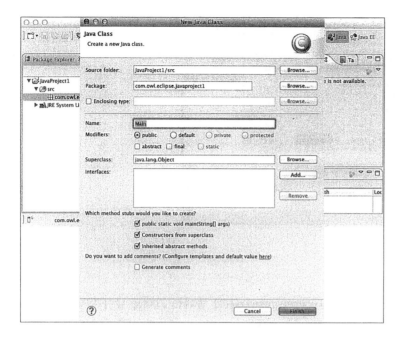

스텝 ⑨

그림과 같이 Main.java 파일이 생성되었고, 생성 옵션의 설정에 따라 자동 작성 구문이 늘어났습니다. 본 사례는 간단한 경우이기 때문에 복잡해보이지 않지만, 이와 같은 자동 작성 구문은 복잡한 클래스를 확장해서 만들어야 할 때 필수 구문이 자동으로 작성되기 때문에 크게 도움이 됩니다.

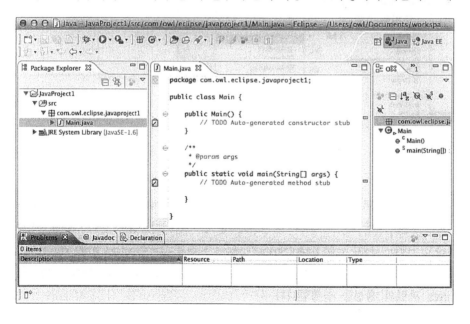

4.4 자바 프로젝트 실행과 콘솔 : Run As

자동으로 작성된 Main.java에 간단한 콘솔 출력 구문을 추가하고 실험하는 과정을 통해 이클립스에서 자바 소스를 컴파일하고 실행하는 방법을 소개합니다. 이클립스는 프로젝트 안에 있는 자바 소스를 컴파일하고 실행하기 위해 다음과 같은 두 가지 방식을 제공합니다.

실험 방식	메뉴	설명
실행 모드	Run > Run As...	일반적으로 사용자가 실행하는 것과 같은 방식
디버그 모드	Run > Debug As...	이클립스의 디버깅 툴을 작동시킨 상태에서 프로젝트에서 발생하는 런타임 오류를 디버깅할 목적으로 사용

이 장에서는 먼저 사용자가 실행하는 것과 같은 방식으로 실행하고, 디버그 모드로 실행하는 사례는 다음 장에서 살펴봅니다.

스텝 1

Main.java의 main() 메소드에 그림처럼 문자열을 출력하는 구문을 추가한 후, Main.java 파일을 저장합니다. Problems 창에 오류가 없는 것을 확인하고 이 프로젝트를 실행해봅니다.

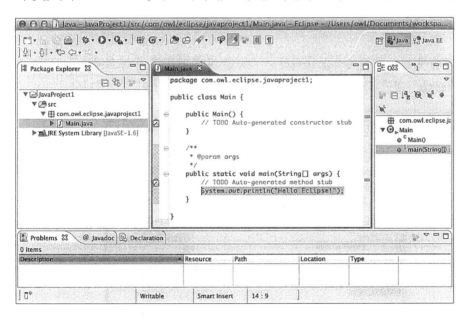

스텝 2

"JavaProject1" 프로젝트를 선택하고 Run > Run As > Java Application 메뉴를 실행합니다.

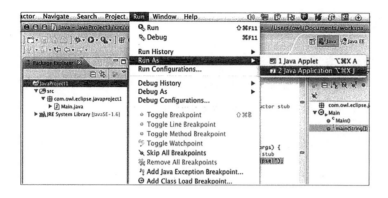

이클립스는 여러 프로젝트를 동시에 열어 놓은 상태에서 작업할 수 있습니다. 본 사례는 하나의 프로젝트만 있기 때문에 그 의미를 잘 인식할 수 없겠지만, 컴파일하고 실행할 때 어느 프로젝트를 대상으로 할 것인지를 지정해야 합니다. 또한 이 프로젝트의 경우 기본 자바 프로젝트이기 때문에 프로젝트 실행 방식이 위의 그림과 같이 Java Applet과 Java Application으로 제시됩니다. 이 프로젝트의 소스에는 자바 애플릿에 대한 정의가 없기 때문에 Java Application 방식으로 실행하면 됩니다.

스텝 3

이 프로젝트는 콘솔에 간단한 문자열을 출력하는 기능만 있기 때문에 이 프로젝트를 실행하면 그림과 같이 "Console" 창이 나타나면서, "Hello Eclipse!"라는 문자열이 출력됩니다.

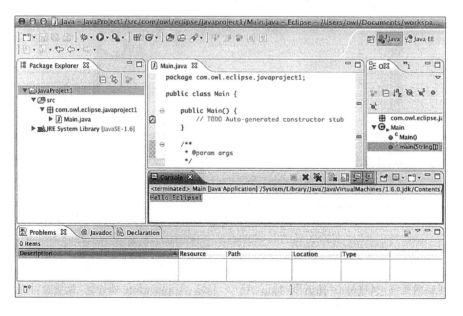

스텝 4

이클립스는 콘솔 창과 같이 실행에 필요한 창이 없을 때는 자동으로 나타나는 기본적인 배려를 하고 있습니다. 또한 그림과 같이 필요에 따라 콘솔 창의 제목 바를 드래그해서 원하는 위치로 이동할 수도 있습니다.

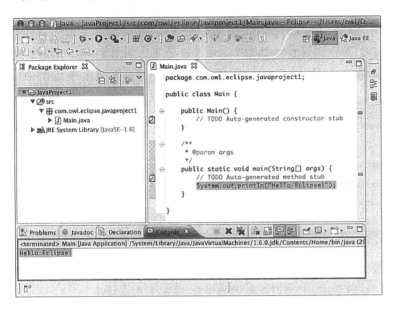

4.5 자바 프로젝트 폴더의 소스와 실행 파일

앞에서 이 프로젝트를 컴파일하고 실행했기 때문에 이 프로젝트의 웍스페이스 폴더를 살펴보면 그림과 같이 bin 폴더 안에 패키지 폴더들이 있고, 그 안에 Main.class 파일이 생성되어 있습니다. 또한 src 폴더 안에 패키지 폴더들이 있고, 그 안에 Main.java 소스 파일이 있습니다.

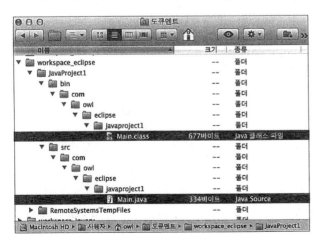

4.6 이클립스의 자동 컴파일

이클립스의 기본 설정에 따르면 그림과 같이 Project > Build Automatically 메뉴가 체크되어 있습니다. 이렇게 되어 있을 경우 개발자가 소스를 수정하고 저장할 때마다 관련 소스들을 백그라운드에서 자동으로 컴파일합니다. 이 기능은 소량의 소스에서는 컴파일하고 오류를 찾는 작업을 자동화시키고, Problems 창을 통해 오류 여부를 정확히 지적해주어 편리합니다. 그러나 소스 분량이 많거나 소스에 큰 용량의 리소스가 있을 경우 이클립스 전체가 느려지는 문제가 발생합니다. 따라서 이 경우 개발자의 판단에 따라 Project > Build Automatically의 체크를 해제할 필요가 있습니다.

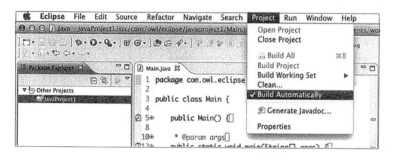

이렇게 하면 일명 "수동 컴파일 모드"가 되는데, 이 경우 소스를 수정한 후 꼭 필요할 때만 Project > Build All 또는 Project > Build Project 명령으로 컴파일할 필요가 있습니다.

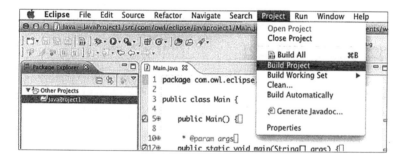

또한 이클립스는 기본적으로 컴파일을 할 때 컴파일의 효율성을 위해 수정된 소스와 연관된 모듈만 새로 컴파일을 합니다. 그런데 개발을 많이 하다보면 "자동 컴파일 모드"일 경우나 "수동 컴파일 모드" 일 경우에 무관하게 컴파일의 우선순위가 서로 충돌하는 등의 문제로 소스에는 문제가 없는데 컴파일을 제대로 못하거나 이해할 수 없는 런타임 오류가 발생할 수 있습니다.

물론 개발자가 미처 이해하지 못하는 부분이 분명히 있기 때문인데, 이런 경우 어떻게 해야 할지 알 수 없는 난관에 봉착하게 됩니다. 근본적으로는 개발자가 어떤 부분을 빠뜨렸는지를 찾는 것이 정답이겠지만 초보 개발자에게는 그 해답을 찾는 것이 쉽지 않은 일입니다. 이 경우, 제일 먼저 해봐야 할 일이 바로 "Project > Clean..." 명령입니다. 이 명령을 실행하면 기존에 컴파일해 두었던 모든 결과물을 지우고 전체 소스를 새로 컴파일할 수 있게 됩니다. 이 방법이 모든 문제를 해결해주지는 않지만, 대부분의 문제를 해결해주기 때문에 필자의 개발 경험에 비춰 추천합니다.

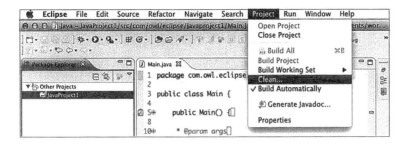

Project > Clean... 명령을 실행하면 그림과 같이 어느 프로젝트를 새로 깨끗이 컴파일할 것인지를 묻는 대화상자가 나타납니다. 재컴파일할 프로젝트를 확인하고 "OK" 버튼을 클릭하면 됩니다.

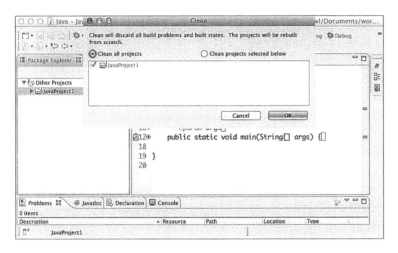

참고로 자바에서 코딩을 정말로 완벽하게 했는데 실행이 안 되거나, 컴파일 오류가 발생하는 등 알 수 없는 난관에 부딪히는 것은 대부분 JDK 또는 기타 참조 라이브러리가 불일치하는 경우라는 것을 잘 기억해두기 바랍니다.

Chapter 05 프로젝트 JDK 버전 변경

자바 프로젝트를 개발하다 보면 현재 일반적으로 사용하는 대표적인 JDK 버전에서도 실험해야 하고, 하위 버전에서 실험하기도 하며, 최신 버전에서도 올바르게 작동하는지 실험하는 경우가 많이 발생합니다. 앞서 이클립스에서 사용할 수 있는 JDK 또는 JRE 버전을 등록하는 방법을 보았지만, 이와 같이 프로젝트 안에서도 자유자재로 JDK 버전을 변경하면서 개발할 수 있는 기량이 필요합니다.

이 장에서는 프로젝트 안에서 표준 JDK 버전에 최신 JDK 버전을 추가하고 우선순위를 정의하며, 구 버전을 제거하고 최신 JDK 버전으로만 실험하는 사례들을 살펴봅니다.

5.1 프로젝트 속성 창 열기

JDK도 자바 프로젝트를 수행하는데 필요한 하나의 참조 라이브러리입니다. 특정 프로젝트에서 참조하고 있는 라이브러리가 정확히 어떤 것인지를 살펴보거나, 라이브러리를 추가 또는 삭제하는 설정들은 다음과 같이 프로젝트 속성에서 정의합니다.

스텝 1

프로젝트를 선택하고 File > Properties 메뉴를 실행하면 해당 프로젝트에 대한 속성 창이 나타납니다.

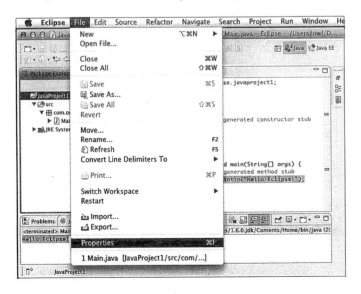

스텝 2

JDK 버전의 변경이 목적이기 때문에 먼저, 프로젝트 속성 창인 Properties 창에서 Java Complier > JDK Compliance 항목을 확인합니다. 그림과 같이 시스템에서 인식하는 기본 JDK 1.6 버전을 사용하고 있습니다.

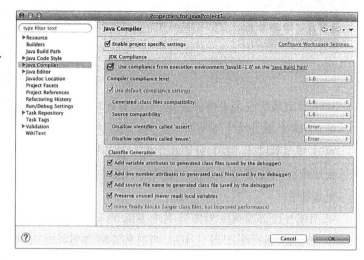

5.2 자바 컴파일러 버전 변경

스텝 1

컴파일러로 사용할 JDK 버전을 변경하려면, "Use compliance ..." 의 체크를 비활성시켜 컴파일러를 임의로 선택할 수 있게 합니다.

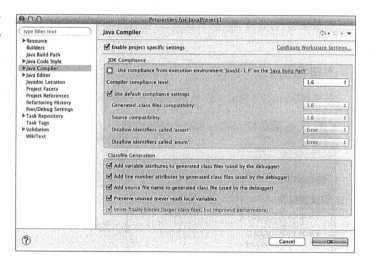

스텝 2

그림과 같이 Compiler compliance level 항목에서 앞서 설치하고 등록했던 JDK 1.7 버전을 선택합니다.

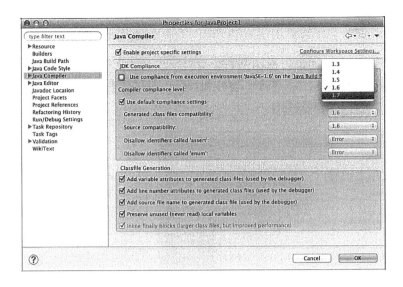

스텝 3

그림과 같이 이 프로젝트는 JDK 1.6에 모든 것이 맞춰진 상태에서 프로젝트가 생성되었기 때문에 1.7에 대한 추가 설정이 필요하다는 경고문이 프로젝트 속성 창 하단에 나타납니다. 이 경고문에 따라 Install JREs 설정과 Execution Environments 설정, 그리고 Java Build Path 설정 등 3가지의 추가 설정을 해야 합니다.

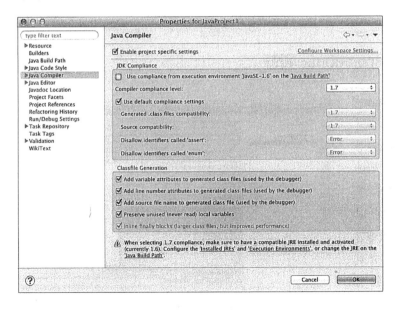

5.3 Installed JREs 확인

앞의 화면의 경고문에 있는 "Installed JREs" 링크 버튼을 클릭하면 그림과 같이 Installed JREs 설정 창으로 곧바로 이동할 수 있습니다. 이 창에서 앞서 이클립스 환경설정에서 등록했던 JDK 1.7 버전을 체크하고 "OK" 버튼을 클릭합니다.

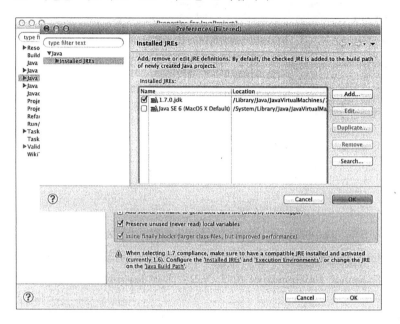

5.4 Execution Environments 확인

동일한 방법으로, "Execution Environments" 링크 버튼을 클릭하여 Execution Environments 창을 열고, JavaSE-1.7을 선택한 후, 오른쪽 Compatible JREs 항목에서 JRE 1.7을 체크합니다. 이렇게 하면 이 프로젝트를 실행할 때 JRE 1.7 버전을 사용하게 될 것입니다. 이제 "OK" 버튼을 클릭하여 Execution Environments 설정을 완료합니다.

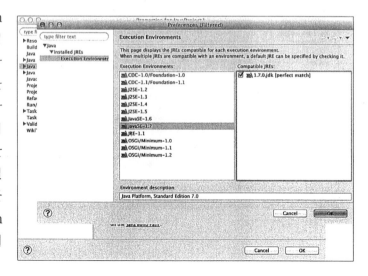

5.5 Java Build Path 확인

끝으로 Java Build Path 창을 열고 Libraries 탭을 보면, 그림과 같이 프로젝트 생성 당시 지정했던 1.6 버전만 참조하고 있음을 알 수 있습니다. 여기에 이 프로젝트가 JDK 1.7도 참조할 수 있도록 추가해야 합니다.

스텝 **1**

"Add Libraries..." 버튼을 클릭 합니다.

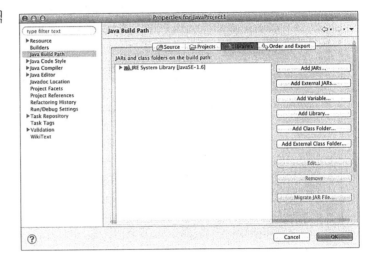

스텝 **2**

"Add Library" 창이 열리면, JRE System Library를 선택한 후에 "Next" 버튼을 클릭합니다.

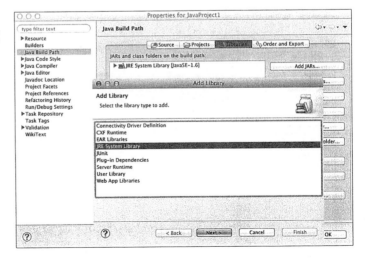

스텝 3

JRE System Library 화면에서 그림과 같이 "Workspace default JRE (1.7.0.jdk)"를 선택하고 "Finish" 버튼을 클릭합니다. 그림과 같이 "Workspace default JRE (1.7.0.jdk)"가 나타나는 것은 앞서 이클립스 환경설정에서 이 웍스페이스에서 사용할 기본 JRE를 1.7 버전으로 설정해두었기 때문임을 상기하기 바랍니다.

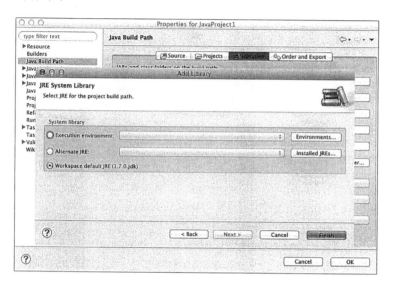

스텝 4

그림과 같이 이 프로젝트의 속성에서 참조할 라이브러리에 JRE 1.7 버전이 추가되었습니다.

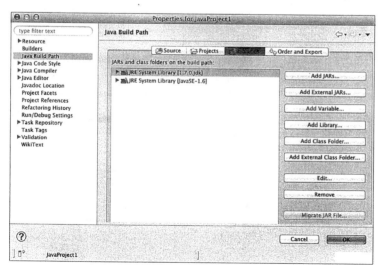

프로젝트 속성 창에서 "OK" 버튼을 클릭하면, 그림과 같이 컴파일러를 변경한다는 확인 창이
나타납니다. "Yes" 버튼을 클릭하면 이클립스는 이제 JDK 1.7 버전으로 이 프로젝트를 컴파일할
것입니다.

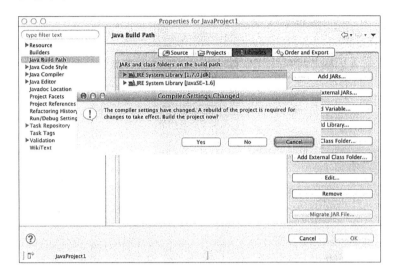

5.6 다중 JDK 라이브러리 우선순위 설정

또 하나 알아 둘 필요가 있는 사항이 있습니다. 이 프로젝트와 같이 하나의 프로젝트에서 2개의
JDK 버전을 참조할 때는 두 버전 사이에서 우선순위를 정의할 필요가 있습니다. 프로젝트 속성
창의 Java Build Path > Order and Export에서는 이 프로젝트가 참조하고 있는 라이브러리에
대한 우선순위를 정의할 수 있습니다. "Up / Down / Top / Bottom / Select All / Deselect All"
버튼들을 이용하여 라이브러리의 우선순위를 정의할 수 있습니다.

일반적으로 이 프로젝트에서 만든 소스들이 제일 높은 우선순위에 있는 것을 눈여겨보기 바랍니다.
이는 참조하는 라이브러리들 중 필요한 클래스를 호출하여 실행하지만 이 프로젝트에서 개발자가
정의한 명령을 최우선으로 설정해야 개발자가 원하는 대로 기능 구현을 할 수 있기 때문입니다.

그 다음 2개의 JRE 버전이 있는데 본 사례에서는 JRE 1.6 보다는 JRE 1.7을 우선으로 참조하도록
했습니다. 이렇게 참조 순위를 정의하면 1.7 버전에서 deprecated 되고 없어진 객체는 1.6 버전에서
참조하는 효과를 얻을 수 있습니다. 이런 경우는 고차원의 참조 기법이긴 하지만 사실상 기본적인
자바 지식에 속하기도 합니다. 보통은 능숙한 자바 개발자도 이런 점을 놓치고 일반적이고 습관적인

개발 정책에만 의존하는 경우가 많습니다.

JRE 버전에 대한 우선순위를 정의하고 "OK" 버튼을 클릭하여 프로젝트 속성 정의를 마무리합니다.

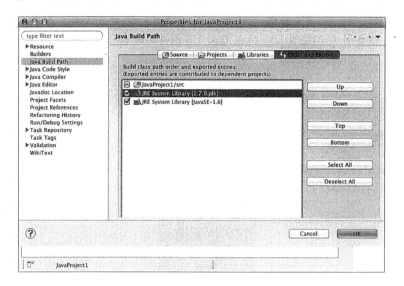

5.7 다중 JDK 버전으로 실행

JRE 1.7을 우선으로 하고, JRE 1.6과 함께 이 프로젝트를 실행해봅니다.

스텝 1

Package Explorer 또는 Project Explorer 창에서 JRE 1.7과 JRE 1.6의 참조 상태를 확인합니다.

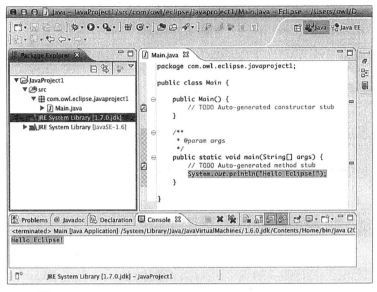

스텝 2

이번엔 아이콘 버튼을 이용하여 실행해보겠습니다. Package Explorer 창에서 실행할 프로젝트를 선택하고, Run 버튼(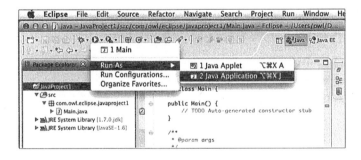)의 오른쪽에 있는 화살표를 누르면 그림과 같이 아이콘 버튼의 확장 메뉴가 나타납니다. "Run 버튼 > Run As > Java Application" 메뉴를 실행합니다.

참고로 앞서 이 프로젝트에 대한 실행을 했기 때문에 "Run 버튼"의 확장 메뉴에는 "1 Main"이라는 메뉴가 나타납니다. 이 메뉴는 이클립스가 최근에 실행한 명령을 기본 실행 명령으로 기억하기 때문에 나타난 것입니다. 따라서 그냥 "Run 버튼"을 클릭하면 앞서 실행했던 "1 Main"의 실행 명령으로 실행될 것입니다.

스텝 3

그림과 같이 우선순위에 따라 새로 참조를 정리하고 컴파일하는 과정이 진행됩니다.

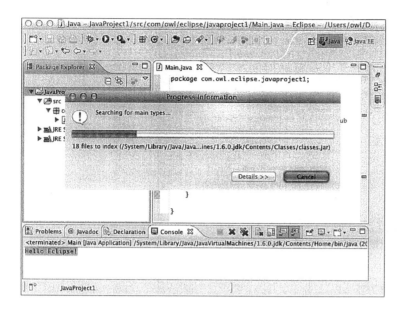

스텝 4

재컴파일을 완료하고 실행하면 그림과 같이 오류 없이 콘솔 창에 "Hello Eclipse!"라는 문자열이
출력됩니다.

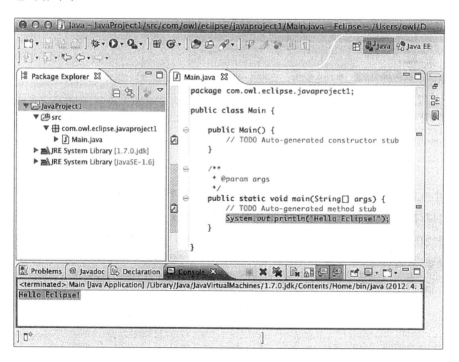

5.8 구 버전 JDK 라이브러리 삭제

이제 구 버전인 JDK 1.6을 프로젝트 참조에서 삭제하고 실행하는 과정을 진행해보겠습니다. 앞의 과정과 이 과정까지 합하면 프로젝트에 참조할 라이브러리를 추가, 삭제하거나 참조 우선순위를 설정하는 등의 기본적인 원리들을 이해할 수 있을 것입니다.

스텝 **1**

다시 프로젝트 속성 창을 열고, Java Build Path > Libraries에서 그림과 같이 JRE 1.6을 선택하고 "Remove" 버튼을 클릭하여 JRE 1.6을 이 프로젝트의 참조에서 삭제합니다.

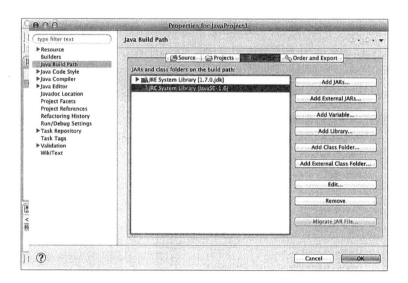

스텝 **2**

그림과 같이 JRE 1.6 라이브러리 참조를 이 프로젝트에서 삭제했습니다. "OK" 버튼을 클릭하여 프로젝트 속성 변경을 완료합니다.

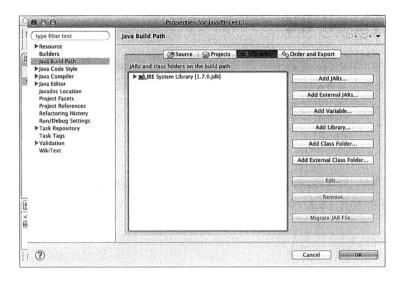

스텝 3

그림과 같이 이제 이 프로젝트는 JDK 1.7로 컴파일을 하고 JRE 1.7 라이브러리만 참조하여 실행하는
프로젝트가 됐습니다.

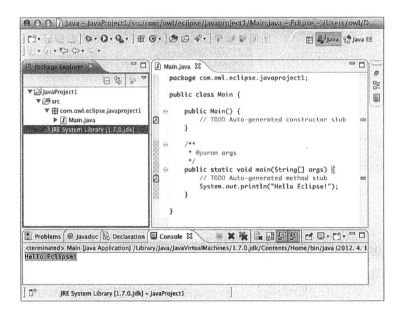

5.9 최신 JDK 버전만으로 실행

이번엔 최신 JDK 버전만 이용해서 디버그 모드로 이 프로젝트를 실행해보겠습니다.

스텝 **1**

프로젝트를 선택하고, 그림과 같이 디버그 아이콘(🐞▾)을 이용하여 디버그 모드로 프로젝트를 실행할 수 있습니다.

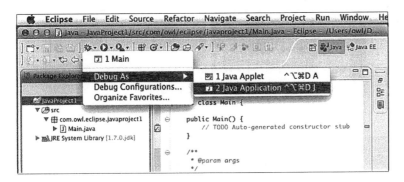

또는 그림과 같이 "Run > Debug As > Java Application" 메뉴를 실행하여 디버그 모드로 프로젝트를 실행할 수도 있습니다.

스텝 **2**

이 사례는 오류가 없고 런타임 디버그에 대한 특별한 설정을 하지 않았기 때문에 실행 모드와 별로 다를 것 없이 그림과 같이 콘솔 창에 "Hello Eclipse!"라는 문자열이 출력됩니다. 디버그 모드에 대한 기초적인 사례는 다음 장에서 소개하도록 하겠습니다.

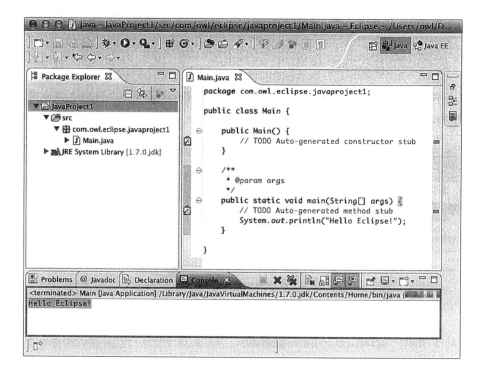

Chapter 06 디버깅을 위한 소스 편집 기능들

이클립스의 디버그 모드 기능은 프로젝트의 종류에 따라 매우 다양한 형태로 제공됩니다. 본 서에서 모든 종류의 프로젝트에 대한 디버그를 소개한다는 것은 무리가 있고, 디버그 모드에 대해 이해하려면 해당 프로젝트에 대해 깊은 지식도 있어야 하기 때문에 여기서는 가장 기초적인 디버그 모드 사용법에 대해서만 다루도록 하겠습니다.

6.1 편집기에 소스라인 번호 표시 및 편집기 설정

소스를 디버깅하기 위해서는 자신이 작성한 소스의 어느 부분에서 런타임 버그가 발생하는지는 알아야 하기 때문에 소스 편집기에서 소스라인 번호를 표시할 필요가 있습니다.

스텝 1

소스를 편집기에서 열고 소스 화면의 왼쪽 끝 부분을 마우스 오른쪽 버튼으로 클릭하면 콘텍스트 메뉴가 나타납니다. 이 메뉴에는 디버그할 때 사용할 중지점(Breakpoint)을 설정하거나 해제하는 메뉴가 있고, 복잡한 소스를 분석할 때 특정 지점을 북마크(Bookmark)하거나, 태스크(Task)를 설정하는 등의 기능들을 제공하며, 소스라인 번호를 표시하는 기능도 제공됩니다.

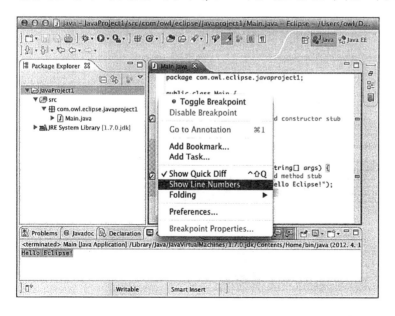

스텝 2

"Show Line Numbers" 메뉴를 활성시키면, 그림과 같이 소스 편집기 왼쪽에 소스라인 번호가 표시됩니다. 또한 필요에 따라 현재 사용하고 있는 편집기에 대한 구체적인 환경설정을 하려면 그림과 같이 "편집기 왼쪽 라인 콘텍스트 메뉴 > Preferences..." 메뉴를 실행하면 해당 편집기에 대한 환경설정을 변경할 수 있습니다.

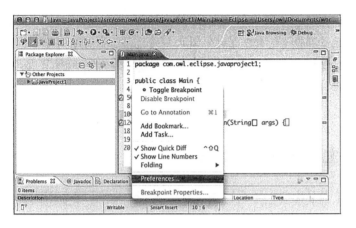

스텝 3

이런 방식으로 이클립스 속성 창을 여는 것을 "환경설정 필터링"이라 하여 "Preferences (Filtered)" 라는 창이 나타납니다. 이 화면에서 소스의 글자색이나 크기 등 다양한 환경설정을 할 수 있습니다. 이 정도로 편집기에 대한 환경설정이 있다는 것만 확인하고 나중에 필요할 때 원하는 환경설정 항목을 살펴보기로 합니다. "Cancel" 버튼을 클릭하여 이 창을 닫습니다.

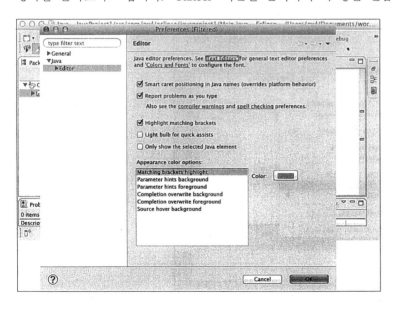

6.2 디버깅과 중지점 설정 (Breakpoint)

고차원의 프로그래밍 개발 도구라면 대부분 다음에서 보여주는 중지점(Breakpoint)으로 런타임 디버깅을 하는 기능이 지원됩니다. 중지점 디버깅은 소스에는 오류가 없어 보이고 컴파일은 잘 되지만, 실행하는 과정에서 사용자의 여러 가지 환경적인 여건 때문에 발생하는 런타임 오류의 원인을 찾아내는데 주로 활용됩니다.

스텝 **1**

그림과 같이 오류가 예상되는 지점에 "Toggle Breakpoint" 메뉴를 실행하여 중지점을 설정합니다. 이 메뉴는 토글 방식이기 때문에 이미 중지점이 설정되어 있는 지점에 이 메뉴를 또 실행하면 중지점이 해제됩니다.

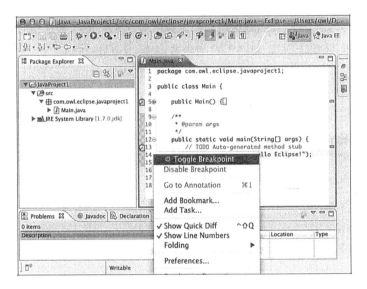

스텝 **2**

그림과 같이 소스라인 "14" 지점에 중지점을 설정하면, 소스라인 번호가 표시되는 부분에 ⊙14 와 같은 중지점 표시가 나타납니다. 그림과 같이 프로젝트를 선택하고, 🔅▾ > Debug As > Java Application 명령으로 디버그 모드로 실행해봅니다.

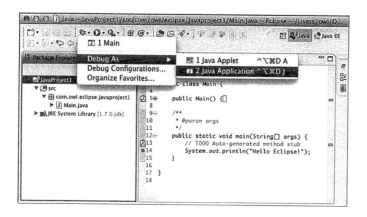

스텝 3

그림과 같이 디버그 모드를 위한 분할영역 화면(Perspective)으로 전환할 것인지를 묻는 확인 창이 나타납니다. "Yes" 버튼을 클릭하여 디버그 모드 화면으로 전환할 것을 승인합니다.

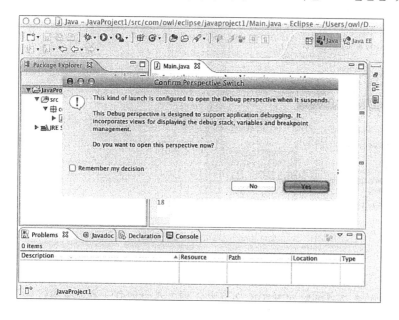

스텝 4

그림과 같이 디버그 모드 분할영역 화면으로 전환되어 실행하다가 중지점이 설정된 지점에서 이클립스가 실행을 중지합니다. 소스에서 작성한 객체들이 이 지점에서 런타임에 어떤 변수 값들을 가지고 있는지를 마우스 오버로 살펴볼 수도 있고, "Debug" 창에서 어떤 쓰레드로 작동되고 있는지도 살펴 볼 수 있습니다. "Variables" 창에서는 중지된 시점에 메모리에 담겨져 있는 객체들의 값들을 일목요연하게 살펴볼 수도 있습니다. "Debug" 창의 계속 버튼(▶)을 클릭하면 중지점을 지나 계속해서 실행을 진행합니다. 필요에 따라 실행을 종료하려면 종료 버튼(■)을 클릭하면 됩니다. 본 사례에서는 계속 버튼(▶)을 클릭했습니다.

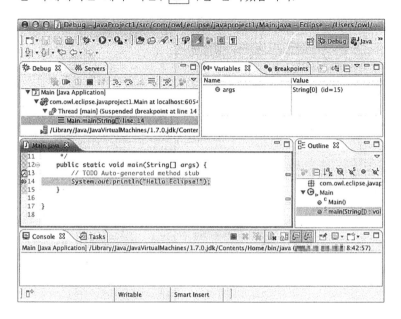

스텝 5

그림과 같이 중지점을 지나 실행을 계속하여 콘솔 창에 "Hello Eclipse!"를 출력하고 디버그 모드에서의 실행을 완료했습니다.

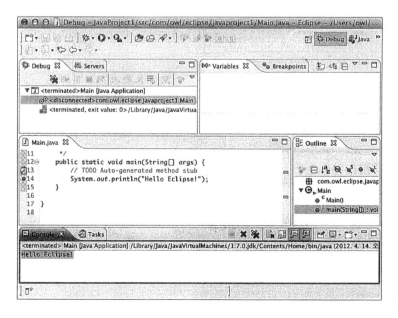

스텝 6

중지점을 해제하려면 그림과 같이 해당 지점에서 "Toggle Breakpoint" 메뉴를 실행하면 됩니다. 참고로 많은 소스에 중지점을 설정해두었지만 중지점을 사용하지 않고 실행하려면, "Disable Breakpoint" 메뉴를 실행하면 됩니다.

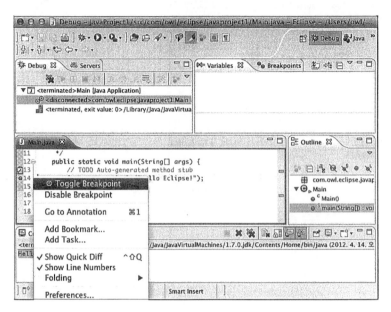

스텝 7

다음 그림은 "Toggle Breakpoint" 명령으로 중지점을 해제한 화면입니다.

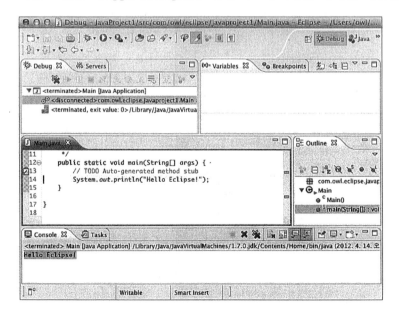

6.3 영역 화면 전환 (Open Perspective)

앞의 실험으로 디버그(Debug) 분할영역 화면이 표시되어 있습니다. 이 화면에서 다시 초기에
사용하던 자바(Java) 분할영역 화면으로 돌아가 계속해서 작업할 필요가 있을 것입니다.

스텝 **1**

이클립스의 오른쪽 상단 부분
을 보면 그림과 같이 영역을
전환할 수 있는 영역 탭 버튼
이 있습니다. 이 버튼을 클릭
하면 원하는 분할영역 화면으
로 전환할 수 있습니다.

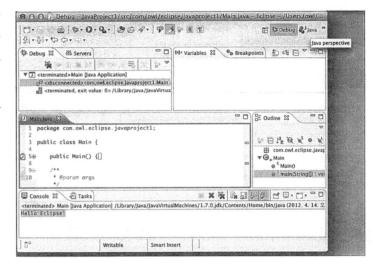

스텝 **2**

그림과 같이 영역 탭 버튼 중
"Java" 버튼을 클릭하여 이
전에 작업하던 자바 분할영
역 화면으로 돌아왔습니다.

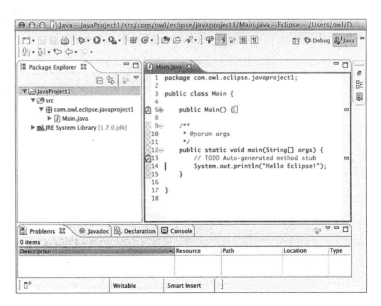

스텝 3

위의 방법이외에 "Window > Open Perspective >..." 메뉴를 사용하면 다양한 분할영역 화면으로 전환할 수 있습니다.

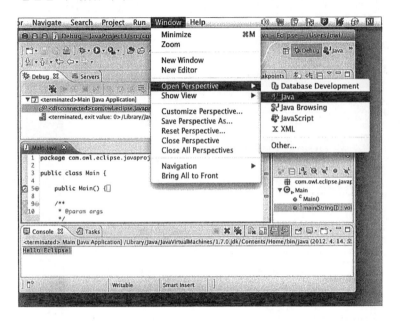

Chapter 07 코딩을 위한 소스 편집 기능들

이 장에서는 소스 코딩을 할 때 필요한 편집 요소들을 살펴보겠습니다. 앞서 생성한 프로젝트에 쉽고 간단한 구문을 하나 더 추가하면서 발생하는 상황들을 작업 시나리오로 하여 이클립스의 편집 및 도움 기능들을 소개합니다.

7.1 마우스 오버 도움말

이클립스는 분할영역에서 지원하는 도움 기능들 이외에도 작성한 소스코드에 대해 동적인 도움말을 지원합니다.

스텝 1

앞서 작성한 프로젝트를 Java Browsing 또는 Java 분할영역 화면에서 열어봅니다.

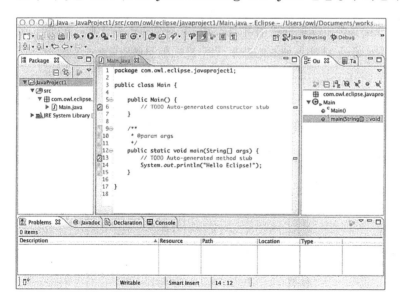

스텝 2

Main.java 소스에서 14 라인에 있는 "System" 코드 부분에 마우스를 가져가면 그림과 같이

java.lang.System에 대한 매뉴얼이 나타납니다. 이 매뉴얼은 JDK의 Javadoc에서 제공하는 매뉴얼입니다.

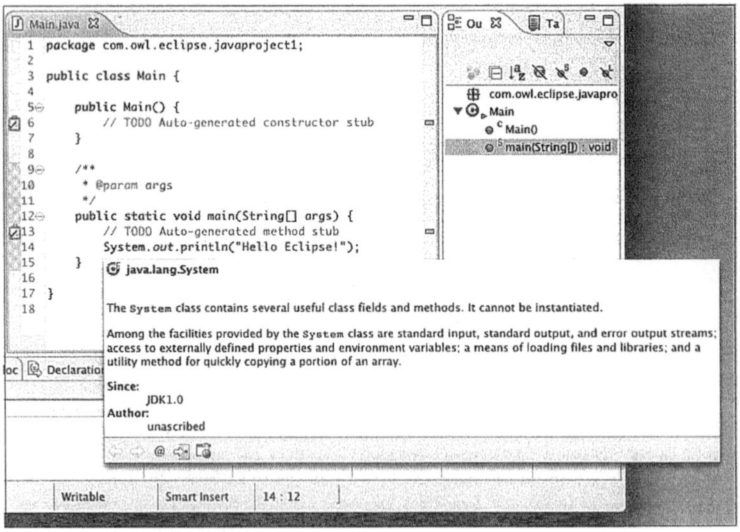

7.2 객체 포인트 힌트

이클립스는 다른 고차원적인 프로그래밍 개발 툴과 같이 소스코드를 작성하는 과정에도 포인트(.)을 찍으면 해당 객체에서 지원하는 하위 객체나 메소드들에 대한 힌트가 선택목록으로 나타납니다.

스텝 1

그림은 "System"을 입력하고 "."을 입력했을 때 나타나는 힌트 목록입니다.

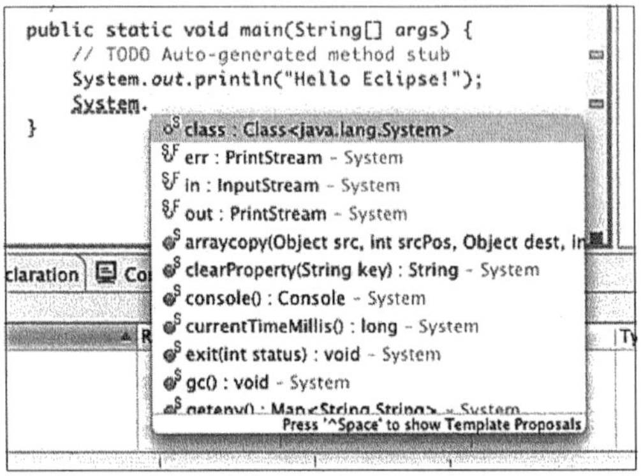

스텝 **2**

그림과 같이 "System."에 이어 "ou"라고 입력하면 힌트 목록에 있는 객체 또는 메소드 중 "ou"를
키워드로 하는 것들만 필터링되어 나타납니다. 또한 그림과 같이 힌트 목록에 있는 객체들을 키보드의
방향 키로 이동하면 해당 객체에 대한 도움말도 열람할 수 있습니다. 본 사례에서는 out 객체를
선택했습니다.

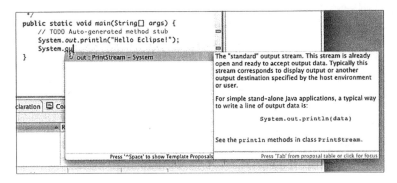

스텝 **3**

계속해서 "pr"을 키워드로 하는 out 객체의 하위 메소드들 중 그림과 같이 "print(String s)"를
선택했습니다.

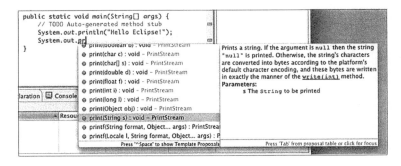

7.3 오류 교정 힌트와 Problems 창의 오류 목록

이클립스에서 오류 구문을 효율적으로 처리하는 방법을 소개합니다. 물론 익숙한 구문의 경우
개발자의 재량에 따라 작성하면 되겠지만, 처음 사용하는 명령어는 큰 도움을 얻을 수 있습니다.
이와 같은 이클립스의 도움이 없다면 원본 API를 일일이 찾아 그 정의서를 해독하거나 활용 방법을
이리저리 실험하느라 시간을 허비해야 할 것입니다. 본서에서는 아주 쉬운 사례를 들어 이클립스의
사용법에 집중할 수 있도록 기술하기 때문에 별로 실감이 안날 수도 있지만 항상 새로운 라이브러리를

찾고 활용해야 하는 최전선의 개발자에게는 작업시간을 단축시키는데 중요한 요소가 아닐 수 없습니다.

스텝 **1**

위의 실험과정에서 15 라인이 작성되었지만, "s"라는 객체를 정의하지 않았기 때문에 그림과 같이 15 라인의 왼쪽과 오른쪽 끝에 빨간색 아이콘으로 오류 표시를 합니다. 위의 과정으로 System.out.print() 메소드를 힌트에서 선택하여 자동으로 해당 구문이 입력되자마자 그림과 같이 "s"에 사용할 객체를 선택할 것을 묻는 힌트가 나타납니다. 본 사례에서는 null을 사용할 것이 아니기 때문에 "s"를 선택했습니다.

스텝 **2**

이 상태에서 이클립스의 전체 화면을 보면 그림과 같습니다. Package Explorer 창에는 오류가 발생한 소스 파일에 빨간색 "×" 아이콘이 표시되고, Problems 창에는 열려있는 프로젝트 중 오류가 있는 모든 부분을 목록으로 표시합니다. 이 목록에서 오류 항목을 더블클릭하면 해당 오류 구문이 있는 소스라인으로 곧바로 이동합니다.

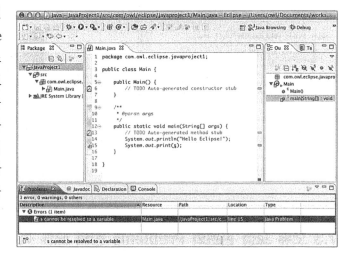

스텝 **3**

오류 구문이 있는 15 라인의 "s" 객체에 마우스를 올리면, 그림과 같이 이 오류를 해결할 수 있는 몇 가지 힌트를 제공합니다. 그리고 키보드의 방향 키로 해결 항목을 하나씩 이동해보면 각 해결 방법에 대한 안내문이 샘플과 함께 나타납니다. 본 사례에서는 첫 번째 방법을 선택했습니다.

이 방법은 그림에서 보는 바와 같이 "s"라는 변수를 local 즉, 이 소스코드가 속해 있는 메소드 안에 지역변수로 선언하는 방법입니다. 그런데 참고로 눈여겨 볼 것은 이 방법이 추천하는 구문은 String 형이 아니라 char[] 형으로 "s"라는 변수를 선언하고 있습니다.

스텝 4

그림과 같이 추천하는 해결 방법 중 첫 번째 방법을 선택하여 자동으로 구문이 작성되었습니다. 하지만 String 변수로 선언해야 하는데 원치 않게 char[] 형으로 선언되었기도 하고, 아직 변수에 대한 초기화를 하지 않았기 때문에 오류 표시가 완전히 없어지지는 않았습니다. 이클립스에서 제시하는 방식으로 char[] 형으로 초기화 구문을 사용해야 한다는 다음 힌트를 따라 계속 작성할 수도 있지만 이 정도면 이클립스의 오류 교정 힌트에 대한 기능을 이해있을 것이므로 이만 오류 교정하는 사례를 간추리겠습니다.

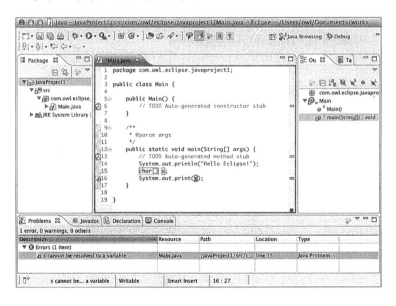

스텝 5

그림과 같이 15~16 라인을 작성하여 코딩작업을 마무리했습니다.

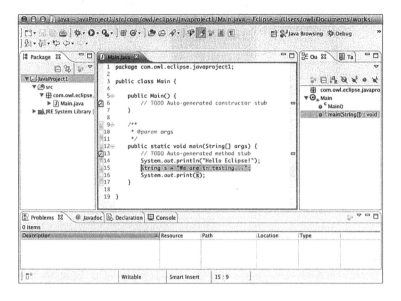

스텝 6

Problems 창에서 구문 오류가 더 이상 없는 것을 확인하고 그림과 같이 Run As 명령으로 프로젝트를 실행해봅니다.

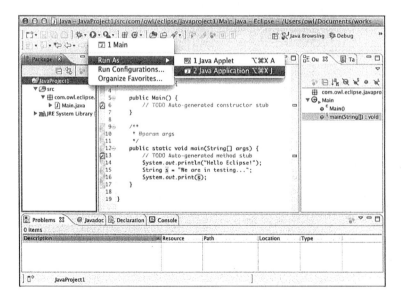

스텝 7

그림과 같이 15~16 라인에 추가한 구문에 의해 콘솔 창에 "We are in testing..."이라는 추가 문자열이 출력되는 것을 확인할 수 있습니다.

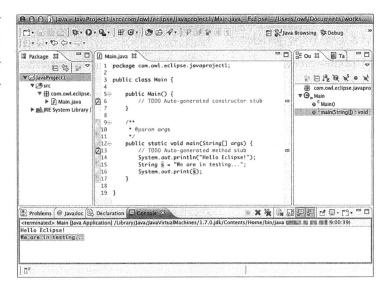

7.4 Javadoc 창의 API 매뉴얼

이클립스는 다음과 같이 Javadoc 창을 통해, 소스 편집 창에서 마우스로 선택한 객체에 대한 API 매뉴얼을 살펴볼 수 있습니다.

스텝 1

그림은 "String"이라는 객체를 마우스로 더블클릭하자 "java.lang.String" 객체에 대한 API 매뉴얼을 Javadoc 창에 자동으로 출력하는 사례입니다.

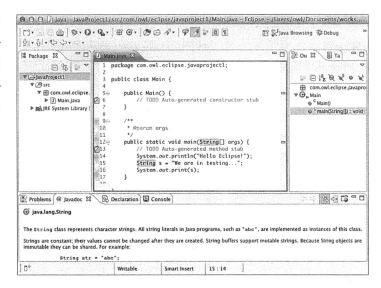

스텝 2

이번에는 "println" 메소드를
더블클릭했더니 Javadoc 창
에 println(String x) 메소드
에 대한 정의가 나타났습니
다.

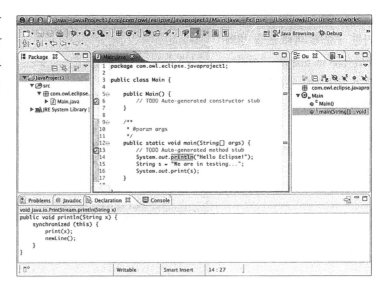

7.5 더블클릭으로 영역을 풀 화면으로 전환

앞서 언급한 바와 같이 이클립스의 분할영역 화면 안에 있는 각각의 창 제목을 마우스로 더블클릭하면
그 창이 풀 화면으로 나타나 해당 창에 대한 작업에 집중할 수 있도록 지원하는 사례를 보여
주고자 합니다.

스텝 1

Main.java 소스 편집 창의 제
목 바를 마우스로 더블클릭
합니다.

스텝 2

그림과 같이 Main.java 소스
편집 창이 전체 화면을 채우
고 나머지 분할영역들은 왼
쪽, 오른쪽, 아래에 아이콘으
로 축소됩니다. 이렇게 해서
소스 코딩 작업을 하면 코딩
에 집중할 수 있는 개발 환경
을 제공받을 수 있습니다. 분
할된 이전 화면으로 돌아가
려면 다시 Main.java 제목 바
를 마우스로 더블클릭하면
됩니다.

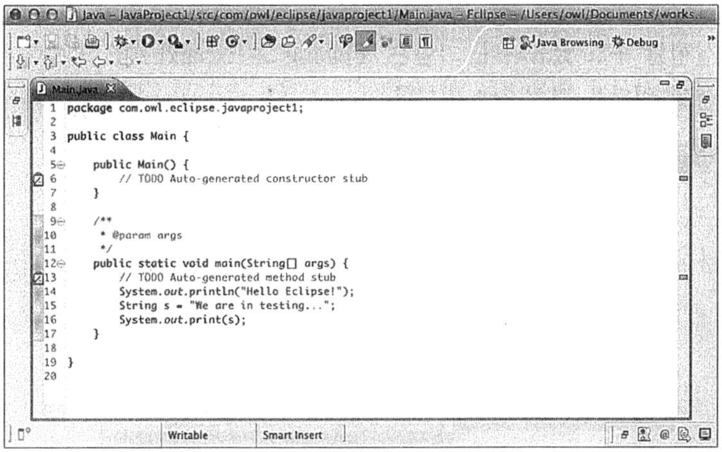

7.6 소스 폴딩 (Folding) 기능

이클립스의 소스 편집 창은 소스 영역별로 접었다 펼칠 수 있는 폴딩 기능을 지원합니다. 복잡한
소스에서 집중해야 하는 부분만 펼쳐 놓고 나머지는 접어놓아 작업효율을 좋게 하는데 효과적입니다.

스텝 1

그림은 Main 클래스의 생성
자와 메소드, 그리고 Javadoc
용 주석을 폴딩 기능으로 접
어놓은 상태입니다. 소스 창
의 소스라인 번호 오른쪽에
있는 "+" 또는 "-" 아이콘을
클릭하면 해당 영역을 접었
다 펼쳤다할 수 있습니다.

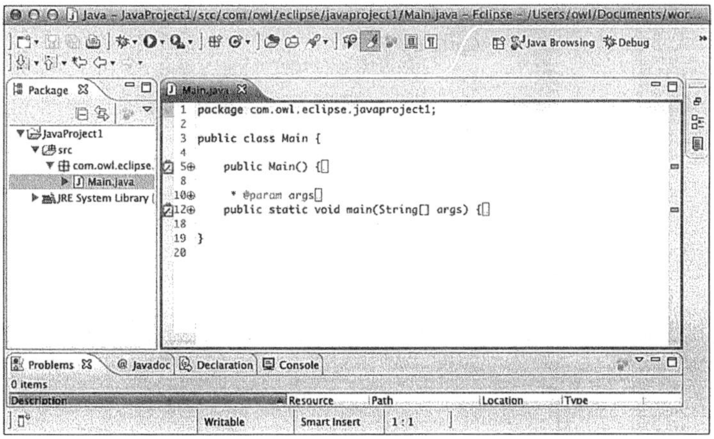

스텝 **2**

그림과 같이 소스 편집 창의 왼쪽 줄 콘텍스트 메뉴에 있는 "Folding" 메뉴를 이용하여 폴딩 명령을
실행할 수도 있습니다. 그림은 "Folding > Expand All" 명령을 실행하여 이 소스 파일의 모든
폴딩 영역을 펼쳐지게 합니다.

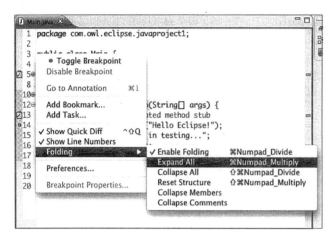

스텝 **3**

그림은 위의 "Folding > Expand All" 명령으로 접었던 모든 폴딩 영역을 펼친 상태입니다.

7.7 소스 폰트 크기 설정

이클립스와 같은 프로그래밍 개발 도구는 화면에 출력해야 할 내용들이 많습니다. 또한 개발자의 모니터도 갈수록 고해상도가 되면서 글자가 작아지는 경향이 있고, 이로 인해 오타 코딩의 빈도수는 높아집니다. 오래 동안 모니터와 동고동락을 해야 하는 특성 때문에 개발자의 성향에 맞는 개발 환경에 대한 욕구는 매우 높습니다. 이를 위해 이클립스는 개발자가 직접 편집 환경을 세세한 부분까지 설정할 수 있도록 배려하고 있습니다. 요즘은 이클립스가 개발도구에 대한 지표가 될 정도로 그 지위가 높아졌습니다. 다음에서는 가장 대중적이고 요구사항이 많은 편집기 폰트 설정을 사례로 편집기 환경을 설정하는 간단한 방법을 보여줍니다.

스텝 **1**

"Window > Preference" 메뉴를 실행하여 이클립스 환경설정 창을 열고, "General > Appearance > Colors and Fonts > Text Font" 항목을 선택합니다. 기본 설정은 "Monaco 11"로 설정되어 있습니다. 현재 11 point 크기로 소스가 나타나고 있는 것입니다. "Edit..." 버튼을 클릭하면 폰트를 변경할 수 있는 창이 나타납니다.

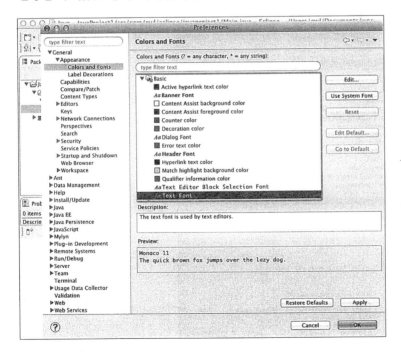

스텝 **2**

필자는 그림과 같이 11 point의 소스 글자 크기를 14 point로 변경했습니다.

스텝 3

14 point로 선택을 완료하면 그림과 같이 Preview에 "Monaco 14" 설정에 대한 미리보기가 나타납니다. "Apply" 버튼을 클릭하여 설정을 적용하고 다른 설정을 계속할 수도 있습니다. 본 사례에서는 이 정도에서 설정을 마무리 짓기 위해 "OK" 버튼을 클릭하여 설정을 완료하고 환경설정 창을 닫았습니다. 나머지 설정들은 특별히 어려운 점이 없으므로 필요에 따라 자신의 취향에 맞도록 직접 해보기 바랍니다.

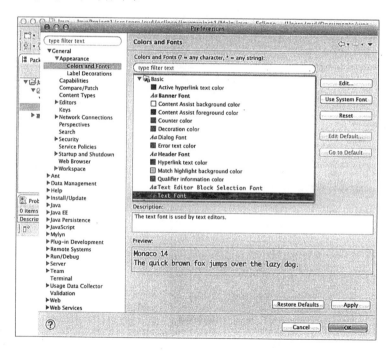

스텝 4

그림은 Monaco 14 설정으로 소스코드가 나타나는 사례입니다.

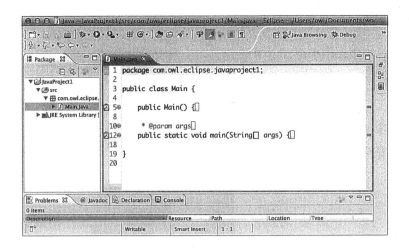

7.8 소스 인코딩 설정

소스 코딩에서 중요한 요소 중. 하나가 인코딩 제어입니다. 이클립스의 환경은 지금까지 설명한 바로도 충분히 이해하겠지만 계층형 구조로 되어 있습니다. 하위에 특별한 설정이 없으면 상위 설정을 상속받아 적용됩니다. 소스 인코딩도 마찬가지입니다. 최상위에 있는 웍스페이스 설정만 하면 하위에 있는 프로젝트 설정이나 각 파일에 대한 설정도 모두 상속됩니다.

또한 일반적으로 하나의 프로젝트 안에서 하나의 인코딩으로 통일하는 것이 원칙이므로, 특수한 상황이 아닌 이상 각 파일에 일일이 인코딩 설정을 하는 것은 합리적인 조치가 아닙니다. 따라서 소스 인코딩에 대한 설정은 웍스페이스에서 먼저 표준 인코딩을 설정하고, 특별히 웍스페이스 인코딩과 다를 경우 프로젝트에 인코딩을 설정하며, 프로젝트 안에서도 특별히 인코딩을 달리해야 하는 상황에서만 해당 파일의 인코딩을 설정하는 것이 합리적인 소스 인코딩 정책이라 할 수 있습니다.

인코딩 이외 줄 바꿈 기호도 소스 코딩에 민감한 부분입니다. 줄 바꿈 기호가 문제가 되어, 소스는 이상 없는데 서버에 포팅하거나 다른 개발자에게 소스를 전달했을 때 올바로 실행되지 않는 경우가 종종 발생합니다. 요즘은 서버를 기준으로 작업하는 경우가 많아 특별한 기준이 없을 경우 안전하게 Unix 방식의 줄 바꿈 기호를 설정하는 것이 추세입니다. 최근에는 각각의 솔루션이나 프레임웍에서 유닉스와 윈도우즈 환경에 따른 줄 바꿈 기호가 문제되지 않도록 디버깅 로직이 들어 있지만 그래도 간혹 그렇지 않는 경우를 발견하곤 합니다. 이와 같은 사례에 대비하여 인코딩과 줄 바꿈 기호에 대한 설정을 다음 사례를 통해 확실히 이해할 수 있는 기회가 되기 바랍니다.

특정 소스 파일만 인코딩 설정

특정 소스 파일에만 인코딩을 설정하려면 먼저 소스를 편집기로 열어야 합니다.

스텝 **1**

그림과 같이 Main.java 소스를 편집기로 열고 Edit >
Set Encoding... 메뉴를 실행합니다.

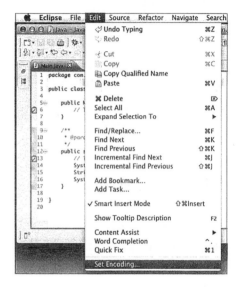

스텝 **2**

편집기에서 선택한 소스 파일에
대한 인코딩을 설정할 수 있는
"Set Encoding" 창이 나타납니
다. 처음 이클립스를 설치했다면
운영체제의 언어에 따라 인코딩
이 기본 값으로 설정되어 있을
겁니다.

여기서 인코딩을 바꾸는 것은 앞
서 설명한 바와 같이 바람직하지
않습니다.

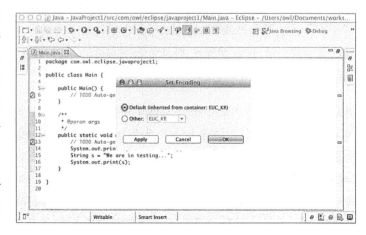

아주 특수한 경우에만 사용하기 바랍니다. 특정 파일에 인코딩을 설정할 수 있다는 정도만 확인하고
"Cancel" 버튼을 클릭하여 이 창을 닫습니다.

웍스페이스 인코딩과 줄 바꿈 설정

이클립스를 처음 설치했다면 다음에 설명하는 웍스페이스 인코딩과 줄 바꿈 설정을 먼저 하기를 권장합니다.

스텝 1

"Window > Preferences" 메뉴를 실행하여 환경설정 창을 열고, "General > Workspace > Text file encoding" 설정을 보면, 그림처럼 기본 인코딩이 "EUC-KR"로 되어 있을 것입니다. 이는 한글 운영체제에 이클립스를 설치했기 때문입니다.

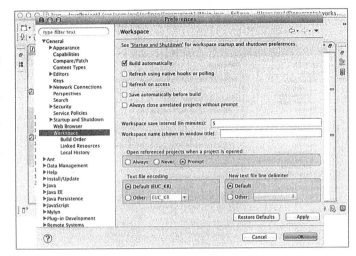

스텝 2

개발 대상의 정책에 따라 다를 수는 있지만 딱히 인코딩 정책이 주어지지 않았다면 가급적이면 그림과 같이 UTF-8을 기본 설정으로 사용하기를 권장합니다. 이미 UTF-8을 전 세계의 표준으로 합의한지 오래됐지만, 웹호스팅 분야와 같이 열악한 환경에서는 십수 년 전에 표준으로 사용하던 EUC-KR을 사용해야 하는 경우가 적지 않습니다.

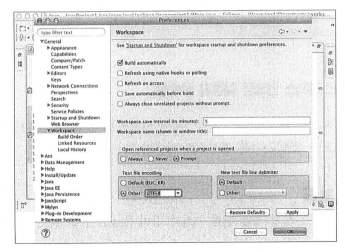

이 경우 요즘 배포하는 최신 API 서버와 연동하는데 많은 어려움을 겪는 것이 사실입니다. 따라서 여건이 주어진다면 UTF-8로 전환하는 것이 바람직합니다.

스텝 3

New text file line delimiter 항목에서는 그림과 같이 "Other"를 선택하고 "Unix"를 선택했습니다.
줄 바꿈에 대한 설정도 특별한 정책이 있는 것이 아니라면 "Unix"를 선택하기를 권장합니다. 네트웍
서버와 연동하지 않는 응용 프로그램은 반쪽 프로그램으로 취급받을 만큼 프로그램에서 서버의
비중은 매우 큽니다. 대부분의 서버가 Unix를 표준으로 하고 있기 때문에 MS Windows만을 위한
특별한 개발 환경이 아니라면 Unix 줄 바꿈 체계를 가져가는 것이 호환성에 도움이 됩니다.
소스 인코딩과 줄 바꿈 설정을 확인하고, "OK" 버튼을 클릭하여 환경설정 창을 닫습니다.

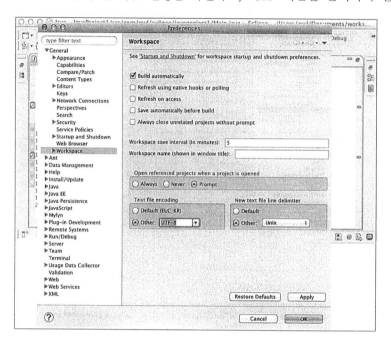

웍스페이스 인코딩 설정의 상속성

위의 과정과 같이 웍스페이스에서 인코딩을 설정했다면 다음과 같이 프로젝트와 파일에 대한
인코딩 설정도 기본 설정으로 상속받습니다.

스텝 1

프로젝트 설정 창을 열면 그림과 같이 Resource > Text file encoding 항목이 웍스페이스에서
설정한 UTF-8 인코딩을 그대로 상속 받습니다. 만일 이 프로젝트가 EUC-KR 서버에 대한 프로그램
을 개발해야 하는 상황이고 EUC-KR 인코딩으로 개발정책이 주어졌다면 "Other"를 선택하고
이 프로젝트만 EUC-KR로 기본 인코딩을 설정할 수도 있습니다.

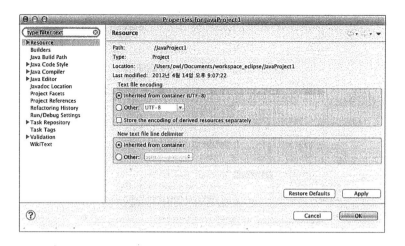

스텝 2

앞서 설명한 방식대로 Main.java 파일에 대한 Set Encoding 창을 열어 보면 그림과 같이 기본 설정인 UTF-8 인코딩을 상속받은 것을 확인할 수 있습니다.

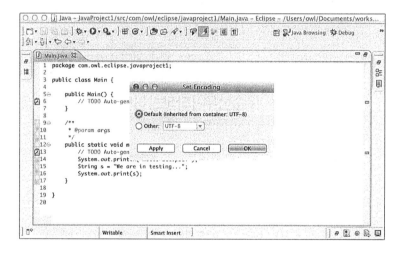

3부

웹 개발을 위한 이클립스 사용법

Chapter 08 | HTML 웹 프로젝트

이클립스는 순수 자바 관련 영역뿐 아니라 웹 영역에까지 폭넓은 개발 환경을 제공합니다. 이 장에서는 웹 개발의 기초가 되는 HTML 웹 개발을 위한 개발 환경으로 이클립스를 활용하는 방법을 간단한 사례를 통해 소개합니다. 웹 개발 분야는 갈수록 그 성장 속도가 기하급수적으로 빨라지면서 모든 개발 분야의 중심에 서 있습니다. 이클립스는 마치 생명체가 지금까지 환경에 적응하면서 다양한 종으로 진화하듯이 이클립스라는 DNA를 바탕으로 다양한 전문 개발 분야에 적합한 다양한 형식으로 진화해가고 있습니다. 그 중에서도 다양한 웹 개발 분야에 걸 맞는 형태로도 배포되고 있고, 현재는 HTML5와 CSS 기반의 스마트 디자인과 스마트 폰 기반의 스마트 앱 분야에 이르기까지 그 영역을 넓혀 가고 있습니다.

이클립스에 다양한 플러그인을 추가로 설치하면 특정 개발 분야에 적합한 환경으로 진화할 수 있는데, 이클립스의 기본 웹 개발 환경이라 할 수 있는 Java EE 패키지는 다음에 소개하는 Static Web Project와 Dynamic Web Project 등 기본적인 웹 개발 프로젝트 환경을 제공합니다. 이 두 프로젝트를 실험해보면 다른 확장 분야의 플러그인을 설치하고 개발할 수 있는 능력도 갖출 수 있습니다.

Static Web Project는 HTML, CSS, Javascript 등으로 정적인 HTML 페이지를 개발하는 프로젝트이고, Dynamic Web Project는 JAVA Beans나 JSP 등과 같이 자바 서버와 연동하면서 동적으로 변화를 주는 동적 웹 페이지를 개발하는 프로젝트입니다.

먼저 이클립스 웹 개발에 대한 학습의 시작으로 Static Web Project를 생성하고, HTML 파일을 작성한 후, 작성한 웹 페이지를 실험하는 방법부터 소개합니다. 참고로 본서는 이클립스의 활용법을 소개하는데 주안점이 있으므로 웹 개발에 필요한 API 지식들은 특별히 언급하지 않을 것이며, 가급적 아주 쉽고 간단한 코드만으로 실험하는 과정을 보여주고 있습니다.

8.1 웹 프로젝트를 위한 Web 분할영역 화면

이클립스는 웹 프로젝트를 위해 다음과 같은 "Web"이라는 분할영역 화면을 제공합니다.

스텝 **1**

이클립스에서 Window > Open Perspective > Other... 메뉴를 실행합니다.

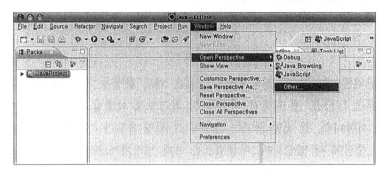

스텝 **2**

"Open Perspective" 창에는 그림과 같이 현재 설치한 이클립스 패키지에서 지원하는 분할영역 화면들이 나타납니다. 그림과 같이 "Web"을 선택하고, "OK" 버튼을 클릭하면 웹 개발을 위한 "Web" 분할영역 화면으로 전환합니다.

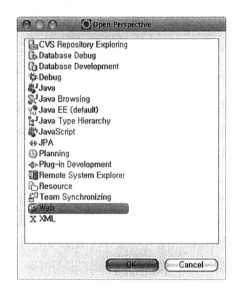

스텝 **3**

그림과 같이 Web 분할영역 화면으로 전환했습니다. 이제 웹 개발에 적합한 메뉴들로 재구성되었을 것입니다.

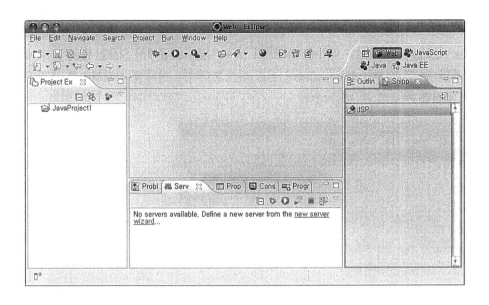

8.2 Static Web Project 생성

Static Web Project는 HTML 파일을 기본으로 하는 웹 개발을 하기에 적합한 프로젝트입니다. 다음 과정을 통해 Static Web Project를 생성하는 과정을 살펴봅니다.

스텝 **1**

File > New > Static Web Project 메뉴를 실행합니다. File > New 메뉴가 그림과 같이 나타나는 것은 이 화면이 Web 분할영역 화면이기 때문이라는 점을 유념하기 바랍니다.

스텝 2

그림과 같이 File > New > Project... 메뉴를 실행해도 New Project 창에서 Static Web Project 를 선택하여 생성할 수 있습니다. 이클립스에서 지원하는 프로젝트 형태를 전체적으로 조감할 때는 이와 같은 방식을 사용할 수 있습니다.

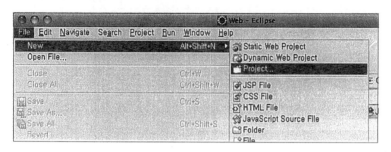

스텝 3

"New Project" 창에서 "Web > Static Web Project"를 선택하고 "Next" 버튼을 클릭합니다. 그림에서 보는 바와 같이 Web 분할영역 화면에서 지원하는 특별한 웹 프로젝트는 Dynamic Web Project, Static Web Project, Web Fragment Project가 있습니다. Dynamic Web Project, Web Fragment Project는 차차 살펴보기로 하고 Static Web Project 부터 한걸음을 딛겠습니다.

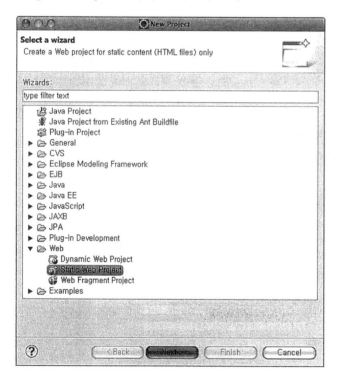

스텝 4

"New Static Web Project" 창에서 Project name: 항목에 프로젝트명을 "StaticWebProject1"이라고 입력했습니다. Project location 항목은 프로젝트 소스를 저장할 위치인데 기본 웍스페이스를 사용하는 것으로 설정되어 있습니다. Target runtime 항목은 이 프로젝트를 실행할 웹서버를 설정하는 항목입니다. 이 부분은 나중에 설정하기로 하고 기본 설정대로 두었습니다. Configuration 항목은 이 프로젝트에 적용할 환경 설정입니다. 이 부분도 기본 설정으로 두고 넘어가겠습니다.

Working sets 항목은 나중에 설명할 기회가 있을 텐데 프로젝트를 Working sets라는 개념으로 묶을 때 사용합니다. 지금은 프로젝트가 몇 개 없기 때문에 설정하지 않고 넘어가겠습니다. 이처럼 이클립스는 프로젝트를 설정할 때 여러 가지 설정을 할 수 있지만 필요에 따라 나중에 설정해도 되기 때문에 지금 당장 그 개념을 잘 모르겠으면 그냥 넘어가고 프로젝트 개발을 진행하면서 차차 개념을 이해하기 바랍니다.

이 설정 화면에서는 프로젝트 이름만이 필수 입력란입니다. 물론 프로젝트 이름은 그림과 같이 자바 명명법에 따라 특수문자나 공백은 사용할 수 없습니다. 익숙하다면 "Finish" 버튼을 클릭해서 곧바로 프로젝트를 생성해도 되지만, "Next" 버튼을 클릭해서 다음 과정을 살펴보겠습니다.

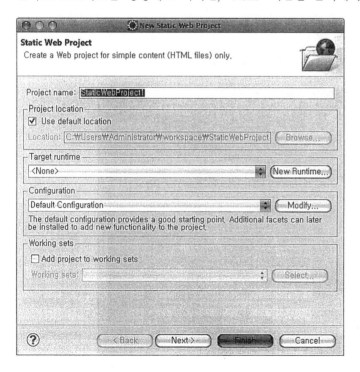

스텝 5

Static Web Project 환경에 대한 화면이 그림과 같이 나타납니다. 기본 설정을 그대로 두고 "Finish"
버튼을 클릭하여 프로젝트를 생성합니다. 프로젝트가 생성되고 나면 그림에 표시되는 설정 항목들이
어떤 의미인지 알 수 있을 것입니다.

스텝 6

그림과 같이 "StaticWebProject1"이라는 기본형 웹 프로젝트가 생성됐습니다. 앞서 프로젝트 생성
과정에서 봤던 WebContent라는 폴더를 볼 수 있습니다. 이 폴더가 HTML 파일을 저장하는 일종의
웹 콘텐츠 폴더입니다. 웹서버에서는 이 폴더를 일명 "도큐먼트 루트"라고 합니다.

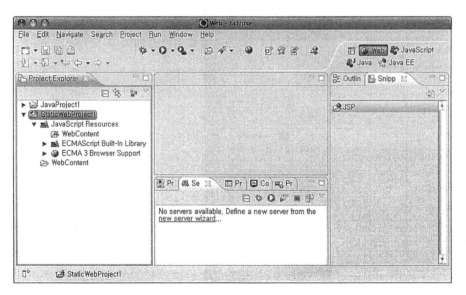

8.3 HTML 파일 생성

스텝 **1**

WebContent 폴더에서 마우스 오른쪽 버튼을 클릭하여 콘텍스트 메뉴를 열고, New > HTML
File 메뉴를 실행하여 HTML 파일을 생성합니다.

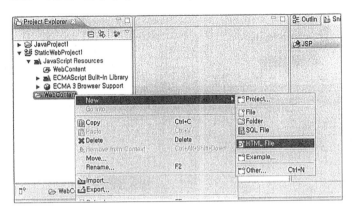

스텝 **2**

"New HTML File" 창이 나타나고, 앞서 WebContent 폴더의 콘텍스트 메뉴로 이 창을 호출했기
때문에 생성할 위치가 StaticWebProject > WebContent 폴더로 자동 선택되어 있습니다. 파일명은
그림과 같이 기본 파일명인 "NewFile.html"으로 나타납니다.

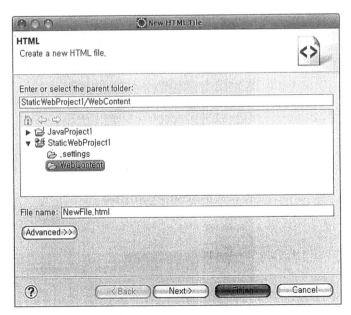

스텝 3

그림과 같이 기본 설정 그대로
두고 "Next" 버튼을 클릭합니다.

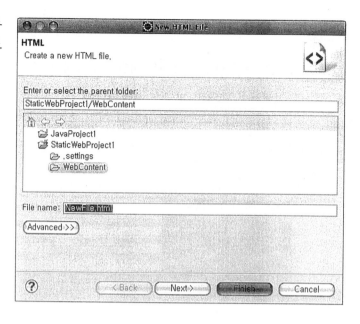

스텝 4

그림과 같이 HTML 파일을 생성할 때 사용할 템플릿
을 선택하는 화면이 나타납니다. 나중에 개발 능력이
향상되고 능숙해지면 개발 프로젝트에 적합한 템플
릿을 등록해서 사용하는 방법도 자연히 알게 될 것입
니다. 그림과 같이 적당한 템플릿을 선택하고
"Finish" 버튼을 클릭합니다.

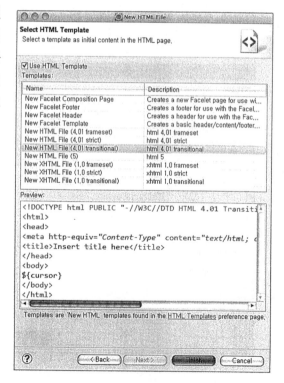

그림과 같이 WebContent 폴더 안에 NewFile.html 파일이 생성됐습니다.

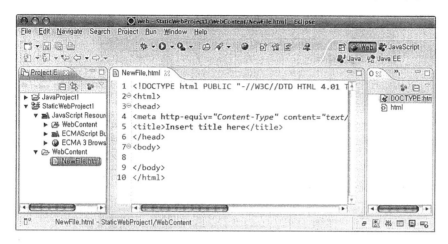

8.4 HTML 태그 힌트 활용

이클립스의 웹 개발 도구는 다음과 같이 HTML 태그에 대한 코드 힌트를 지원합니다.

스텝 **1**

그림과 같이 <body> 영역에서 태그 작성을 시작하는 문자 "<"를 입력하면 HTML 태그 힌트가
자동으로 나타납니다. 물론, 이와 같은 힌트를 사용할 것인지 여부는 환경 설정에서 조절할 수
있습니다. 기본 설정은 힌트를 자동으로 지원하는 것으로 되어 있습니다.

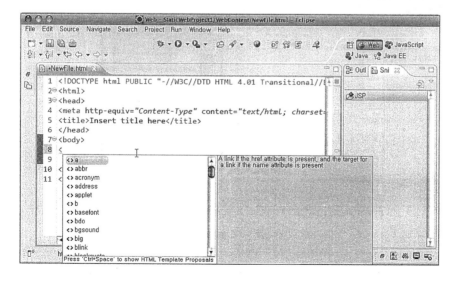

스텝 2

"<h"를 입력하면 HTML 태그 중 "h"로 시작하면서 입력하는 영역에 적합한 태그들이 힌트로 나타납니다.

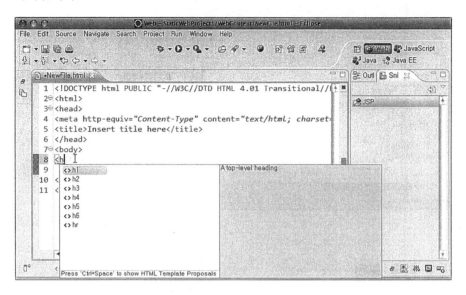

스텝 3

힌트에서 태그를 선택하면 그림과 같이 태그의 시작과 끝이 자동으로 작성됩니다.

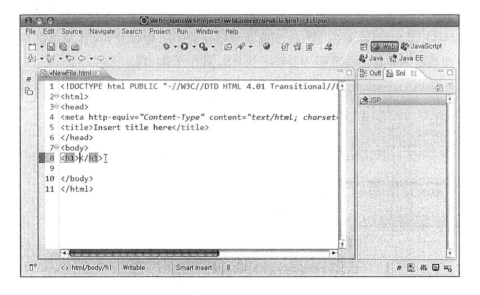

8.5 Outline과 객체 속성 창 (Properties) 활용

이클립스는 HTML 객체들에 대한 속성 창도 다음과 같이 지원합니다.

스텝 **1**

"Window > Show View > Properties" 메뉴를 실행하거나, Properties 메뉴가 보이지 않는다면 "Window > Show View > Other ..." 메뉴를 이용하여 Properties 창을 선택하여 호출합니다.

앞으로는 "Other..." 메뉴에 대한 언급은 더 이상 하지 않도록 하겠습니다. 만일 본서를 보는 중 자신의 메뉴에는 나타나지 않는다면 "Other..." 메뉴를 사용하기 바랍니다.

스텝 **2**

그림과 같이 Outline 창과 Properties 창을 활용하면 좀 더 쉽게 객체들의 배치 구조나 속성 설정들을 조절할 수 있습니다.

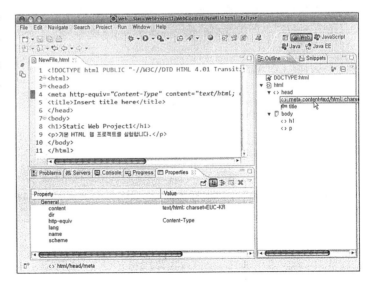

스텝 3

주로 많은 양의 속성들을 설정할 필요가 있을 때는 그림과 같이 이클립스의 메인 창에서 떼어내어 작업을 할 수 있습니다. 그림은 Properties 창의 제목 띠 부분을 마우스로 드래그하여 외부로 떼어낸 상태입니다. 그림과 같이 style 속성에 강조체에 대한 설정을 해봤습니다.

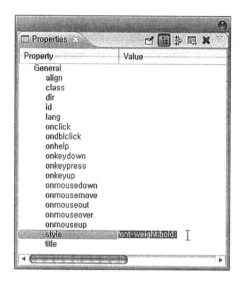

스텝 4

속성 창의 style 속성에서 입력한 대로 그림과 같이 소스가 자동으로 작성됩니다.

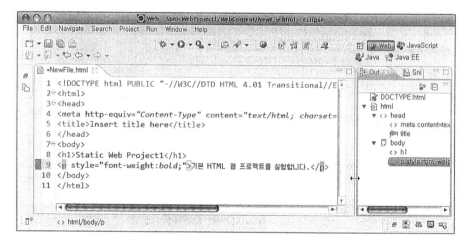

8.6 Web Page Editor 활용

이클립스는 각 분야의 코딩에 적합한 여러 가지 편집기를 지원합니다. 이와 같은 편집기는 개발자의 취향에 따라 플러그인으로 설치하여 사용할 수 있습니다. Java EE의 패키지의 경우 웹 페이지 개발에 좀 더 편리한 "Web Page Editor"가 포함되어 있습니다.

스텝 1

그림과 같이 NewFile.html의 콘텍스트 메뉴에서 "Open With" 메뉴를 사용하면 원하는 편집기를 선택할 수 있고 맨 마지막에 선택한 편집기가 기본 편집기로 선택됩니다. 앞서 열려있던 편집기는 "HTML Editor"라는 편집기이었고, 그림과 같이 "Web Page Editor"를 선택하여 열어 보겠습니다.

스텝 2

Web Page Editor는 디자인 편집기와 소스 편집기 두 가지 화면에서 편집할 수 있도록 지원하는 일종의 GUI 편집기입니다.

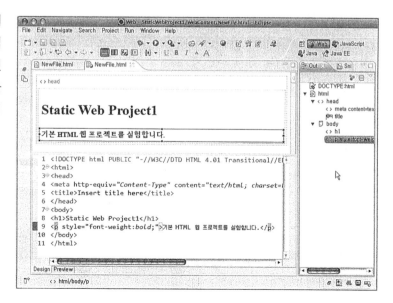

스텝 3

상단의 툴바에서 ▦▤▥▤ 아이콘 버튼 세트를 사용하여 몇 가지 형태의 편집기 화면을 전환할 수 있습니다. 현재 화면은 상/하 분할형 편집기를 사용합니다.

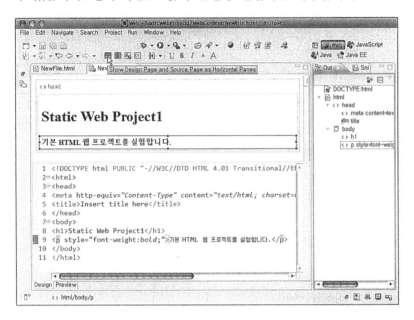

스텝 4

"Show Design Page and Source Page as Vertical Panes" 아이콘 버튼을 클릭하면 그림과 같이 좌/우 분할형 편집기로 전환됩니다.

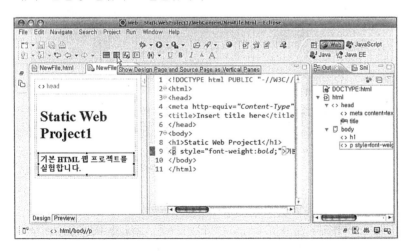

스텝 5

"Only Show Design Page" 아이콘 버튼을 클릭하면 디자인 편집기만 화면에 나타납니다.

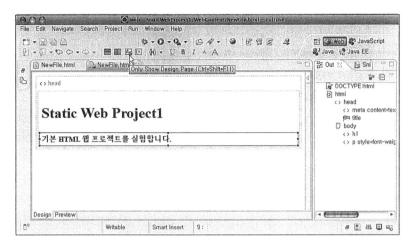

스텝 6

"Only Show Source Page" 아이콘 버튼을 클릭하면 소스 편집기만 나타납니다.

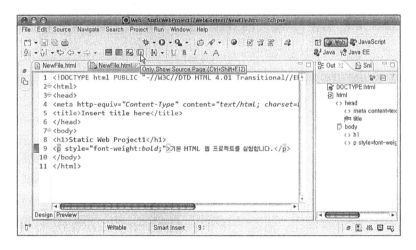

스텝 7

Web Page Editor는 편집기 하단에 "Design" 탭 버튼과 "Preview" 탭 버튼이 있습니다. "Design" 탭 버튼은 편집기 화면을 의미하고, "Preview" 탭 버튼은 웹브라우저에서 보는 것과 같은 미리보기 화면을 보여줍니다.

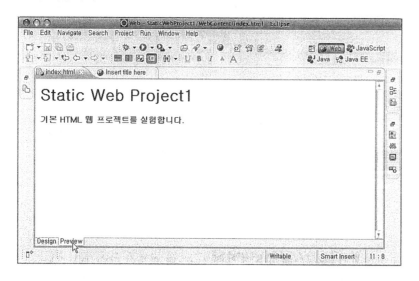

스텝 **8**

"Preview" 탭 버튼을 클릭하면, 웹브라우저에서 보는 미리보기 화면이 나타납니다. 이 화면은 다양한 웹 브라우저에서 웹 표준에 맞는지 실험하기 전에 확인하는 정도로 활용해야 합니다. 이 기능은 편집을 하면서 신속하게 미리보기를 하기에 편리합니다. 따라서 개발 대상 웹브라우저에 대한 실험은 HTTP Preview와 같은 실험 서버를 이용하여 실험할 필요가 있다는 것을 염두에 두기 바랍니다.

8.7 웹 브라우저 설정 및 실험

스텝 1

이클립스에서 작성한 HTML 파일을 실행할 웹 브라우저는 다음과 같이 간단히 설정할 수 있습니다. Window > Web Browser 메뉴에서 그림과 같이 3가지 방식으로 실행할 브라우저를 설정할 수 있습니다. "0 Internal Web Browser"는 이클립스에 탑재된 웹브라우저로 실행하는 것을 말하고, "1 Default system web browser"는 개발자의 컴퓨터에 설정된 기본 웹 브라우저를 사용하는 것을 의미하며, "2 Internet Explorer"는 MS Windows의 익스플로러를 사용하는 것을 의미합니다.

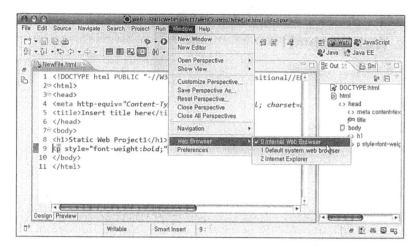

스텝 2

앞서 작성한 NewFile.html 파일의 콘텍스트 메뉴에서 Open With > Web Browser 메뉴를 실행하면 위에서 설정한 웹브라우저로 실험할 수 있습니다.

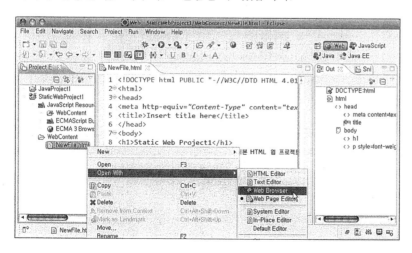

스텝 3

본 사례는 실험할 웹브라우저를 이클립스 내장 웹브라우저로 설정했기 때문에 그림과 같이 NewFile.html 파일이 실행됩니다. 웹 주소창을 보면 알겠지만 이 실험은 웹서버 환경에서 실험한 것이 아니라, 파일 시스템에서 실험한 것이기 때문에 정확한 웹사이트 실험이라고 할 수는 없다는 점을 유의하기 바랍니다. 웹서버 환경에서 웹 페이지를 실험하는 방법은 다음 장에서 소개하겠습니다.

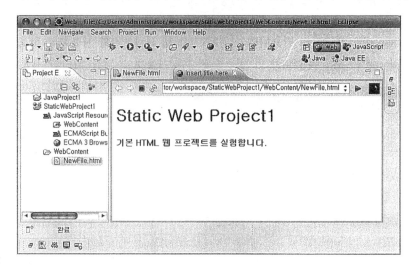

C hapter 09 HTTP Preview 웹서버 환경

이클립스의 탁월할 개발 환경 중 손꼽는 것이 이 장에서 소개하는 개발용 서버 환경입니다. 서버를 설치하는 과정이나 환경 구축은 매우 까다롭고 많은 지식을 요구합니다. 이클립스는 전문 서버 관리자가 아니라 하더라도 손쉽게 단위 테스트를 할 수 있도록 개발자의 컴퓨터에 개발용 웹서버 환경을 구축할 수 있도록 지원하고 있습니다. 운영 서버의 특수한 환경이 있을 수 있으나 개발자의 컴퓨터에서 서버 환경을 쉽게 구축해서 개발할 수 있는 단위 테스트 개발 환경은 매우 유용합니다. 예전에는 웹 개발을 할 때 가장 어려운 점이 개발 서버를 구축하는 작업이었는데 이클립스가 발전하면서 아주 간단하게 기본적인 웹서버 실험 환경을 구축할 수 있게 되었습니다.

웹 개발 프로젝트에서 요구하는 서버 환경은 다양할 수 있습니다. 이클립스는 대중적으로 사용하는 대부분의 서버 환경을 지원하고 있으며 앞서 만든 Static Web Project와 같은 단순 HTML 페이지에 대한 개발용 웹서버 환경은 다음에서 소개하는 HTTP Preview 서버로 간단히 구현할 수 있습니다. 앞서 만든 StaticWebProject1을 웹서버 환경에서 실험하는 사례를 통해 HTTP Preview 서버에 대해 소개합니다.

9.1 웹 프로젝트 전체를 개발용 웹서버에서 실험

스텝 1

StaticWebProject1을 선택하고 Run > Run As > Run on Server 메뉴를 실행합니다. 이렇게 하면 StaticWebProject1에 대한 웹서버 실험 환경을 쉬운 방법으로 설정할 수 있습니다.

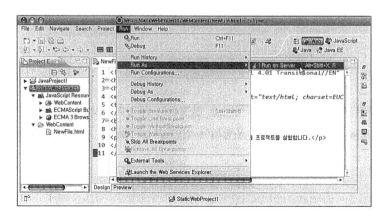

9.2 이클립스에 HTTP Preview 서버 추가

스텝 2

Run On Server 창에서 그림과 같이 Basic > HTTP Preview 서버를 선택합니다. 그러면 아래의 설정란에 localhost를 기본 값으로 하는 설정 값들이 자동으로 입력됩니다. 참고로 localhost라는 이름은 127.0.0.1을 IP로 하는 자신의 개발 컴퓨터를 의미합니다. 이와 같은 localhost 설정은 자신의 컴퓨터 안에서만 실행할 수 있는 서버로 이해하면 됩니다. 외부 컴퓨터에서 연결할 수는 없습니다. 참고로 외부에서 이 서버에 대한 접근을 가능하게 하려면 네트워크에 대한 몇 가지 조치가 필요하지만 개발용이므로 이와 같은 설정은 큰 의미가 없습니다. "Next" 버튼을 클릭하여 다음 과정으로 넘어 갑니다.

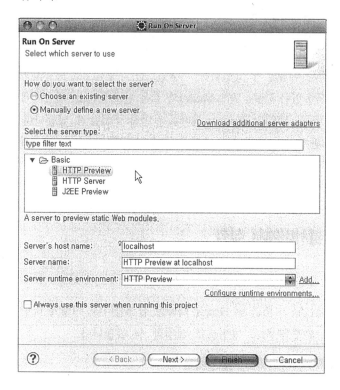

스텝 3

앞서 StaticWebProject1을 지정했고 HTTP Preview 서버를 설정하는 과정이므로 그림과 같이 StaticWebProject1이 HTTP Preview 서버 설정에 이미 포함되어 있습니다. "Finish" 버튼을 클릭하여 HTTP Preview 서버를 생성합니다.

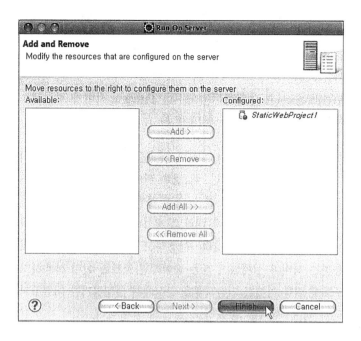

스텝 4

HTTP Preview 서버가 추가되면 자동으로 Servers 창이 나타나면서 그림과 같이 HTTP Preview
서버가 추가되었음을 보여줍니다. 참고로 서버를 추가할 때 자동으로 Servers 창이 나타나는 것도
기본 환경 설정에 의한 것임을 염두에 두기 바랍니다. 이 사례는 StaticWebProject1의 Run >
Run As... 명령으로 HTTP Preview 서버를 추가한 것이므로 서버가 추가된 후 곧바로 Static
WebProject1 실험을 위한 실행이 진행됩니다. 서버가 시동 중일 때는 그림과 같이 "Starting..."으로
나타납니다.

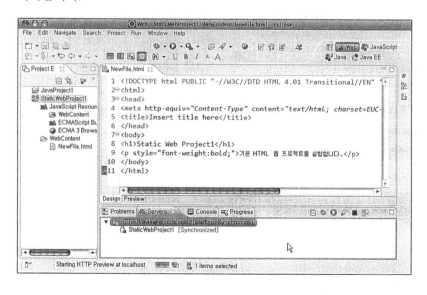

스텝 5

잠시 후 HTTP Preview 서버 시동이 완료됨과 동시에 웹 브라우저가 나타나면서 http://localhost:8080/StaticWebProject1/을 요청합니다. Servers 창에서 HTTP Preview 서버의 상태를 보면 "Started..."로 나타납니다. 또한 StaticWebProject1과 동기화되어 HTTP Preview 서버가 작동되는 것을 알리는 "Synchronized"라는 메시지도 나타나는 것을 눈여겨 봐 두기 바랍니다.

만일 서버 시동에 실패할 때는 계속 "Starting..."으로 머물러 있거나 StaticWebProject1과 연동이 안 될 경우 "Synchronized"라는 메시지가 나타나지 않습니다. 이 경우 원인을 찾아 교정할 수도 있지만 초보자의 경우 서버를 삭제하고 새로 설정하는 것이 빠른 해결 방법일 수 있습니다. 특히, 서버와 관련해서 부딪히는 기초 단계의 어려움은 서버 포트에 대한 문제입니다. 이 사례는 그림의 주소 창에서 보는 바와 같이 HTTP Preview 서버가 8080 포트를 사용하고 있습니다. 그런데 이미 자신의 개발 컴퓨터에 8080 포트를 사용하는 서버가 설치되어 작동 중이라면 포트를 이미 사용하고 있다는 메시지가 나타날 수 있습니다. 포트에 대한 자세한 기술사항을 본서에서 설명하기는 어렵겠지만, 이 경우 8080 포트를 사용하고 있는 다른 서버를 종료하고 실험해야 합니다.

또한 이와 같은 실험은 앞 장의 파일 시스템에서와는 달리 주소가 http://로 시작되는 웹서버 환경에서 실험하고 있다는 것을 인식하기 바랍니다. 따라서 HTTP Preview 서버가 "Started"된 상태에서는 별도의 웹브라우저를 실행하고 이와 같은 주소로 실험할 수 있다는 점도 이해하기 바랍니다. 그런데 그림처럼 이 실험에서는 웹 브라우저에 403 오류가 나타나고 요청한 디렉토리 탐색 권한이 없다는 안내문이 나타납니다. 이는 HTTP Preview 서버의 기본 HTML 페이지 즉, 첫 화면 파일이 index.html 파일이기 때문입니다. 따라서 요청 주소를 http://localhost:8080/StaticWebProject1/NewFile.html 로 요청하거나 NewFIle.html 파일을 index.html 파일로 이름을 변경할 필요가 있습니다. 이와 같은 지식은 웹 개발에 관련된 문제이므로 더 이상 구체적으로 설명하지는 않겠습니다.

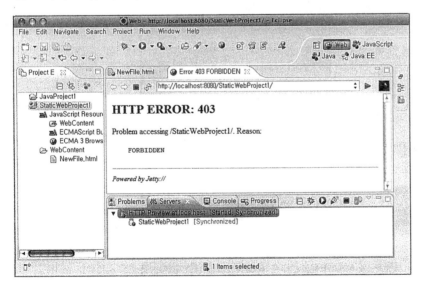

9.3 웹사이트 첫 화면 index.html과 파일명 변경

본 사례에서는 위의 문제를 해결하기 위해 NewFile.html 파일의 이름을 index.html로 변경하기로
했습니다.

스텝 1

"NewFile.html > 콘텍스트 메뉴 > Rename..." 메뉴를 실행합니다.

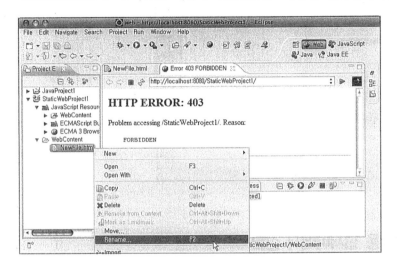

스텝 2

그림과 같이 Rename Resource 창에서 "NewFile.html"을 "index.html"로 변경한 후, "OK" 버튼을
클릭했습니다.

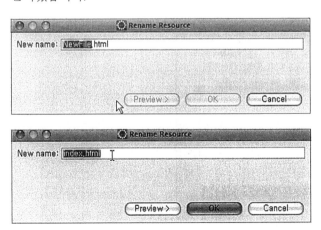

스텝 3

이제 다시 실험하면 http://localhost:8080/StaticWebProject1/을 요청했을 때 http://localhost:8080/StaticWebProject1/index.html 파일을 요청하는 것으로 개발용 웹서버가 인식할 것입니다.

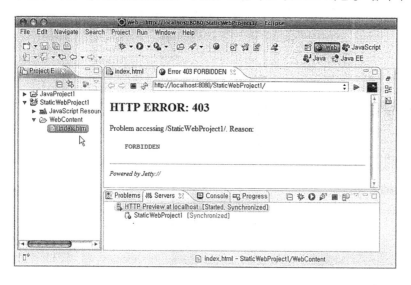

9.4 HTML 파일을 개발용 웹서버에서 실험

스텝 1

프로젝트를 선택하고 웹서버 환경에서 실험을 요청하는 방법은 앞서 소개했으므로 여기서는 특정 파일을 지정하고 실험해 보겠습니다. 그림과 같이 "index.html" 파일을 선택하고, Run > Run As > Run on Server 메뉴를 실행합니다.

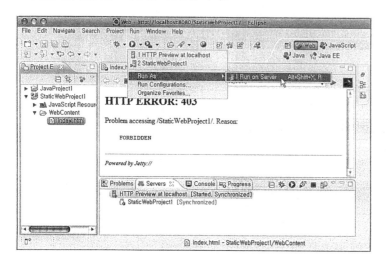

스텝 2

"Run On Server" 창에 이미 등록했던 HTTP Preview 설정이 기본으로 선택되어 있습니다. 만일 추가로 개발용 서버를 설치하고자 한다면, "Manually define a new server"를 선택하고 앞서 설명한 방식대로 웹서버 설정을 할 수 있습니다. 여기서는 앞서 설정한 HTTP Preview 서버를 그대로 사용하기로 합니다. HTTP Preview를 선택하고 "Next" 버튼을 클릭하거나 익숙하다면 "Finish" 버튼을 클릭합니다.

스텝 3

위에서 "Next" 버튼을 클릭하면 추가할 프로젝트를 설정할 수 있는 화면이 나타납니다. 이미 앞에서 StaticWebProject1을 추가했기 때문에 그림과 같이 나타납니다. 설정을 확인하고 "Finish" 버튼을 클릭합니다.

만일 StaticWebProject1이 등록되어 있지 않다면 당연히 StaticWebProject1에서 작성한 HTML 파일들이 HTTP Preview 서버에 자동으로 배포되지 않을 것이라는 것을 이해하고 넘어가기 바랍니다. 물론 이미 앞의 실험에서 배포한 소스는 HTTP Preview 서버에 남아 있을 수 있다는 것도 인식할 필요가 있습니다.

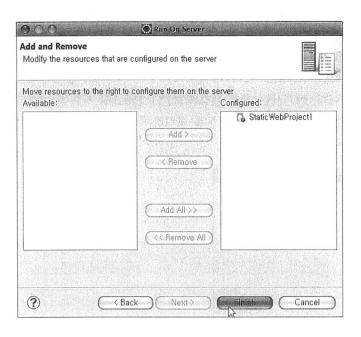

스텝 4

그림과 같이 HTTP Preview 서버는 이미 "Started"된 상태였기 때문에 곧바로 웹브라우저에
http://localhost:8080/StaticWebProject1/index.html을 요청하고 결과 화면을 출력해줍니다.

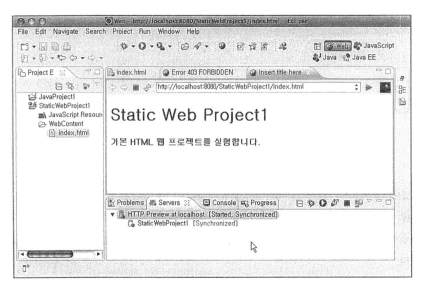

앞서 언급한 대로 HTTP Preview 서버가 켜져 있는 상태이기 때문에 그림과 같이 익스플로러를 열고 직접 주소를 입력하여 요청해서 실험할 수도 있습니다.

9.5 HTTP Preview 서버 제어

이클립스에서 웹서버를 제어할 수 있는 것은 이클립스에 해당 웹서버에 대한 "어댑터 플러그인"이 설치되어 있기 때문이고, HTTP Preview 서버의 경우는 이미 Java EE 패키지에 HTTP 웹서버가 탑재되어 있기 때문입니다.

다음 장에서 소개하는 Dynamic Web Project와 같이 JSP로 개발할 경우는 자바 서버가 필요한데 이클립스에는 HTTP 웹서버 패키지만 탑재되어 있기 때문에 톰캣과 같은 WAS 서버는 서버를 이클립스에 추가하는 과정에 톰캣 패키지를 설치하는 과정이 설치 마법사에 나타날 것입니다.

정리하자면 이클립스가 실험용 웹서버 환경을 간단히 제공할 수 있는 것은 해당 웹서버에 대한 어댑터 플러그인 때문이며, HTTP Preview 서버이외에는 해당 서버 패키지를 별도로 설치하는 과정이 필요합니다. 또한 원하는 서버에 대한 어댑터 플러그인이 보이지 않을 때는 필요한 어댑터 플러그인을 추가로 설치할 수 있습니다.

HTTP Preview 서버의 경우 가장 기본적인 웹서버 모듈이기 때문에 기본 탑재의 혜택을 받는 것이라는 것을 인식하고 다음에서 소개하는 서버 제어 방법을 살펴보기 바랍니다.

스텝 1

그림과 같이 Servers 창에서 서버를 선택하고 "Stop the server" 아이콘 버튼을 클릭하면 서버를 종료할 수 있습니다.

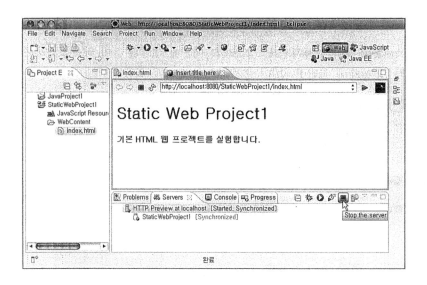

스텝 2

서버를 다시 시작하려면 그림과 같이 서버를 선택하고 "Start the server" 아이콘 버튼을 클릭하면 됩니다.

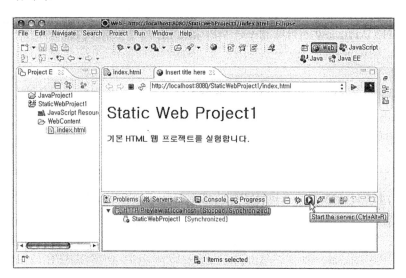

스텝 3

서버 실행 과정은 Console 창을 통해 어떤 포트로 서비스를 실행하고, 어떤 프로젝트와 연동하는지 확인할 수 있습니다.

스텝 4

Progress 창에서는 시동 중인 서버의 진행 상태를 볼 수 있는데 필요에 따라 시동 중에 중단시키려면 해당 프로그레스 오른쪽 끝에 있는 "Cancel ..." 버튼을 클릭하면 됩니다.

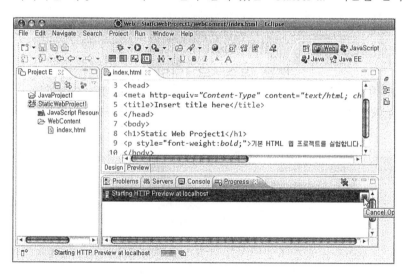

스텝 5

프로젝트를 서버에서 한번 이상 실행하면 그림과 같이 프로젝트를 선택하고 Run 아이콘 버튼을 누를 때 기존에 실행했던 실행 명령이 나타납니다. 이 명령을 사용하면 반복적인 실험 명령을 단축하여 실행할 수 있습니다.

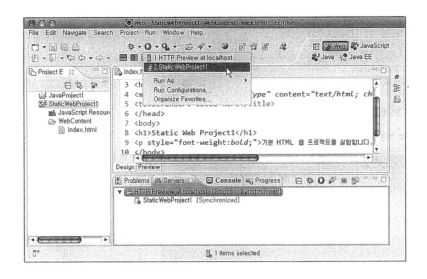

스텝 6

다음은 위의 명령으로 StaticWebProject1을 HTTP Preview 서버에서 재 실험한 결과 화면입니다.

9.6 HTTP Preview 설정 및 서버 프로젝트 관리

스텝 **1**

"Servers" 창에 있는 "HTTP Preview ..."를 더블클릭하면 그림과 같이 "HTTP Preview ..." 서버에 대한 설정을 관리할 수 있습니다. 필요에 따라 서버 설정 화면에 있는 "Open launch configuration" 링크 버튼을 클릭하면 상세 서버 설정 창이 나타납니다.

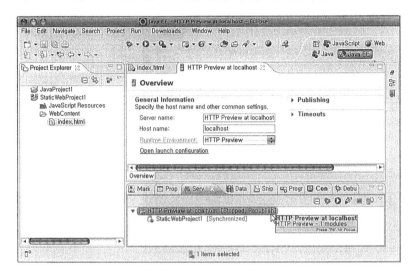

스텝 **2**

"Edit Configuration" 창을 통해 해당 서버에 대한 설정을 할 수 있는데 HTTP Preview 서버의 경우 기본적인 웹서버 역할만 하기 때문에 기능적으로 달리 설정할 사항은 없습니다. 기능이 많은 서버의 경우 이 창을 통해 설정할 수 있는 사항들이 많습니다.

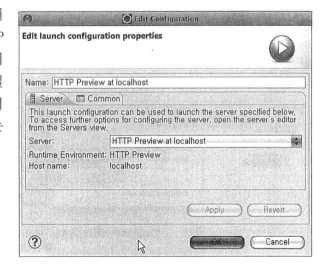

만일 서버 실행 중에 "Edit Configuration" 창을 열었다면 그림과 같이 서버가 이미 실행 중이라는 경고
메시지가 나타납니다. 당연한 일이지만 서버를 처음 제어하는 초보자는 꼭 한번 점검해야 할 사항입니다.
서버의 설정은 변경하면 곧바로 적용되는 것이 아니라 재시동을 해야 설정을 변경할 수 있으므로 개발용의
경우 서버를 종료한 후에 설정을 변경하길 추천합니다.

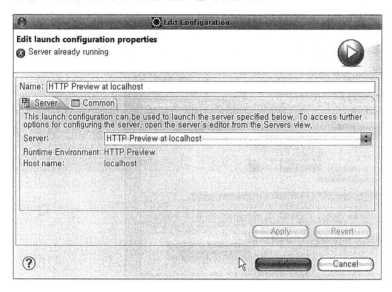

스텝 3

HTTP Preview를 "Servers"라는 프로젝트에 등록하고 Project Explorer 창에서 관리할 수 있습니다.
그림과 같이 서버를 선택하고 콘텍스트 메뉴에서 "Properties" 메뉴를 실행합니다.

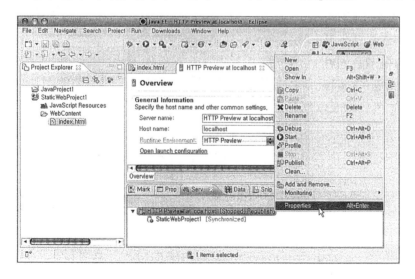

스텝 4

그림과 같이 해당 서버에 대한 속성 창이 나타나면 눈여겨 볼 버튼이 "Switch Location" 버튼입니다. 이 버튼은 서버의 환경에 대한 저장 위치를 지정하는 역할을 합니다. "Switch Location" 버튼을 클릭해봅니다.

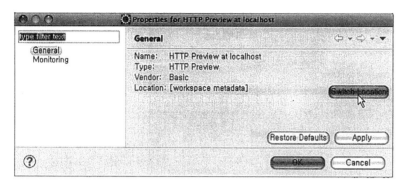

스텝 5

그림과 같이 /Servers/.... 위치로 변경됩니다. 이 버튼은 토글 버튼이기 때문에 또 한 번 이 버튼을 클릭하면 이전의 설정인 "workspace metadata"로 위치가 복원됩니다. /Servers/... 위치로 설정하고 "OK" 버튼을 클릭해봅니다.

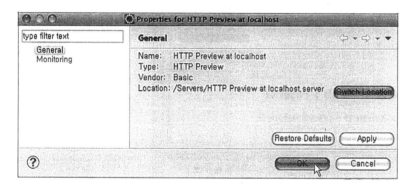

스텝 6

그림과 같이 Project Explorer 창에 Servers 프로젝트가 만들어지고 그 안에 HTTP Preview... 서버 설정이 나타납니다. 이 서버 설정을 더블클릭하면 "Servers > HTTP Preview... > 더블클릭"한 것과 마찬가지로 서버에 대한 설정을 할 수 있는 창이 나타납니다. 톰캣이나 레진과 같이 많은 기능을 가진 서버의 경우 서버 설정 폴더에 HTTP Preview 보다 더 많은 설정들이 지원됩니다. 또한 서버에 대한 설정을 변경했기 때문에 Servers 창에는 HTTP Preview... 서버에 "Republish"라는 메시지가 나타나 StaticWebProject1을 재배포할 필요가 있음을 보여줍니다.

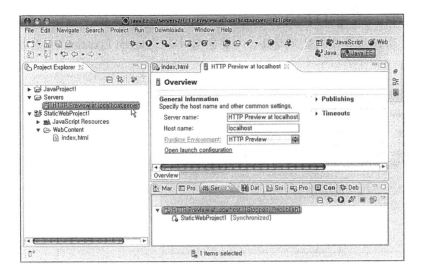

스텝 7

그림과 같이 Run 버튼을 이용하여 StaticWebProject1을 HTTP Preview 서버에 재배포하고 실험합니다.

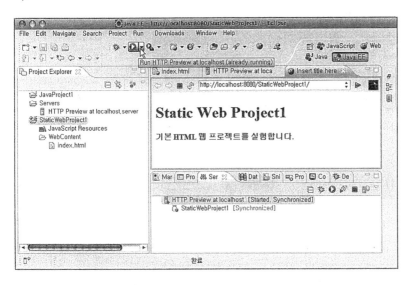

9.7 웹 소스 인코딩 조절

웹 개발에서 중요한 기본 요소 중의 하나가 서버의 인코딩에 맞게 웹 소스의 인코딩을 맞추는 일입니다. 앞서 자바 소스 인코딩에서 언급한 바와 같이 웹에서도 HTML, CSS, Javascript 파일들에 대한 인코딩을 이클립스 환경 설정에서 하는 것이 좋습니다.

스텝 **1**

Window > Preferences 메뉴를 실행합니다.

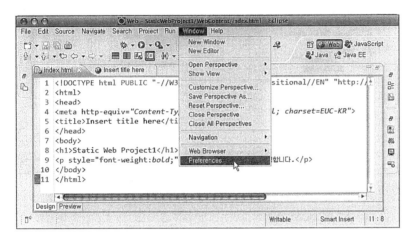

스텝 **2**

Preferences 창의 "Web" 메뉴에는 CSS Files, HTML Files 등 파일의 종류 별로 인코딩을 설정할 수 있는 메뉴가 있습니다. 먼저 HTML Files 메뉴를 선택하면, HTML 파일의 확장자에 따라 인코딩을 설정할 수 있는데 그림과 같이 한글 OS에 이클립스를 설치했다면 EUC-KR이 기본으로 설정되어 있을 것입니다. 이 설정은 웹사이트 정책에 따라 결정됩니다. 본 사례에서는 UTF-8을 인코딩 정책 표준으로 삼고 진행하도록 하겠습니다.

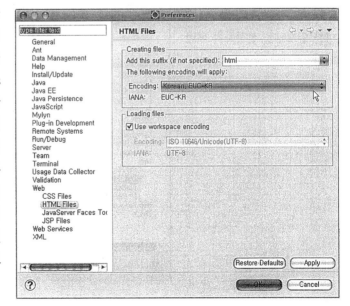

스텝 3

그림과 같이 .html 확장자에
대한 인코딩을 UTF-8로 선
택했습니다.

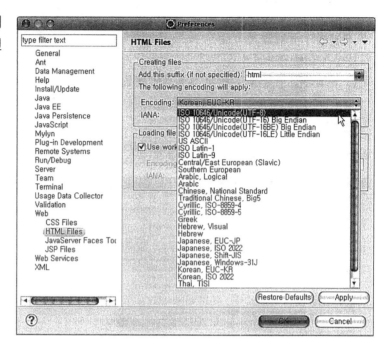

스텝 4

HTML 확장자는 그림과 같이
여러 가지가 있습니다. 필요하
다면 추가로 사용할 확장자에
대한 인코딩을 설정하기 바랍
니다.

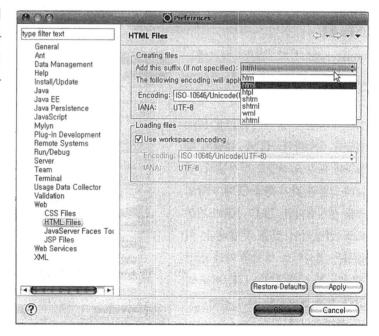

스텝 5

그림과 같이 "Apply" 버튼을
클릭하면 이 창을 닫지 않고
계속해서 설정을 할 수 있습
니다.

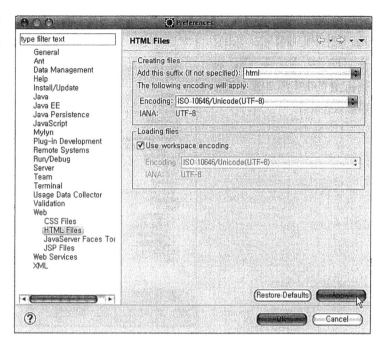

스텝 6

CSS Files에서 .css에 대한
인코딩도 UTF-8로 변경했
습니다.

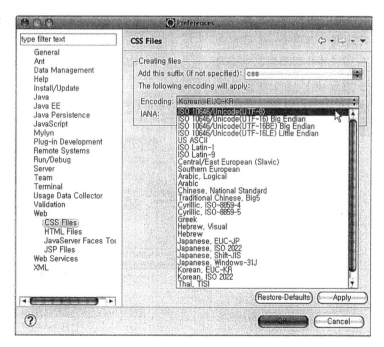

스텝 7

나중을 대비하여 JSP Files의 jsp 확장자에 대해서도 인코딩을 UTF-8로 설정 후 "OK" 버튼을 클릭하여 인코딩 설정을 완료했습니다.

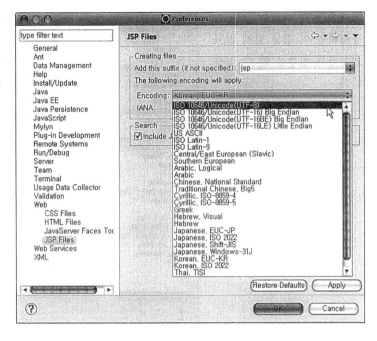

스텝 8

위에서 기본 인코딩을 설정했다고 해서 그림에서와 같이 소스 코드까지 자동으로 변하지는 않습니다. 단지 해당 소스 파일의 인코딩만 자동으로 변경될 뿐입니다.

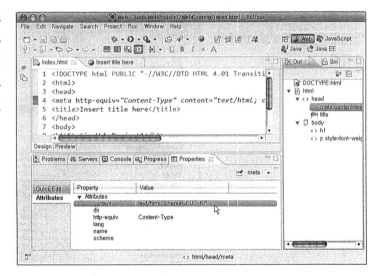

스텝 **9**

그림과 같이 인코딩에 관련된 소스 코드를 교정했습니다. 이후에 생성하는 소스 파일들은 기본 인코딩에 준해 생성될 것입니다.

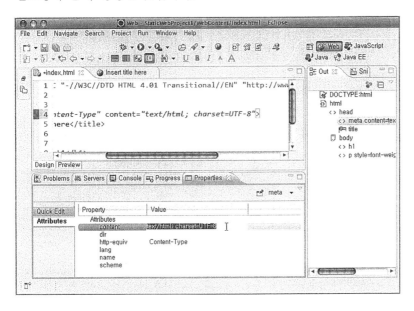

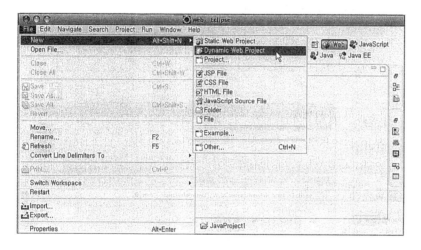

Chapter 10 JSP 웹 프로젝트

JSP나 Java Beans를 사용한 동적 웹 페이지 개발에 적합한 프로젝트는 Dynamic Web Project입니다.
이 장에서는 Dynamic Web Project를 생성하고 간단한 JSP 파일을 작성하는데 사용되는 이클립스
의 기본적인 인터페이스를 소개합니다.

10.1 Dynamic Web Project 생성

스텝 **1**

Web 분할영역 화면에서 File > New > Dynamic Web Project 메뉴를 실행합니다.

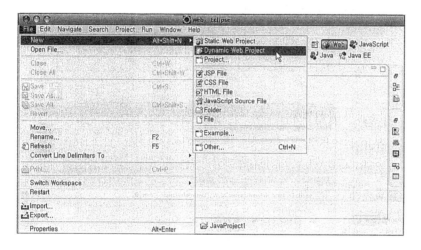

스텝 **2**

New Dynamic Web Project 창에서 프로젝트 이름을 "DynamicWebProject1"으로 입력했습니다.
Target runtime 항목에서 JSP를 실험할 서버를 설정할 필요가 있는데, 아직 이 개발 컴퓨터에는
자바 서버를 설치한 적이 없기 때문에 선택 항목에 적합한 서버 목록이 나타나지 않습니다. 우선
"New Runtime..." 버튼을 클릭하여 현재 이 이클립스 패키지에서 지원하는 자바 서버들을 잠깐
살펴보고 다음 장에서 개발용 자바 서버 환경 구축방법을 구체적으로 논하기로 합니다.

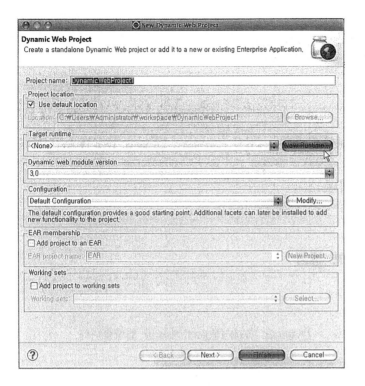

스텝 **3**

New Server Runtime Environment
창을 보면 그림과 같이 현재 지원하는
자바 서버(WAS 서버)들을 열람할
수 있습니다. 이 서버들은 이클립스
에 탑재된 것이 아니라, 이클립스와
연동할 수 있는 어댑터 플러그인들이
설치되어 있음을 의미합니다. 만일
원하는 서버 어댑터가 보이지 않는다
면 "Download additional server
adapters" 링크 버튼을 이용하여 추
가할 수 있습니다. 여기서는 이 정도
만 이해하고 "Cancel" 버튼을 클릭하
여 이 창을 닫겠습니다.

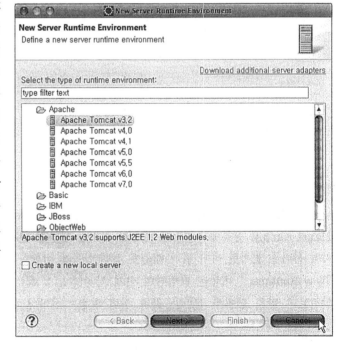

WAS 서버를 간단히 소개하자면, 주로 자바 분야에서 사용하는 용어인데 HTML용 웹서버와는 구분되는
Web Application Server를 의미하며 쉽게 "자바 서버"라고도 합니다.

스텝 4

나머지 항목들은 모두 기본 설정으
로 두어 개발 중에 필요에 따라 나중
에 추가 설정키로 하고 "Next" 버튼
을 클릭합니다.

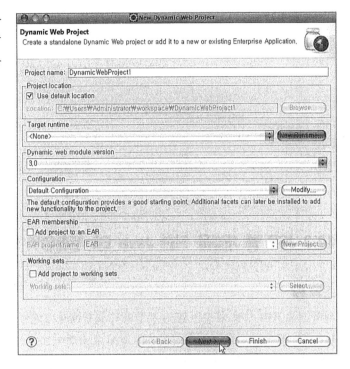

스텝 5

소스 위치와 컴파일 결과를 저장할
output 폴더의 설정을 확인합니다.
본 사례는 모두 기본 설정으로 하고
"Next" 버튼을 클릭합니다.

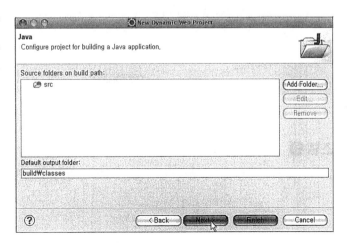

스텝 6

Web Module 설정도 그림과 같이 기본 설정에서 "Finish" 버튼을 클릭하여 프로젝트 생성 과정을 완료합니다.

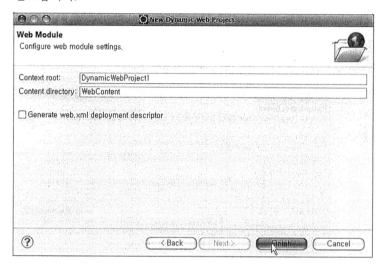

10.2 JSP 웹 개발을 위한 Java EE 분할영역 화면

스텝 7

위의 프로젝트 생성 과정은 Web 분할영역 화면에서 실행할 것이고 Dynamic Web Project의 경우 Java EE 분할영역 화면에서 작업하는 것이 일반적이고 확장성이 좋기 때문에 이클립스는 그림과 같이 생성한 프로젝트에 적합한 분할영역 화면을 추천합니다. 본 사례에서는 "Yes" 버튼을 클릭하여 Java EE 분할영역 화면으로 전환하겠습니다.

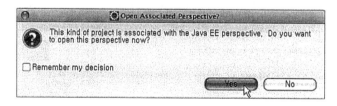

스텝 8

DynamicWebProject1이 생성되고, Java EE 분할영역 화면이 그림과 같이 나타납니다.

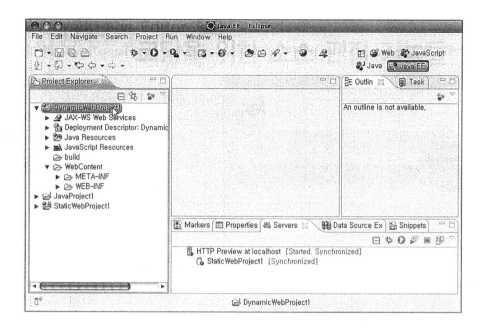

10.3 JSP 파일 생성

DynamicWebProject1 프로젝트에 간단한 JSP 파일을 작성하는 과정을 살펴보겠습니다.

스텝 **1**

WebContent 폴더가 이 프로젝트의 도큐먼트 루트 경로입니다. WebContent > 콘텍스트 메뉴 > New > JSP File 메뉴를 실행합니다.

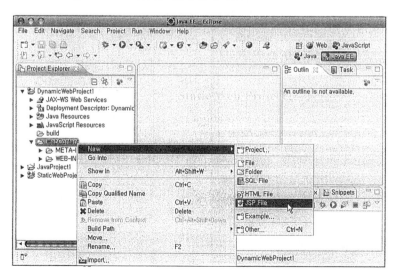

스텝 2

New JSP File 창에는 WebContent 폴더가 선택되어 있고 기본 파일명으로 NewFile.jsp가 나타납니다.

스텝 3

파일명을 index.jsp로 변경하고 "Next" 버튼을 클릭합니다.

스텝 4

JSP 파일 생성 창에서도 그림과 같이 템플릿을 제공합니다. 그림과 같이 적당한 템플릿을 선택하고 "Finish" 버튼을 클릭합니다.

10.4 JSP 태그를 위한 Snippets 창

이클립스는 Snippets 창을 통해 기본적인 JSP 태그 라이브러리를 제공합니다. 이클립스는 Snippets 창을 디자인 개발 툴의 팔레트와 같은 개념으로 사용하고 있습니다. 이와 같은 기능은 안드로이드 개발도구나 스마트 웹 디자인 개발도구에서 개념을 확장하여 객체를 드래그앤드롭으로 손쉽게 개발할 수 있는 모태가 됩니다.

스텝 1

index.jsp 파일을 열고, 그림과 같이 HTML 태그를 작성한 후 JSP 코드를 작성할 위치에 커서를 놓고, Snippets 창에서 "<%..%>" 태그를 더블클릭하면 그림과 같이 "<% %>" JSP 태그가 추가됩니다.

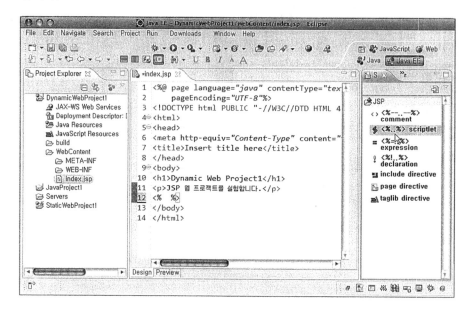

스텝 2

위의 경우는 간단한 코드이기 때문에 큰 도움이 안 될 수도 있지만 다음과 같이 Snippets에 라이브러리를 추가하면 코딩하는데 큰 도움을 받을 수 있습니다. Snippets > 콘텍스트 메뉴 > Customize... 메뉴를 실행해봅니다.

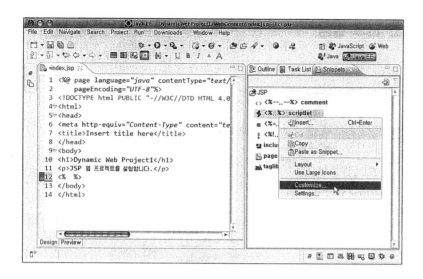

스텝 **3**

"Customize Palette" 창에서 Import나 New와 같은 버튼들을 활용하여 라이브러리를 추가할 수 있고, 필요에 따라 기존의 라이브러리에 대한 설정을 할 수도 있습니다. Snippets에 대한 활용은 라이브러리를 만들거나 추가하는 작업이기 때문에 한 분야에 대한 전문지식이 필요하고 너무 난이도가 높아지므로 가능성에 대한 언급만 하겠습니다.

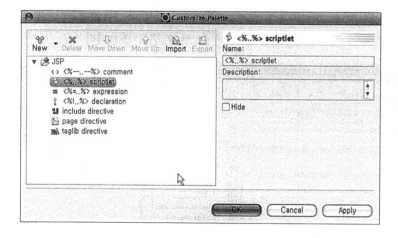

10.5 JSP 코딩을 위한 힌트 활용

스텝 **1**

그림과 같이 JSP 태그 안에 작성하는 자바 코드에 대한 힌트를 지원받을 수 있습니다.

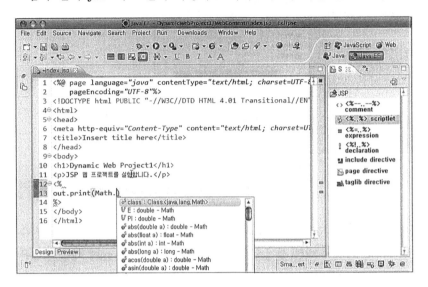

스텝 **2**

그림은 Math.random()을 힌트에서 지원받아 작성하는 과정을 보여 주고 있습니다.

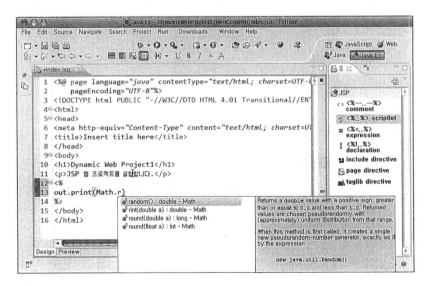

스텝 **3**

index.jsp 파일을 그림과 같이 간단한 코드로 작성했습니다. 다음 장에서 자바 서버 환경을 이클립스를
통해 구현하고 실험하는 과정을 살펴보겠습니다.

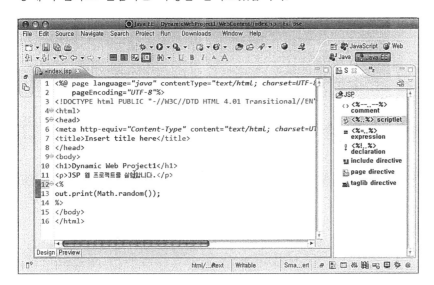

C11 hapter 자바 서버 환경

이 장에서는 앞서 만든 DynamicWebProject1을 자바 서버 환경에서 실험하는 방법을 소개합니다. 자바 서버는 여러 가지가 있습니다. 그 중 개발 단계에서 가장 많이 사용하는 것이 아파치 톰캣(Apache Tomcat) 서버입니다. 그 외에도 안정적이고 대중적으로 쉽게 사용할 수 있는 레진(Resin) 서버 등 많은 서버들이 있지만 자바 서버 기술의 시작은 톰캣이라고 할 수 있습니다.

예전에는 자바 서버를 수동으로 설치하고, 자신이 만든 프로젝트를 자바 서버에 수동으로 배포 (Deploy)하는 과정을 통해 단위 테스트를 했기 때문에 개발 환경을 구축하는데 적지 않은 노력과 시간이 필요했습니다. 그러나 이클립스는 프로젝트와 자바 서버를 유기적으로 연동하여 자동으로 배포함은 물론 자바 서버를 설치하는 기초 작업까지도 서버 어댑터 플러그인을 지원하여 아주 간편해졌습니다.

지금까지의 이클립스는 아직 약간 더 보강되었으면 하는 느낌은 있지만 과거 수동으로 개발 환경을 구축하던 것에 비한다면 비교할 수 없을 정도로 좋아졌습니다. 다음 과정을 통해 톰캣 서버를 기준으로 이클립스에 자바 서버 환경을 구축하는 방법을 살펴보겠습니다.

11.1 서버를 추가하는 2가지 방법

이클립스에서 서버를 추가하는 방법에 대한 이해와 정리가 필요합니다. 앞서 이에 대한 언급이 있었지만 이제는 정리할 때가 됐습니다.

참고 인식의 원리

인간과 같은 유기체들은 머리와 가슴의 두 가지 체제를 가지고 있습니다. 필자가 가급적이면 새로운 기술에 대해서 앞에서 약간 언급하고 나중에 정리하는 이유는 인간의 인식에 대한 섭리 때문입니다. 유기체들은 컴퓨터와는 달리 학습하고 이를 소화하는데 시간적 간격이 요구됩니다. 그래서 처음 들었을 당시에는 머리로는 이해가 되는데 가슴으로 받아들일 수 없는 경우를 많이 겪게 됩니다. 이럴 때는 한번은 선을 보는 정도로 보아 넘기고 시간이 지난 후에 다시 정리하면서 가슴으로 받아들이는 과정이 필요합니다. 본서는 이클립스의 활용법을 논하고 있기 때문에 자신이 경험하지 못한 새로운 기술들을 많이 접할 수 있습니다. 이런 새로운 기술을 접하게 되면 필자가 제안하는 이런 방법을 활용하기를 권장합니다.

스텝 1

그림과 같이 Servers 창 > 콘텍스트 메뉴 > New > Server 메뉴를 사용하여 서버를 추가할 수도 있습니다. 이 방법은 프로젝트와는 무관하게 서버를 추가하는 방법이므로 서버를 추가하는 과정 또는 추가한 후에 동기화(Synchronized)할 프로젝트를 추가하는 작업이 필요합니다.

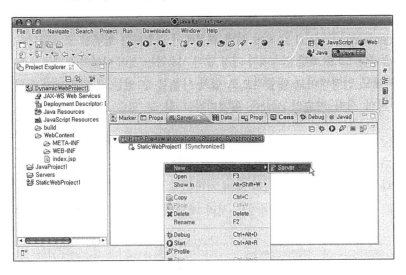

스텝 2

그림과 같이 대상 프로젝트를 선택하고 Run > Run As > Run on Server 메뉴를 실행하여 서버를 추가하면 프로젝트가 선택된 상태에서 서버 추가 작업을 진행하기 때문에 서버 추가 마법사에서 선택한 프로젝트를 자동으로 추가해주는 특성이 있습니다.

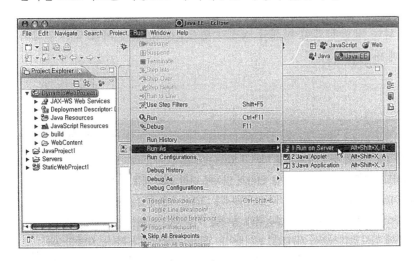

11.2 서버 어댑터를 추가하는 방법

스텝 1

Run > Run As > Run on Server 메뉴를 실행하여 그림과 같이 Run On Server 창을 호출했습니다. 이 창에서 "Choose an existing server"를 선택하면 기존의 서버를 선택하여 프로젝트를 추가하는 과정이 진행되고, 그림과 같이 "Manually define a new server"를 선택하면 새로 추가할 서버 종류가 목록에 나타납니다.

이클립스의 Java EE 패키지는 Apache를 비롯해 그림과 같은 업체의 자바 서버 어댑터들이 이미 설치되어 있습니다. 만일 이 공급자들 외에 다른 서버 어댑터를 추가하려면 그림과 같이 "Download additional server adapters" 버튼을 클릭하여 추가할 수 있습니다. "Download additional server adapters" 버튼을 클릭하여 어떤 자바 서버 어댑터를 추가 설치할 수 있는지 잠깐 살펴보고 톰캣 설치 과정을 진행하도록 하겠습니다.

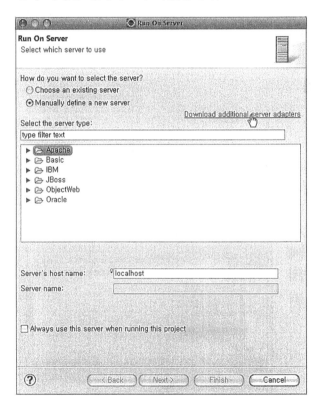

스텝 2

Install New Extension 창이 나타나면서 추가할 수 있는 서버 어댑터들이 나타납니다. 이 목록들은 이클립스 배포 서버에서 읽어 오는 것이기 때문에 인터넷이 연결된 상태에서만 확인할 수 있습니다. 그림과 같이 앞서 언급한 레진(Resin) 서버를 비롯한 다양한 서버 어댑터들이 제공됩니다. 이 정도만 확인하고 "Cancel" 버튼을 클릭하여 이 창을 닫고 톰캣 설치 과정을 계속 진행하겠습니다.

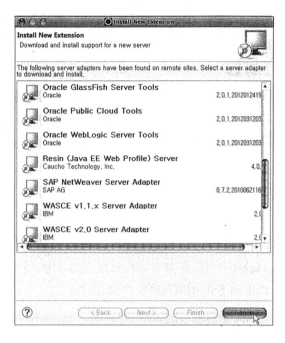

11.3 프로젝트에 적합한 서버 선별

스텝 1

Run On Server 창으로 돌아와 Apache 폴더를 확장하면 그림과 같이 여러 가지 톰캣 서버 버전들이 나타납니다. 앞서 DynamicWebProject1을 선택했고 이 프로젝트는 자바 1.7 버전을 기반으로 하고 있기 때문에 이에 적합한 서버를 선택해야 합니다. 그림과 같이 지정한 프로젝트에 적합하지 않은 서버 버전을 선택하면 경고문이 나타납니다.

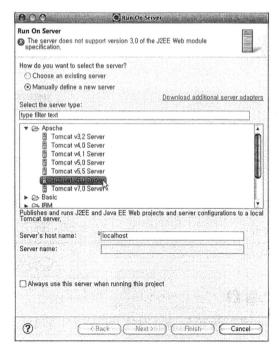

스텝 **2**

그림과 같이 앞서 지정한 프로젝트에 적합한 서버 버전을 선택하면 경고문이 사라지면서 다음 과정으로 넘어가는 버튼들이 활성화됩니다. 적당한 서버를 선택하면 아래에 호스트 이름과 서버 이름을 입력하는 항목이 표시되는데, 이 경우는 로컬에서 실험하는 용도이므로 기존 입력 값인 "localhost"를 그대로 두고 "Next" 버튼을 클릭합니다.

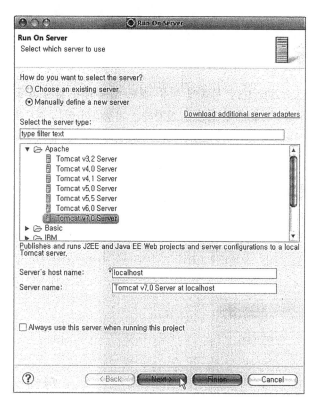

11.4 서버 어댑터의 자바 서버 설치 가이드

이클립스의 서버 어댑터는 이제 앞에서 선택한 톰캣에 대한 설치를 안내하기 시작합니다.

스텝 1

톰캣이 설치되어 있으면 그림과 같은 경고문이 나타나지 않습니다. 본 사례는 톰캣이 설치되어 있지 않은 환경에서 시도하는 것이므로 Tomcat installation directory 항목에 지정한 경로에서 톰캣 서버를 찾을 수 없다는 경고문이 나타나고 있습니다.

처음 이 과정을 실행하면 Tomcat installation directory 항목에 아무 것도 입력되어 있지 않을 것입니다. 새로 톰캣을 설치할 것이기 때문에 상관없습니다. 톰캣을 설치하는 과정에서 어느 경로에 설치할 것인지를 물어올 것이기 때문입니다. 그림과 같이 "Download and Install..." 버튼을 클릭하여 톰캣 설치 과정을 진행합니다.

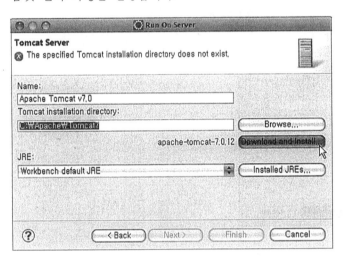

스텝 2

톰캣에 대한 사용 동의 화면이 나타나면 그림과 같이 동의에 체크하고 "Finish" 버튼을 클릭합니다.

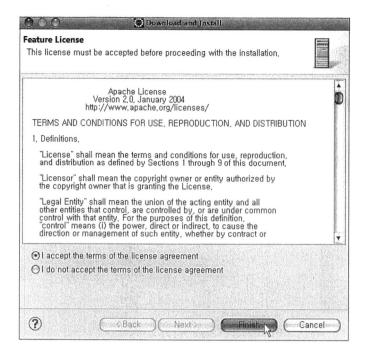

스텝 3

톰캣을 설치할 경로를 선택하거나 필요에 따라 그림과 같이 "새 폴더 만들기" 버튼을 이용하여 설치할 폴더를 생성합니다.

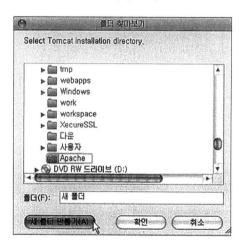

스텝 4

필자는 "C:\Apache\Tomcat7" 폴더에 설치하기로 하고 그림과 같이 지정한 후 "확인" 버튼을 클릭했습니다.

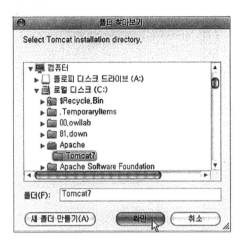

스텝 5

그림과 같이 이클립스 화면 하단에 설치 진행 과정이 상태 바 형식으로 나타납니다. 백그라운드에서 톰캣 설치가 완료될 때까지 기다립니다.

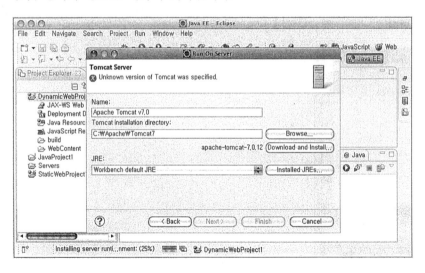

스텝 6

톰캣 설치가 백그라운드에서 완료되면 그림과 같이 "Next" 버튼이 활성화되고, 톰캣 서버를 찾을 수 없다는 경고문도 사라집니다. "Next" 버튼을 클릭하여 다음 과정으로 넘어갑니다.

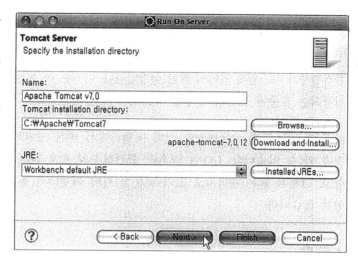

11.5 서버에 프로젝트 실험 환경 추가

이제 톰캣 서버가 설치되었으므로 다음 과정을 통해 앞서 지정한 프로젝트가 톰캣 서버에 등록되었는지 확인합니다.

필자의 화면에서는 그림과 같이 DynamicWebProject1이 이미 추가된 상태로 화면에 나타났고, DynamicWebProject1을 선택하면 그림과 같은 경고문이 나타납니다.

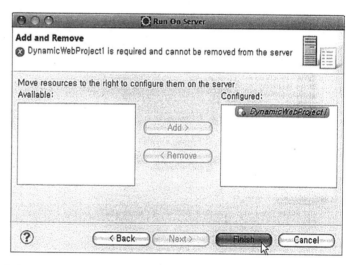

이 경고문은 잘못됐다는 것이 아니라 DynamicWebProject1을 삭제하면 안 된다는 안내를 하고 있는 것입니다. 이 화면은 이클립스에 여러 개의 프로젝트가 있을 때 더 추가할 수 있는 화면이기 때문에 이런 안내문이 나타나는 것입니다. DynamicWebProject1 서버가 톰캣 서버 환경에 추가된 것을 확인하고 "Finish" 버튼을 클릭합니다.

11.6 톰캣 서버에 대한 추가 환경 설정

톰캣 서버에 대해 한 가지 더 추가 설정할 것이 있습니다. 서버의 종류에 따라 다음에서 설명하는 것 이외에도 추가 설정이 필요할 수 있습니다. 필자가 설치한 톰캣 서버의 경우 JAVA_HOME이라는 환경변수가 시스템에 있어야 하는 상황입니다. 아직은 이 설정을 하지 않았기 때문에 톰캣 서버가 시동되는 도중에 오류가 발생할 것으로 예상됩니다.

다음 과정을 통해 이클립스의 서버 어댑터에서 미처 지원하지 못하는 부분이 있을 수 있다는 것을 알 수 있습니다. JAVA_HOME 환경변수의 경우 JDK 설치 과정에서 설정하는 개발자도 있고, 그렇지 않은 개발자도 있기 때문에 서버 어댑터의 톰캣 서버 설치 가이드에서 안내하고 있지 않습니다.

스텝 **1**

앞서 Run On Server 명령으로 톰캣 서버를 추가했기 때문에 이클립스는 그림과 같이 자동으로 톰캣 서버를 시동하고 DynamicWebProject1 프로젝트를 실행하려 합니다.

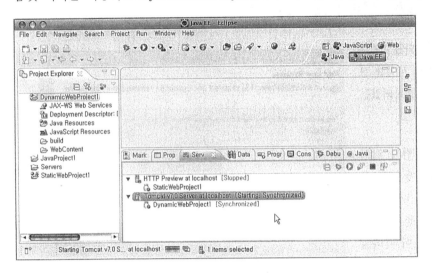

스텝 **2**

그림과 같이 Console 창이 활성화되면서 톰캣 서버가 시동되는 과정을 보여줍니다.

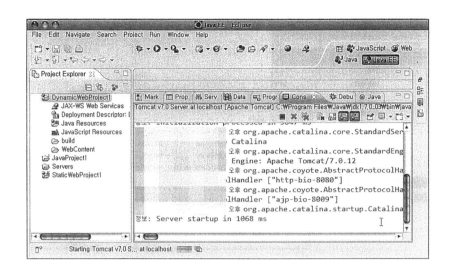

스텝 3

톰캣 서버의 상태는 계속 "Starting..."으로 있으면서 그림과 같이 서버 시동에 실패했다는 안내문이 나타납니다. 원인을 찾아보면 앞서 언급한 JAVA_HOME 환경변수에 대한 설정이 누락됐기 때문입니다. 이런 문제는 서버마다 다른 양상으로 나타날 수도 있는데 대부분의 문제는 서버가 시동될 때 필요한 환경변수가 누락되어서 발생하는 문제들입니다.

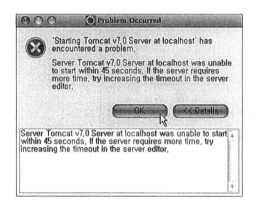

참고 **서버 시동에 대한 문제의 원인을 밝히는 방법**

이클립스에서 서버를 시동하는데 발생하는 문제의 원인을 알아내려면 설치한 서버의 폴더에서 README 같은 설치 가이드를 참조하거나 직접 독립 실행을 해보면 그 원인을 파악할 수 있습니다.

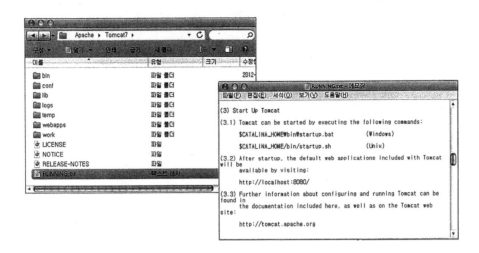

스텝 4

그림과 같이 톰캣 서버는 "Stoped" 상태로 나타나면서 시동에 실패했습니다.

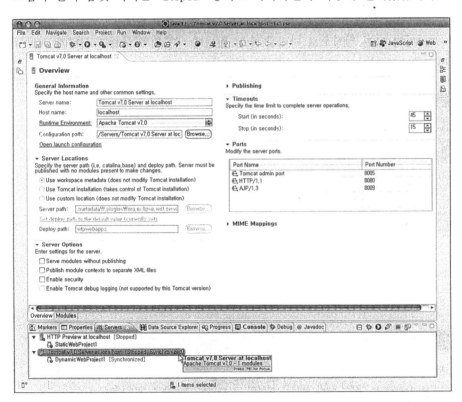

Servers 창에 있는 톰캣 서버를 더블클릭해보면 톰캣 서버에 대한 기본환경 설정화면이 나타납니다.

이 환경설정은 이클립스에서 톰캣을 실행할 때만 사용하는 환경설정입니다. Configuration path 항목에서 보는 바와 같이 "/Servers/Tomcat v..."에 이 환경설정들을 저장하고 있기 때문에 또 다른 톰캣 서버에 대해 다른 환경설정을 추가해서 실험할 수 있다는 것을 짐작할 수 있습니다.

이런 복잡하고 고차원적인 활용법은 본서에서 더 이상 기술하지 않겠습니다. 톰캣에 대한 지식이 있는 개발자라면 쉽게 이해할 수 있고, 그 활용도를 충분히 상상할 수 있을 것입니다. 단, 꼭 알아야 할 사항이라면 서버 포트에 대한 이해인데 현재 톰캣의 기본 설정에 따르면 그림에서 보는 바와 같이 8080 포트를 사용하는 것을 볼 수 있습니다. 필자는 앞서 추가했던 HTTP Preview 서버를 종료한 상태에서 실험했기 때문에 포트 충돌에 대한 안내문이 나타나지 않았습니다. 만일 독자가 8080 포트를 사용하고 있는 HTTP Preview 서버를 켜놓은 상태에서 톰캣을 시동했다면 포트 충돌에 대한 안내를 받았을 것입니다. 이 부분에 대한 설정은 잠시 후에 하도록 하고, 지금 추가한 톰캣 서버가 어떤 형식으로 이클립스에 연동되는지 좀 더 살펴보고 계속 진행하겠습니다.

스텝 5

그림과 같이 추가한 톰캣 서버는 Project Explorer 창의 Servers 프로젝트에 추가되어 있고, HTTP Preview 서버와는 달리 톰캣에 대한 추가적인 환경설정 파일들을 볼 수 있습니다. 톰캣에 대한 지식이 있는 개발자라면 각 환경설정 파일들을 어떻게 제어해야 원하는 개발 서버 환경을 구현할 수 있는지 알 수 있을 것입니다. 이렇게 동일한 톰캣 서버라도 여러 가지 서버 환경을 Servers 프로젝트에 추가해 폭넓은 개발 환경을 구축할 수 있다는 것을 미루어 짐작할 수 있을 것입니다.

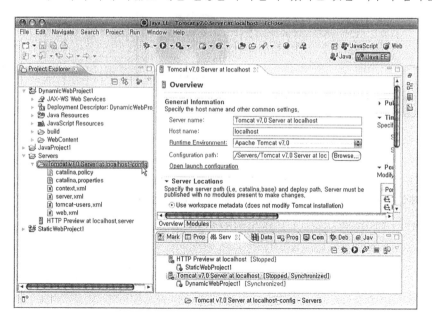

11.7 JAVA_HOME 환경변수 추가

앞에서 톰캣이 시동되지 못하는 문제를 간단하게 풀어 보겠습니다.

스텝 1

MS Windows 7의 경우 제어판 > 시스템 버튼을 클릭합니다.

스텝 2

시스템 창에서 "고급 시스템 설정" 버튼을 클릭하여 시스템 속성 창을 엽니다.

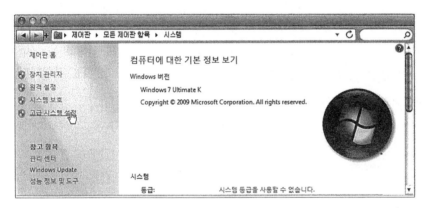

스텝 3

그림과 같이 시스템 속성 창 > 고급 > 환경변수 버튼을 클릭합니다.

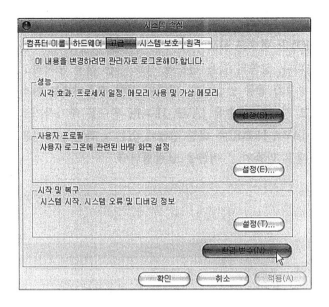

스텝 4

MS Windows의 환경 변수는 2가지로 나누어 처리합니다. 이 부분도 개발자라면 꼭 알아야 할 사항이 있습니다. 환경 변수 창의 위쪽은 현재 로그인 윈도우 계정의 "사용자 변수"이고, 아래쪽은 "시스템 변수"입니다.

혼자 사용하는, 하나의 계정만 사용하는 컴퓨터라면 JAVA_HOME 환경 변수를 어느 쪽에 추가해도 상관이 없습니다. 하지만 "사용자 변수"는 해당 계정으로 로그인했을 때만 작동하는 환경 변수이고,

"시스템 변수"는 로그인 계정과 무관하게 전체 시스템에서 사용할 수 있는 환경변수입니다. 또한 "사용자 변수"와 "시스템 변수"에 JAVA_HOME 변수를 서로 다르게 등록하면 "사용자 변수"를 우선으로 한다는 점을 이해할 필요가 있습니다. 양쪽의 같은 변수에 서로 다른 값을 등록하고 왜 원하는 대로 안 되는지 몰라 고민하는 경우가 종종 있습니다. 필자의 실험 컴퓨터에는 아직 JAVA_HOME에 대한 설정을 한 적이 없고 시스템 변수에 JAVA_HOME 변수를 추가하기로 했습니다. 독자의 경우도 두 환경 변수 중 JAVA_HOME에 대한 설정이 있는지 확인하고 다음 과정을 살펴보기 바랍니다. 그림과 같이 "새로 만들기..." 버튼을 클릭합니다.

스텝 5

변수 이름에 "JAVA_HOME"을 입력했고, 변수 값에는 필자의 컴퓨터에 설치된 JDK 7 버전 경로를 지정했습니다.

스텝 6

위의 과정으로 그림과 같이 JAVA_HOME 변수를 시스템 변수로 등록했습니다.

11.8 서버 포트 충돌과 변경 설정

필자의 경우 HTTP Preview 서버가 8080 포트를 사용하고 있기 때문에 동시에 두 서버를 시동할 수 있도록 톰캣 서버의 포트를 변경하기로 했습니다.

스텝 **1**

그림과 같이 톰캣의 환경 설정에서 "8087" 포트로 변경하여 저장합니다. 필자의 컴퓨터에는 8087을 사용하는 서비스가 없기 때문에 문제가 없지만 독자의 컴퓨터에서 다른 용도로 8087 포트를 사용하고 있을 수도 있습니다. 이 경우 톰캣을 시동할 때 포트 충돌에 대한 경고문을 볼 수 있을 것입니다. 그럴 때는 다른 포트 번호로 변경하고 재시도해보기 바랍니다.

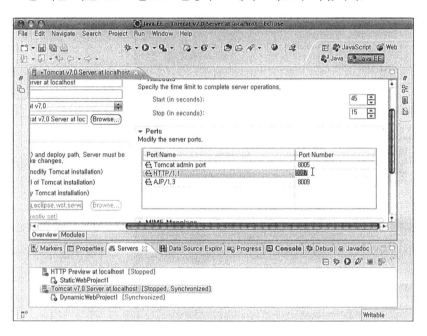

11.9 톰캣 서버 시동

톰캣과 같은 서버를 시동하기 위한 기초적인 문제들을 사례를 통해 살펴보았습니다. 그 외의 사항들이 있을 수 있지만 그런 문제들은 각 서버에 관련된 문제이므로 이 정도로 마무리하겠습니다. 앞의 과정으로 톰캣을 시동하기 위한 수정 작업을 완료했습니다. 다음 과정과 같이 톰캣 서버 시동을 실험해보겠습니다.

스텝 **1**

그림과 같이 Servers 창에서 톰캣 서버를 선택하고 Start the server 버튼을 클릭하여 시동을 시도합니다.

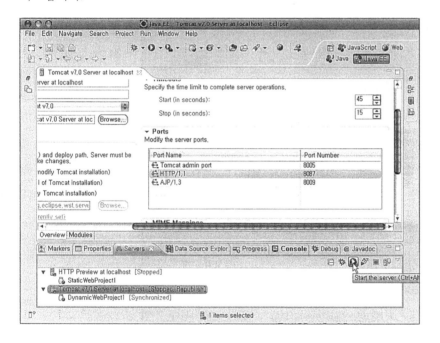

스텝 **2**

그림과 같이 특별한 문제가 없다면 몇 초 안 걸려서 톰캣이 "Started" 상태로 나타나면서 서버 시동을 완료합니다.

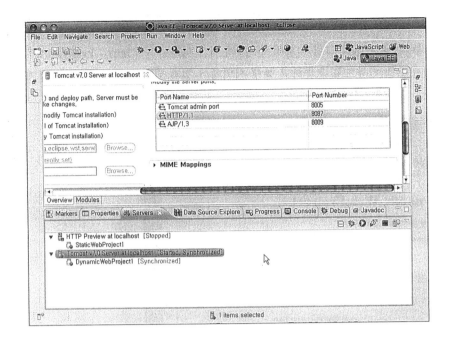

11.10 톰캣 서버에서 프로젝트 실험

스텝 **1**

이제 그림과 같이 프로젝트를 선택하고 Run > Run As > Run on server 메뉴를 실행하여 프로젝트를
톰캣 서버에서 실험해봅니다.

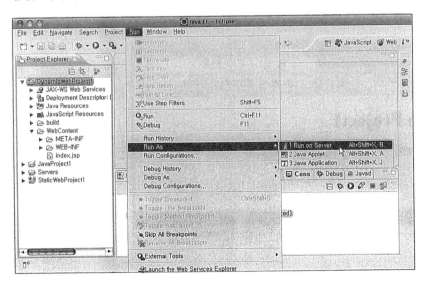

스텝 2

이미 서버는 시동된 상태이므로 곧바로 그림과 같이 웹브라우저가 나타나면서 http://localhost:8087 /DynamicWebProject1/ 주소를 자동으로 호출하고 톰캣 서버에서 결과 화면을 가져와 웹브라우저 화면에 출력합니다.

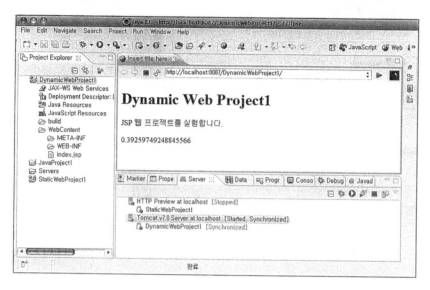

스텝 3

톰캣 서버는 이클립스에서 시동했지만 개발자의 컴퓨터 내에서 서비스가 되는 것이기 때문에 그림과 같이 별도의 웹브라우저를 열고 수동으로 DynamicWebProject1을 호출하면서 실험을 할 수도 있습니다.

스텝 4

또한 DynamicWebProject1에서 소스를 수정하고 저장하면 자동으로 컴파일하고 톰캣 서버에 배포하여 곧바로 웹브라우저에서 실험할 수 있습니다. 예전에는 이 과정을 모두 수동으로 했기 때문에 코딩 작업을 하고 실험하는 과정에서 불필요한 수작업으로 인해 매우 성가시고 귀찮았습니다. 그림과 같이 index.jsp 파일을 수정하고 저장해봅니다.

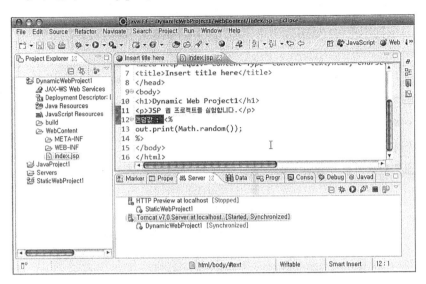

스텝 5

곧바로 웹브라우저를 "새로고침" 해보면 톰캣에서 새로 배포한 소스를 화면에 출력합니다.

11.11 톰캣 서버 강제 종료

이클립스에서 톰캣과 같은 실험용 서버를 제어할 수는 있지만 예기치 않게 이클립스가 종료되는 경우도 있습니다. 이 경우 톰캣은 계속 작동 중인데 새로 이클립스를 켜면 톰캣이 "Stopped"로 나타나 곤란한 지경에 놓일 수 있습니다. 이럴 경우는 다음과 같이 Window 작업 관리자를 이용하여 강제 종료하고 새로 이클립스에서 톰캣을 시동하는 등의 관리를 할 수 있습니다.

스텝 1

윈도우의 시작 메뉴에서 "taskmgr"을 검색하여 taskmgr.exe를 실행하면 "Window 작업 관리자" 창을 열 수 있습니다. 이외에도 "작업 표시줄 > 콘텍스트 메뉴 > 작업 관리자" 메뉴를 사용할 수도 있고, "Ctrl + Shift + ESC" 단축키를 사용할 수도 있습니다.

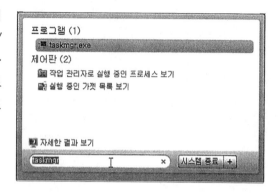

스텝 2

"Window 작업 관리자 창" > "프로세스 탭" 에서 "모든 사용자의 프로세스 표시"를 체크 하고 "javaw.exe"를 찾아보면 톰캣이 시동 될 때마다 이 파일이 실행되는 것을 알 수 있습니다. 이 파일을 선택하고 "프로세스 끝내기" 버튼을 클릭하면 톰캣을 강제로 중 단시킬 수 있습니다.

주의할 사항은 "javaw.exe"로 표시된다고 해서 모두 톰캣은 아니라는 점입니다. HTTP Preview 서버를 실행해도 "javaw .exe"가 나타날 것입니다. 어느 것이 톰캣인 지를 구분하는 것은 개발자의 재량에 달렸습니다.

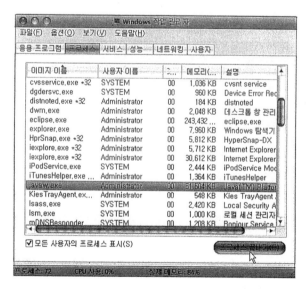

Chapter 12 앱타나 (Aptana) 플러그인 사용법

앱타나는 이클립스를 기반으로 한 웹 통합개발도구입니다. 독립적인 프로그램으로도 배포하고 이클립스의 플러그인으로도 배포하고 있습니다. 웹 개발을 위한 이클립스 플러그인은 매우 많지만 대개 부분적인 기능을 제공하는데 그치고 있습니다. 하지만 앱타나는 가장 많은 웹 개발 기능을 통합한 플러그인으로 평가받고 있습니다. 앱타나는 HTML, CSS, PHP 뿐만 아니라 최근 신기술로 선보이고 있는 Ruby, Rail까지도 지원하고 있어 현재까지는 웹 개발도구의 선두를 차지하고 있습니다.

이 장에서는 앱타나를 설치하는 과정을 통해 앱타나와 같은 방식으로 배포하는 플러그인을 어떻게 다운받아 설치하는지를 보여줄 것입니다. 이클립스 플러그인들은 배포방식이 자유롭고 다양해서 이 사례를 통해 배포방식에 대한 이해가 필요합니다. Marketplace를 통해 플러그인을 설치하는 방식이 가장 간편하지만, 제작자의 정책이나 여건에 따라 Marketplace에는 소개만 하고 제작자의 사이트에서 직접 배포하는 경우도 있습니다. 앱타나의 경우도 이에 속합니다.

12.1 이클립스 플러그인 찾기

스텝 1

우선 Help > Eclipse Marketplace... 메뉴를 이용하여 그림과 같이 Eclipse Maketplace 창을 열고, "Aptana"를 검색어로 검색합니다. 그림에서와 같이 Aptana Studio라는 패키지는 있지만 설치 버튼이 없습니다. 이 경우 "Learn more" 버튼을 클릭하여 상세 정보를 열어봅니다.

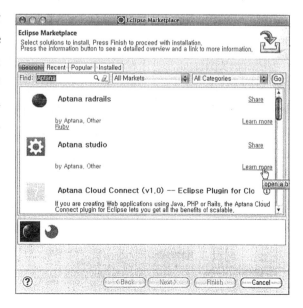

스텝 2

그림과 같이 웹 브라우저에 Marketplace에 등록된 Aptana Studio에 대한 정보가 나타납니다.
"Home Page" 버튼을 클릭하면 앱타나 사이트로 연결됩니다. 이와 같이 이클립스 마켓플레이스에서
곧바로 앱타나를 배포하지 않는 이유는 여러 가지가 있을 수 있지만, 정책적으로 본 사이트에
대한 방문을 유도하기 위한 의도가 큽니다.

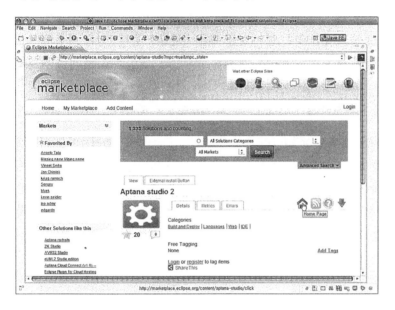

스텝 3

그림과 같이 이클립스 마켓플레이스에 링크된 정보는 Aptana Studio 2 버전입니다. 앱타나 사이트를
보면 현재 Aptana Studio 3 버전이 최신 버전임을 알 수 있습니다.

스텝 **4**

그림과 같이 구글링을 통해 앱타나 사이트를 직접 접근하는 방법도 있습니다. 본서에서는 Aptana Studio 3를 다운받아 설치하기로 했습니다.

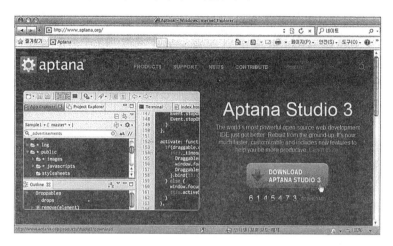

스텝 **5**

Aptana Studio는 독립 실행 버전(Standalone Version)과 이클립스 플러그인 버전(Eclipse Plugin Version)이 있습니다. 이클립스를 기반으로 만든 규모 있는 프로그램들은 대부분 이와 같이 두 가지 버전을 배포합니다. 본 사례에서는 그림과 같이 이클립스 플러그인 버전을 다운받습니다.

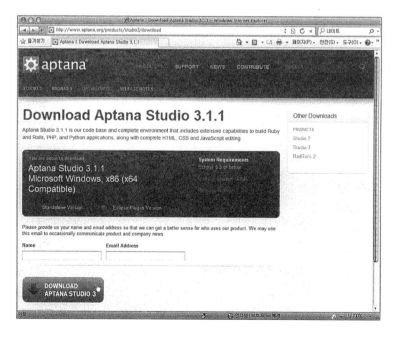

12.2 앱타나 이클립스 플러그인 설치

스텝 6

앱타나 사이트에서는 이클립스 플러그인을 받으려 하니 그림과 같이 다운받는 버튼이 안보이고 이클립스 플러그인 설치에 대한 안내만 있습니다. 잘 읽어 보면 그림과 같은 배포주소를 복사해 이클립스 플러그인 설치 창에서 설치하는 방식이라는 것을 알 수 있을 것입니다. 배포주소 옆에 있는 아이콘을 클릭하면 배포주소가 클립보드에 복사됩니다.

스텝 7

앱타나 이클립스 플러그인 설치 안내에 따라 Help > Install New Software ... 메뉴를 실행하여 그림과 같이 Install 창을 엽니다. 위에서 클립보드에 복사한 다운로드 주소를 Work with: 입력란에 붙여 넣고 Enter 키를 누르면 그림과 같이 배포주소에서 제공하는 Aptana Studio 3 Plugin 패키지가 나타납니다. 이 패키지를 모두 체크하고 "Next" 버튼을 클릭하면 설치과정이 진행됩니다. 설치 진행 과정은 생략하겠습니다.

스텝 8

앱타나 플러그인은 이클립스의 GUI에 영향을 끼치기 때문에 그림과 같이 이클립스를 재시동하라는 안내 창이 나타납니다. Restart Now 버튼을 클릭하여 이클립스를 재시동하면 앱타나가 탑재된 이클립스가 나타날 것입니다.

스텝 9

앱타나가 설치된 이클립스는 그림과 같이 Help > Aptana 메뉴가 나타납니다. Help > Aptana > Aptana Studio Start Page 메뉴를 실행하면 앱타나에 대해 안내하는 Start Page를 볼 수 있습니다.

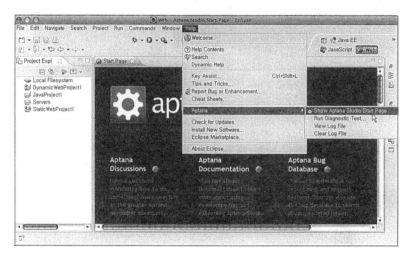

12.3 앱타나의 "Web" 분할영역 화면

스텝 **1**

앱타나는 앱타나 전용 Web 분할영역 화면을 제공합니다. Window > Open Perspective > Other...
메뉴를 실행해봅니다.

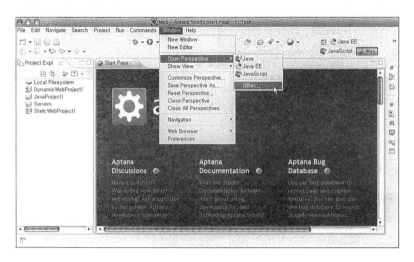

스텝 **2**

Open Perspective 창을 보면 기존의 "Web"과는 다른 아이콘의 "Web" 분할영역 화면이 추가되어
있는 것을 볼 수 있습니다. 이 앱타나용 "Web"을 선택하고 "OK" 버튼을 클릭합니다.

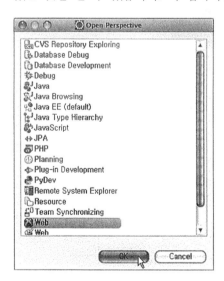

스텝 3

그림과 같이 앱타나 Web 분할영역 화면이 나타나는데 특별히 다른 점은 Project Explorer 창과는 별도로 App Explorer 창이 있다는 점입니다. App Explorer 창은 많은 소스 파일들을 가지고 웹 프로젝트를 개발해야 하는 특수성을 고려해서 하나의 프로젝트에만 집중하는 형식의 탐색기를 제공하고 있습니다. 또한 Project Explorer 창에도 변화가 있습니다. 그림과 같이 Project Explorer 탭을 눌러 Project Explorer 창의 변화를 살펴보겠습니다.

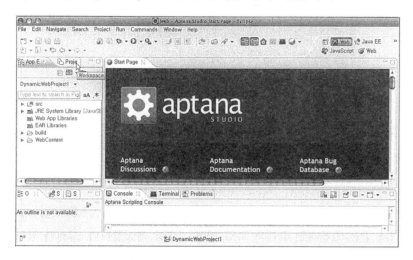

12.4 앱타나의 Local Filesystem 탐색 기능

스텝 1

이클립스는 프로젝트를 생성해서 소스를 작성하는 방식으로 프로젝트 단위의 개발 방법을 사용합니다. 그런데 웹 개발은 군이 프로젝트로 묶지 않고 로컬 파일 시스템의 적당한 폴더에서 소스를 작성하고 FTP로 서버에 전송하는 방식으로 개발하며, 서버에 모든 최종 소스가 있는 형식이기 때문에 프로젝트 없이도 로컬 파일 시스템을 탐색할 수 있는 인터페이스가 필요하게 됐습니다.

앱타나는 이런 웹 개발의 현실을 배려하여 Project Explorer 창에서 프로젝트 폴더와는 별개로 Local Filesystem을 기본으로 나타나게 했습니다.

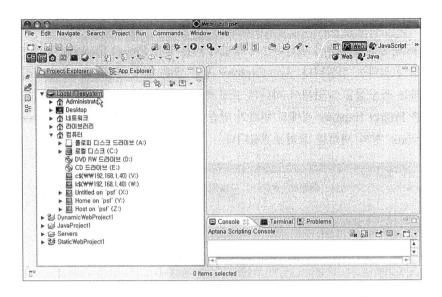

스텝 2

Local Filesystem을 통해 웹 개발을 하는 간단한 사례를 살펴봅니다. Project Explorer는 MS Windows
에서 제공하는 파일 탐색기와 같은 기본적인 폴더와 파일 제어 기능을 제공합니다. 그림과 같이
개발 폴더를 적당히 지정하고 필요에 따라 그림과 같이 폴더를 생성합니다.

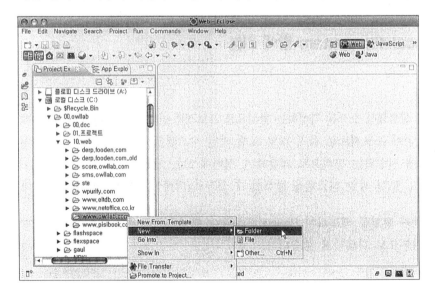

스텝 3

필자는 그림과 같이 public_html 폴더를 생성했습니다.

스텝 4

필자는 public_html 폴더 안에 다시 eclipse 폴더를 만들어 실험 준비를 했고, "eclipse 폴더 > 콘텍스트 메뉴 > New From Template > HTML > HTML 5 Template" 메뉴를 이용하여 앱타나에서 제공하는 HTML 5 템플릿으로 파일 생성을 실행했습니다.

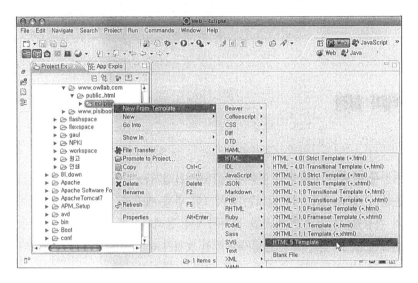

스텝 5

"New File" 창에서 파일이름을 지정하고 "Finish" 버튼을 클릭했습니다.

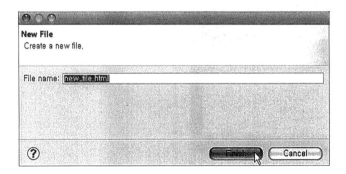

스텝 6

그림과 같이 앱타나에서 제
공하는 템플릿과 편집기에
"new_file.html" 파일이 생
성됐습니다.

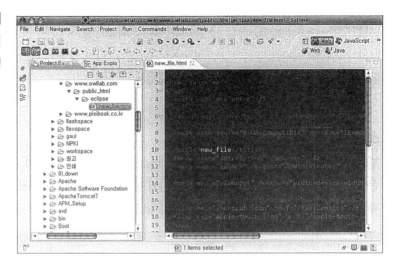

12.5 앱타나 편집기 테마 설정

스텝 1

앱타나의 편집기는 테마 기능을 지원하기 때문에 앱타나 HTML 편집기는 편집기의 배경과 소스
문자의 색을 다양하게 사용할 수 있습니다. 이클립스는 플러그인 별로 제공하는 소스 편집기들이
다양합니다. 이 편집기들의 기능을 잘 살리면 소스를 작성하거나 탐색하는데 많은 도움을 받을
수 있습니다. 따라서 새로 설치한 플러그인에 대한 편집기가 어떤 것인지 분별해 둘 필요가 있습니다.
그림과 같이 앱타나에서 제공하는 편집기로 소스가 열린 것인지 확인합니다.

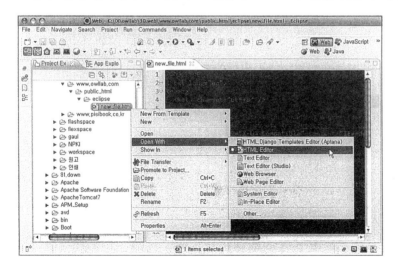

스텝 2

Window > Preferences 메뉴를 실행합니다.

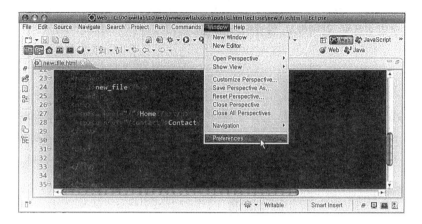

스텝 3

Preferences 창을 보면, 그림과 같이 Aptana Studio에 대한 속성이 추가된 것을 볼 수 있습니다. 이쯤이면 독자도 이클립스의 기본 작동 원리를 어느 정도 이해할 수 있을 것입니다. 이클립스의 작동 원리를 이해하면 어떤 새로운 플러그인이든 활용하는데 큰 어려움은 없어질 것입니다.

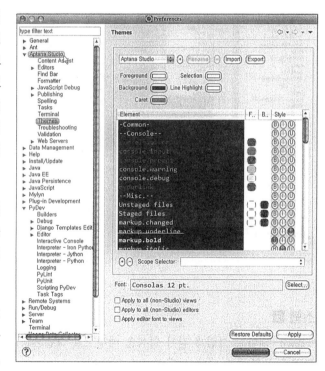

여러 가지 앱타나 속성들은 개발 도중에 필요에 따라 차근히 읽어보고 원하는 설정을 찾으면 될 것이므로 처음부터 다 알려고 할 필요가 없습니다.

이클립스에서 보듯이 무궁무진하다고 할 수 있을 정도로 프로그래밍의 언어나 개발 방법론이 매우 대양해졌습니다.

과거, 프로그래밍 언어가 몇 가지 없고 개발 방법론이라고 분류할 만한 개념이 없을 때와는 다릅니다. 즉, 개발 언어에 대한 API를 외워서 실력을 평가받는 시대는 이미 넘어선지 오래 입니다. 필자도 매년 달라지는 언어와 개발 방법론을 접하고 있으며, 새로운 개발 환경에 적응하고 살아남는 개발자가 진정한 개발자로 남고 그런 개발자가 있는 기업이 성공할 수 있는 기반을 갖춘다는 것을 경험해오고 있습니다. 그래서 본서는 이클립스를 기반으로 하는 방대한 개발 분야들 중 대표적인 분야에 대해 각각 입구까지 안내하고, 그 분야에 들어가서는 필요할 때 원하는 기능을 찾아 사용할 수 있도록 이클립스의 작동 원리를 주안점으로 안내하고 있습니다.

스텝 4

"Preferences > Aptana Studio > Themes"에 기존 편집기 테마가 "Aptana Studio"로 되어 있습니다. 이 테마는 터미널과 같이 배경을 검정색으로 하고 소스 문자열을 명도가 높은 색깔로 표시하고 있습니다. 필자는 이보다 일반적인 편집기 테마를 선호하기 때문에 "Dawn"을 선택했습니다.

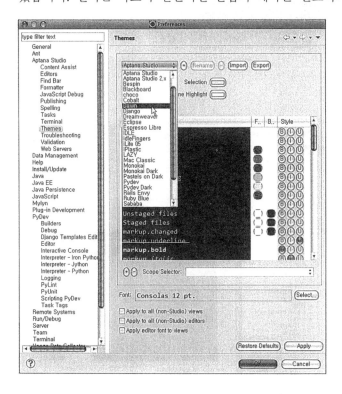

스텝 5

"Dawn" 테마는 그림과 같이 흰색을 배경으로 하는 테마입니다. 테마를 변경하고 "Apply" 버튼을 클릭하면 곧바로 앱타나 편집기에 적용됩니다.

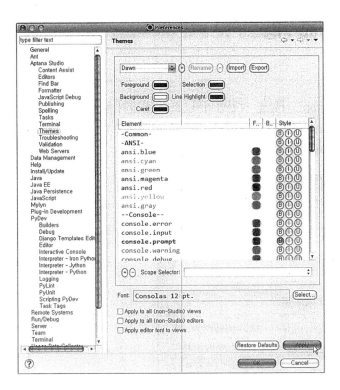

스텝 6

그림은 앱타나 편집기에 "Dawn" 테마를 적용한 사례입니다.

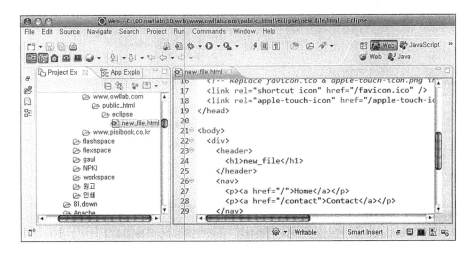

12.6 앱타나 편집기의 Word Wrap 기능

스텝 1

앱타나 편집기는 그림과 같이 "Word Wrap" 기능을 지원합니다. 소스 편집기 왼쪽 끝 소스라인 표시 영역 > 콘텍스트 메뉴 > Work Wrap 메뉴를 이용하면 자동 줄 바꿈으로 한 화면에 소스를 볼 수 있게 해줍니다. 이 메뉴는 토글 방식입니다.

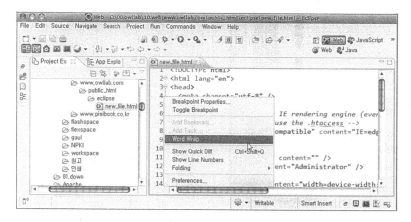

스텝 2

다음 그림은 "Word Wrap" 기능을 활성화한 사례입니다.

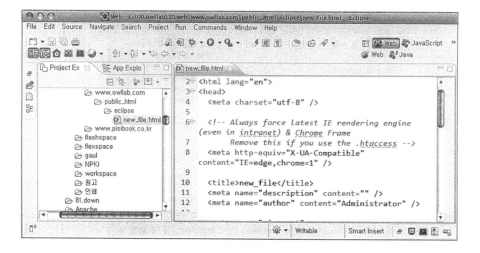

12.7 앱타나의 Snippets 기능

스텝 1

앱타나에서는 웹 관련 소스를 쉽게 작성하고 참조할 수 있는 Snippets 기능을 지원합니다. Snippets 창에서 보는 바와 같이 HTML, CSS, Javascript, PHP, Ruby 등 최신 웹 개발 언어까지 라이브러리를 제공합니다.

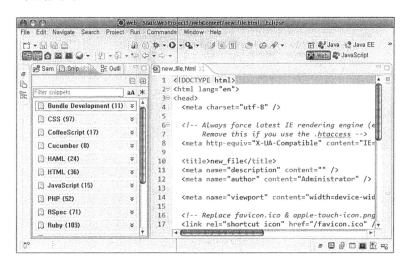

스텝 2

Snippets는 그림과 같이 마우스로 라이브러리에 대한 도움말을 살펴볼 수도 있고, 편집기의 원하는 소스 영역에 적용할 수도 있습니다.

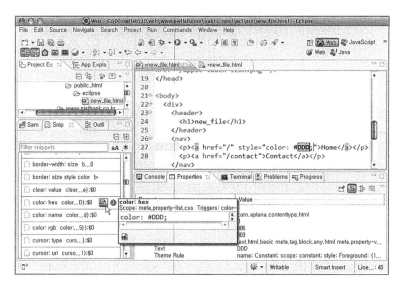

스텝 3

다음 그림은 앱타나 편집기의 Snippets 기능과 Web Page Editor의 Properties 기능을 같이 활용하는 사례입니다. 개발자의 개발 습관이나 취향에 따라 선택해서 사용할 수 있습니다.

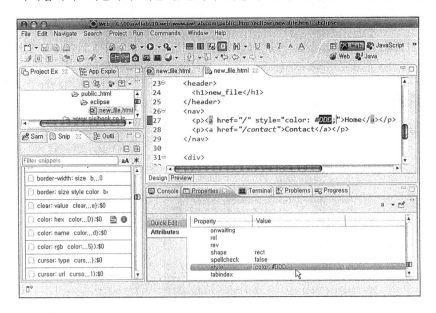

12.8 웹브라우저로 실험하기

스텝 1

로컬 파일시스템에서 작성한 HTML 파일을 웹서버 없이 간단히 웹브라우저에서 실험하려면 앞서 언급한 바와 같이 HTML 파일 > 콘텍스트 메뉴 > Open With > Web Browser 메뉴를 이용하여 실행해 볼 수 있습니다.

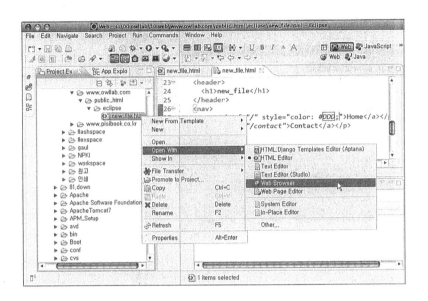

스텝 2

그림과 같이 이클립스에서 설정한 기본 웹브라우저의 설정에 따라 지정한 HTML 파일이 웹브라우저에서 실행됩니다.

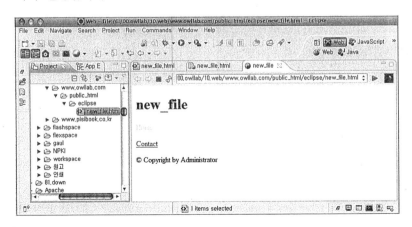

12.9 앱타나의 웹 프로젝트들

앱타나는 웹 개발에 관련한 프로젝트 생성 기능들을 그림과 같이 지원합니다. 그 중 PHP 프로젝트를 간단하게 실험해보겠습니다. PHP 프로젝트를 위해서는 PHP 개발 환경이 필요하지만 이에 대한 부분은 나중에 살펴보기로 하고 앱타나의 기능을 경험하는 정도로만 살펴보겠습니다.

스텝 **1**

앱타나 Web 분할영역화면에서 File > New > PHP Project 메뉴를 실행합니다.

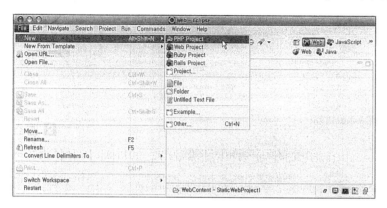

스텝 **2**

"New PHP Project" 창에서 그림과 같이 프로젝트 이름을 지정하고, 사용할 PHP 버전을 지정한 후 "Finish" 버튼을 클릭합니다.

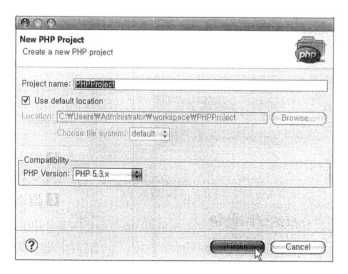

스텝 **3**

App Explorer 창에 앞서 생성한 "PHPProject"가 나타나고, 그림과 같이 "App Explorer > 콘텍스트 메뉴 > New From Template > PHP > PHP Template" 메뉴를 실행하여 앱타나에서 지원하는 템플릿으로 부터 PHP 파일을 하나 생성합니다.

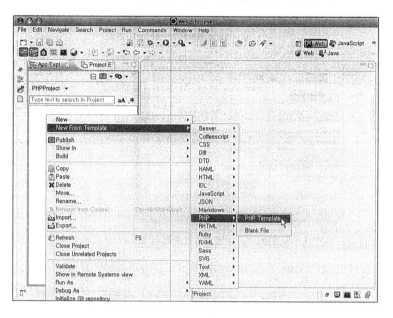

스텝 **4**

"New File" 창에 "PHPProject"가 선택되어 있고, "new_file.php" 파일명이 기본으로 입력되어 있습니다. 기본 설정 상태에서 "Finish" 버튼을 클릭합니다.

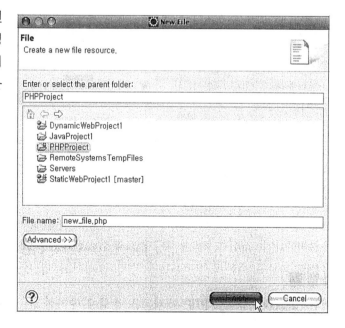

스텝 5

그림과 같이 new_file.php 파일이 템플릿으로 만들어 졌습니다. 앱타나의 PHP 편집기도 PHP 언어에 대한 API 도움말을 참조할 수 있습니다.

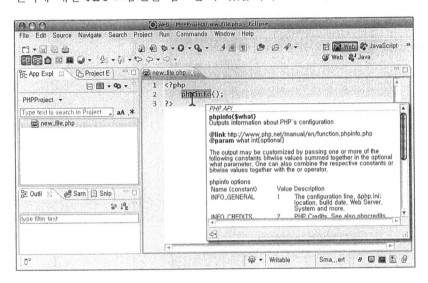

스텝 6

그림과 같이 PHP 명령을 입력할 때도 PHP 명령어에 대한 힌트를 지원해줍니다.

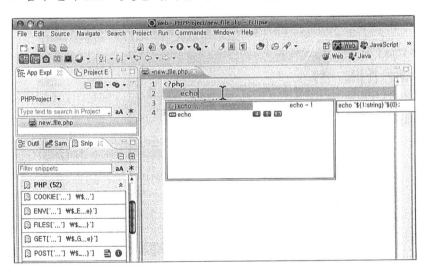

스텝 7

또한 Snippets 창으로 PHP 객체들을 손쉽게 추가할 수 있습니다.

이 정도로 앱타나에서 지원하는 PHP 개발 환경을 살펴보고 뒤에서 PHP 개발 환경을 구축하고
실험하는 방법을 소개하겠습니다.

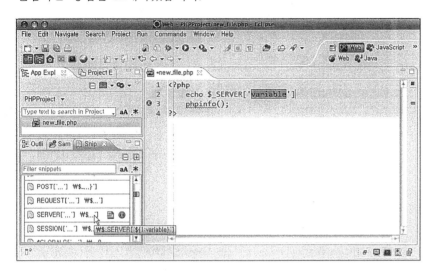

Chapter 13 앱타나의 소스 배포 기능

웹 개발에서는 개발 서버에서 실험하고 운영 서버에 웹 소스를 배포하는 개발 환경이 매우 중요합니다. 배포를 할 때 수정 전의 소스와 수정 후의 소스를 비교하면서 배포하는 기능은 웹 개발의 효율을 증가시켜주는데, 앱타나는 이와 같은 배포 기능을 효율적으로 지원하고 있습니다. 이클립스는 하나의 기능을 다양한 방법으로 활용할 수 있는 구조로 되어 있어 작동원리를 파악하지 못하면 복잡하고 어려워 보일 수 있습니다. 이 장에서는 앱타나를 기반으로 다음과 같이 3가지의 배포 방식을 소개합니다.

❶ 폴더에서 웹 서버로 배포
로컬 파일시스템의 폴더에 외부 웹서버로 연결하는 FTP 설정을 하고 배포하는 방식입니다.

❷ 폴더에서 웹 프로젝트로 배포
로컬 파일시스템의 폴더에 기존의 웹 프로젝트로 배포하는 설정을 합니다. 웹 프로젝트에 설정된 단위 테스트용 웹서버를 사용하여 실험할 수 있고 하나의 웹 프로젝트로 소스를 종합적으로 모으는데 유용한 방법입니다.

❸ 웹 프로젝트에서 웹서버로 배포
웹 프로젝트에 외부 웹서버로 연결하는 FTP 설정을 하여 배포하는 방식입니다.

13.1 폴더와 서버의 연결 설정법 : FTP 방식

다음은 앱타나에서 지원하는 Local Filesystem에서 작성한 폴더에 FTP 연결 설정을 하는 사례를 보여 주고 있습니다. 다음의 과정은 외부에 웹서버가 있다는 것을 가정하고 실험하는 것이므로 마땅히 실험할 웹서버가 없는 개발자는 그냥 필자가 실험하는 과정을 보고 이해하는 정도로 읽어나가고 나중에 FTP로 접근 가능한 서버가 생겼을 때 이 방법을 사용해보기 바랍니다.

File Transfer를 이용한 서버 연결 설정

스텝 1

앞장에서 만들었던 Local Filesystem의 웹 소스에서 그림과 같이 콘텍스트 메뉴를 열고, "File Transfer > Connections > Add New Connection..." 메뉴를 실행합니다. 본 사례는 "public_html" 폴더에 대한 웹서버 연결 설정을 하고 있습니다.

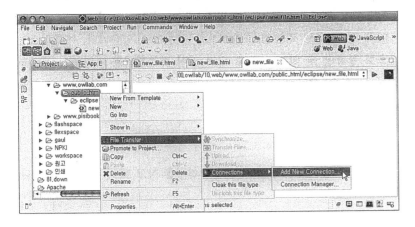

스텝 2

위의 메뉴 명령에 의해 그림과 같이 "Connection Manager" 창이 나타나면서 "New Connection" 이라는 연결자가 추가됩니다.

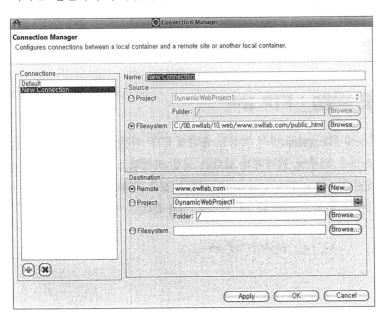

스텝 3

그림과 같이 Name: 항목을 수정하여 적당한 연결자 이름을 정의합니다. 연결자 설정은 "Source"와 "Destination" 두 가지입니다. 즉, "Source" 설정의 파일들을 "Destination" 설정으로 배포하는 것입니다.

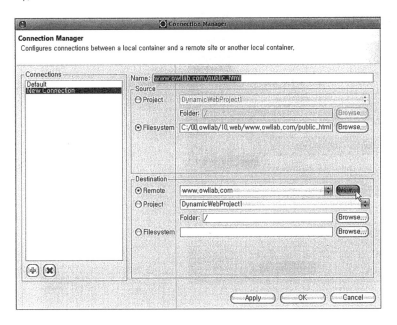

"Source" 설정은 이미 "public_html" 폴더를 지정했기 때문에 자동으로 "Filesystem" 항목에 경로가 설정되어 있습니다. "Source" 설정을 차분히 보면 "Project" 항목으로 이클립스에 있는 프로젝트를 설정할 수 있음을 알 수 있을 것입니다. 이에 대한 실험은 잠시 후 3번째 배포 실험에서 사용할 것입니다.

"Destination" 설정은 "Remote", "Project", "Filesystem" 등 3가지 방식이 제공됩니다. 이 장에서는 "Remote", "Project" 2가지의 실험과정을 보여 줄 것입니다. "Filesystem"의 경우는 "Remote", "Project"의 2가지 실험과정을 통해 충분히 활용 능력이 생길 것입니다.

이 과정은 외부의 웹서버에 배포하는 것을 목적으로 하기 때문에 "Remote" 항목을 사용합니다. 기존에 FTP 연결 설정을 한 것이 있다면 선택상자에서 선택하면 되지만, 연결자 설정을 처음으로 한다는 가정 하에 "New..." 버튼을 클릭하여 FTP 연결 설정을 하겠습니다.

스텝 4

"New Connection" 창이 나타났습니다. 그림과 같이 Site Name을 적절히 입력하고, Protocol을 선택합니다. 필자의 경우 SFTP 프로토콜을 선택했습니다. Remote Info 항목에서 Server 입력란에
서버의 주소를 입력하고, Username과 Password에 웹서버 관리자에게서 할당받은 접속 아이디와
암호를 입력했습니다. 그리고 "Test" 버튼을 클릭하여 입력한 서버 주소와 아이디, 암호로 웹서버에
접속할 수 있는지를 실험합니다.

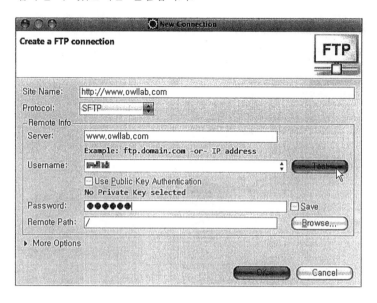

스텝 5

필자의 경우 그림과 같이 지정한 웹서버에 접속에 성공했다는 안내 창을 받았습니다.

스텝 6

로컬 파일시스템에서 지정한 "public_html" 폴더의 소스가 웹서버의 어느 폴더에 대응하는지를
지정해야 합니다. Remote Path 항목에서 "Browse..." 버튼을 클릭하여 웹서버에 대응하는 경로를
탐색해 찾아봅니다. 이 기능은 앞서 웹서버에 접속할 수 있는 설정을 하고 연결에 성공했기 때문에
가능한 것입니다.

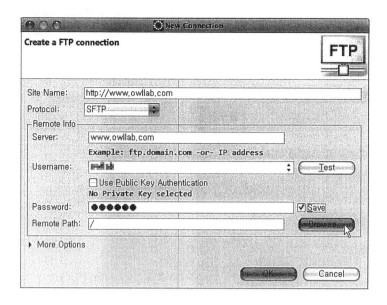

스텝 7

필자는 그림과 같이 웹서버에 접속하여 로컬 파일시스템의 폴더에 대응하는 웹서버의 폴더를
찾을 수 있었습니다. 적당한 폴더를 선택하고 "OK" 버튼을 클릭합니다.

스텝 8

그림과 같이 위에서 지정한 웹서버의 대응 경로를 가져왔습니다. 끝으로 웹서버에 전송할 때 사용할
압축, 포트 번호, 인코딩을 설정합니다. 이에 대한 지식은 구체적으로 언급하지 않겠습니다. 초보
개발자라면 나중에 웹서버에 배포할 때 서버 관리자에게 문의하면 이에 대한 정보를 얻을 수

있으므로 지금부터 걱정할 필요는 없습니다. 자주 사용하는 서버의 암호를 매번 입력하는 수고를 덜기 위해 "Password > Save"를 체크해 둘 필요가 있습니다. 외부 웹서버에 대한 연결 설정을 확인하고 "OK" 버튼을 클릭합니다.

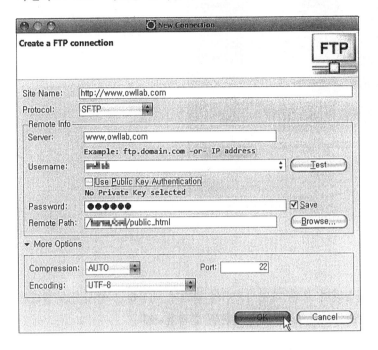

스텝 9

연결 설정을 생성할 때 그림과 같이 암호 보안에 대한 경고문이 나타나면 잘 읽어보고 "Yes" 또는 "No" 버튼을 클릭합니다.

스텝 10

위의 창에서 "Yes" 버튼을 클릭하면 나중에 암호를 잊었을 때 암호를 복원하는 설정 창이 나타납니다. 필자는 실험과정이고 특별히 설정할 필요가 없다고 판단하여 "Cancel" 버튼을 클릭했습니다.

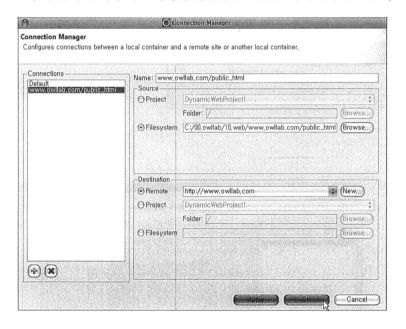

스텝 11

그림과 같이 앞에서 새로 생성한 연결자를 Remote 항목에서 선택하고, "OK" 버튼을 클릭했습니다.

이클립스의 접속 관리자 : Connection Manager

스텝 **1**

앞의 과정으로 "public_html" 폴더에 웹서버로 배포하는 배포 설정이 되었습니다. 이 폴더의 아이콘을 잘 살펴보면 File Transfer로 배포 설정이 되어 있는 아이콘과 아닌 아이콘이 다르다는 것을 알 수 있을 것입니다. Project Explorer 창에서 배포 설정이 되어 있는 "public_html" 폴더 이하의 폴더나 파일을 선택하면 창 위쪽에 "Synchronize, Upload, Download" 아이콘 버튼이 활성화 되는 것을 볼 수 있을 것입니다. 나중에 익숙하게 되면 이 전송 아이콘 세트를 이용하여 손쉽게 웹서버에 소스를 올리고 내릴 수 있을 것입니다. 그림과 같이 "Project Explorer 창 > 배포 설정이 되어 있는 폴더 > 콘텍스트 메뉴 > File Transfer > Connections > Connection Manager..." 메뉴를 실행하여 기존의 설정을 변경할 수 있습니다.

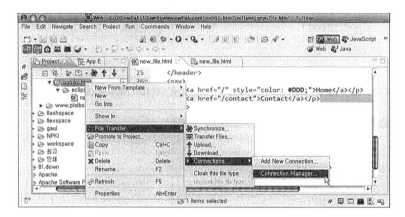

스텝 **2**

그림과 같이 기존의 연결 설정이 나타납니다.

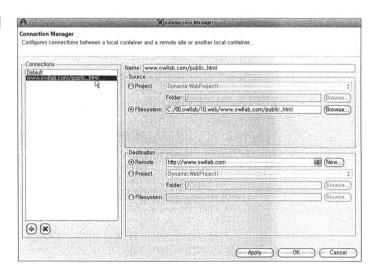

스텝 3

앞의 창에서 "Destination > Remote > New..." 버튼을 클릭하여 그림과 같이 다른 연결 설정을 만듭니다. 참고로 운영 서버에서 실험할 때는 그림과 같이 웹서버의 도큐먼트 루트를 사용하는 것보다는 별도의 실험 폴더에서 실험하기를 권유합니다. 운영 중에 소스를 유실할 수 있기 때문에 몇 번의 실험으로 이클립스의 연결 설정에 대한 이해를 얻고 익숙해진 다음 실무에 적용하기를 당부합니다.

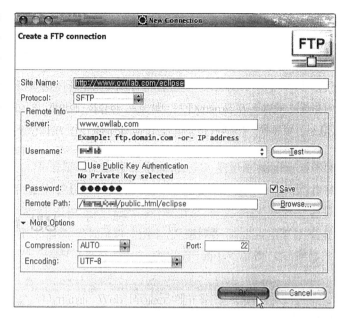

스텝 4

필자는 전송 실험에 앞서 그림과 같이 public_html 폴더 아래에 eclipse라는 폴더를 두고 이 폴더에서만 실험하기로 하고 연결 설정을 수정했습니다.

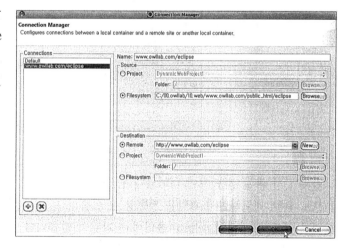

소스 파일의 서버 전송과 실험 : Transfer Files

스텝 1

앞의 연결 설정으로 로컬 파일시스템에 있는 소스를 웹서버에 전송하는 실험을 해보겠습니다. 이클립스의 File Transfer는 다양한 방식으로 파일을 전송할 수 있습니다. 앞서 언급한 전송 아이콘을 이용하는 방법도 있고 콘텍스트 메뉴를 이용하는 방법도 있습니다. 콘텍스트 메뉴 중에서도 Transfer Files... 메뉴를 활용하는 방법을 추천합니다.

필자는 eclipse 폴더에 있는 소스만 실험하기로 했습니다. 참고로 그림의 Project Explorer 창을 보면 앞서 public_html에 연결 설정이 있어 나타났던 연결 설정 아이콘은 없어지고 eclipse 폴더에 연결 설정이 되어 있는 것을 볼 수 있습니다. 이는 앞의 과정에서 public_html 폴더에 설정한 연결 설정을 eclipse 폴더로 변경했기 때문임을 이해하기 바랍니다. 그림과 같이 "eclipse 폴더 > 콘텍스트 메뉴 > File Transfer > Transfer Files... " 메뉴를 실행합니다.

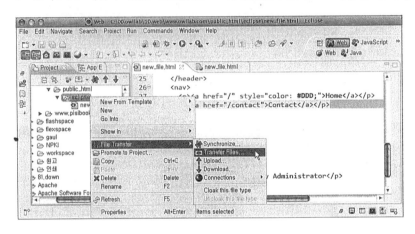

스텝 2

그림과 같이 파일 전송 창이 나타납니다. 이 창을 활용하면 내 컴퓨터의 소스와 웹서버의 소스를 눈으로 확인, 비교하면서 파일을 전송할 수 있습니다. 현재 로컬의 eclipse 폴더에는 new_file.html 파일이 있고, 웹서버의 eclipse 폴더에는 파일이 없습니다. 로컬 창과 서버 창 사이에는 Upload, Download, Synchronize 등 3개의 아이콘 버튼이 있습니다. Upload, Download 버튼을 이용하여 서버에 파일을 올리거나 다운받아도 되지만 다음에서 보여주는 Synchronize(동기화) 기능을 사용하면 구 소스와 신규 소스를 자동으로 구분하여 서버와 로컬의 소스를 동기화시킬 수 있어 개발하는데 도움을 받을 수 있습니다. 그림은 new_file.html 파일을 선택하고 "Synchronize..." 버튼을 클릭하고 있습니다.

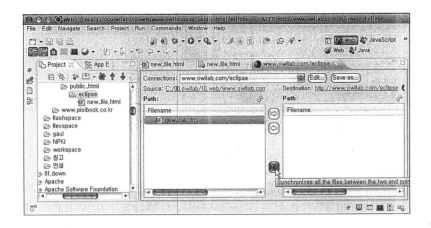

스텝 3

그림과 같이 Synchronize 창이 나타나면서 로컬과 서버에서 실행할 동기화 동작을 미리 보여줍니다. 그림은 new_file.html 파일을 서버에 생성하는 동기화 작업을 할 것임을 보여 주고 있습니다. 동기화 동작 사항을 확인하고 "Synchronize" 버튼을 클릭하여 동기화를 실행합니다.

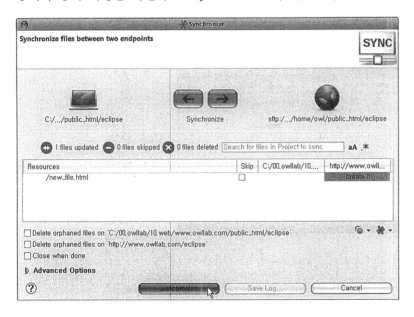

스텝 4

동기화를 완료하면 그림과 같이 동기화 결과를 안내문으로 출력해줍니다. 동기화 결과를 확인하고 "Close" 버튼을 클릭하여 Synchronize 창을 닫습니다.

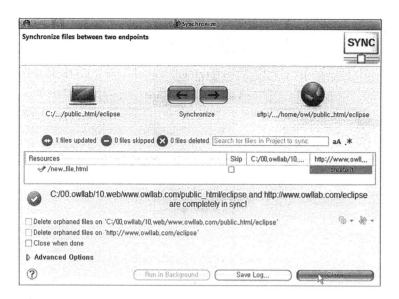

스텝 5

서버에 new_file.html 파일이 전송됐으므로 그림과 같이 웹브라우저를 통해 실험하면 이클립스에서
작성했던 new_file.html 파일을 확인할 수 있습니다.

13.2 폴더와 프로젝트의 연결법

이번에는 로컬 파일시스템에 있는 폴더를 기존의 웹 프로젝트와 연결하고 동기화시키는 방법을 소개합니다. 다음의 사례는 앞서 실험한 eclipse 폴더에 대해 이전에 만들었던 StaticWebProject1 프로젝트로 배포 설정을 하고 동기화하는 방법을 설명하고 있으며, 한 개 폴더에 여러 가지의 연결 설정을 할 수 있다는 것도 보여주고 있습니다.

폴더와 프로젝트의 연결 설정

스텝 **1**

로컬 파일시스템에 있는 eclipse 폴더를 선택하고 "콘텍스트 메뉴 > File Transfer > Connections >Add New Connection..." 메뉴를 실행합니다.

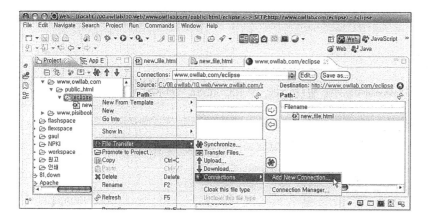

스텝 **2**

Connection Manager 창에서 그림과 같이 배포 설정을 합니다. Source는 이미 지정한 로컬 파일시스템의 eclipse 폴더를 설정하고 있고, Destination은 Project를 선택하고 선택상자에서 StaticWebProject1을 선택했습니다. 단 주의할 것은 StaticWebProject1가 존재하더라도 StaticWebProject1 프로젝트가 열려있는 상태이어야 한다는 점입니다.

Folder > Browser... 버튼을 클릭하여 StaticWebProject1 안의 어떤 폴더와 대응하도록 할 것인지를 지정합니다.

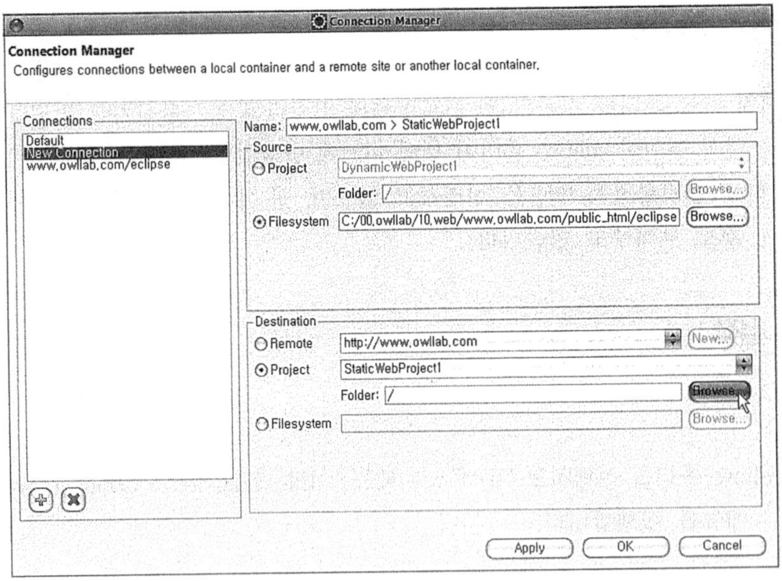

스텝 3

필자는 그림과 같이 StaticWebProject1 안에 있는 WebContent 폴더를 선택했습니다.

스텝 4

그림과 같이 연결 설정을 작성하고 Apply 또는 OK 버튼을 클릭했습니다.

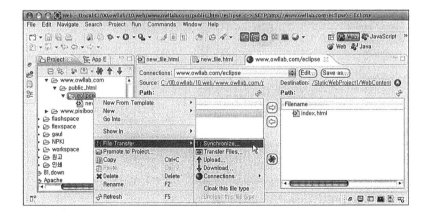

폴더와 프로젝트의 동기화 설정 : Synchronize

스텝 **1**

앞의 과정으로 eclipse 폴더에는 웹서버로 연결하는 연결 설정과 StaticWebProject1으로 연결하는 두 가지 연결 설정이 되어 있습니다. 그림과 같이 "eclipse 폴더 > 콘텍스트 메뉴 > File Transfer > Synchronize... 메뉴를 실행하여 eclipse 폴더와 StaticWebProject1 프로젝트를 동기화하는 설정을 합니다.

스텝 2

그림과 같이 eclipse 폴더에 설정된 두 개의 연결 설정 중 어떤 것을 사용할 것인지 선택하는 대화상자가 나타납니다. 그림과 같이 StaticWebProject1으로 연결하는 연결 설정을 선택하고 OK 버튼을 클릭했습니다.

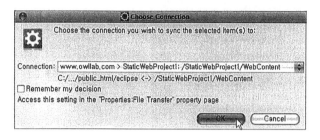

스텝 3

그림은 StaticWebProject1의 WebContent 폴더에 있는 index.html 파일은 eclipse 폴더에 다운받고, eclipse 폴더에 있는 new_file.html 파일은 StaticWebProject1의 WebContent 폴더에 전송하는 동기화 작업에 대한 안내를 보여 줍니다. 이 창을 잘 살펴보면 화면 위쪽에 있는 "←" 버튼과 "→" 버튼을 이용하여 단방향으로 동기화를 설정할 수 있다는 것도 알 수 있을 것입니다. 이외에도 파일을 전송할 때 사용할 수 있는 고급 설정 사항도 Advanced Options를 이용할 수 있다는 것을 알 수 있습니다. Synchronize 창에 대해 이 정도 기능을 살펴보고 계속 실험을 진행해봅니다. 기본 동기화 설정을 그대로 두고 "Synchronize" 버튼을 클릭하겠습니다.

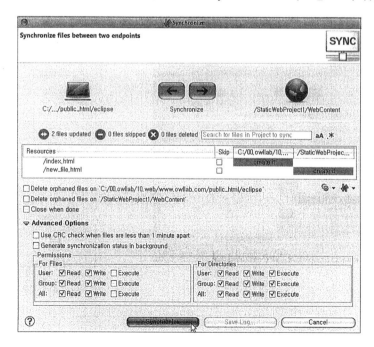

스텝 **4**

그림과 같이 동기화 실행 결과를 확인했습니다. Close 버튼을 클릭하여 Synchronize 창을 닫습니다.

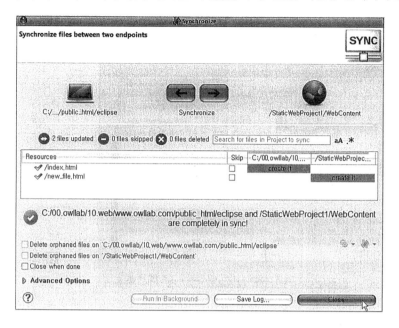

스텝 **5**

eclipse 폴더를 그림과 같이 Refresh 메뉴를 이용하여 새로고침하면 다음 그림과 같이 동기화 실행 결과로 다운받은 StaticWebProject1의 index.html 파일을 확인할 수 있습니다. 이처럼 이클립스 는 이클립스 외부에서 추가하거나 변경된 파일이나 폴더를 인식하기 위해서 Refresh 명령을 실행할 필요가 있습니다. 구조적으로 변경된 파일을 자동으로 감지하는데 개발 컴퓨터의 자원을 많이 차지할 수 있기 때문에 정말 효율적인 로직이 이클립스에 도입되지 않는 한 즉시 파일의 변화를 인식하는 데는 어려움이 있을 것으로 예상됩니다.

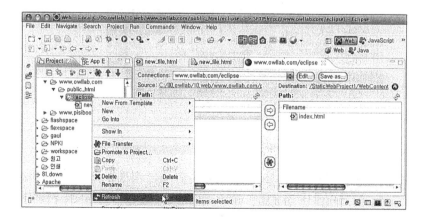

폴더와 프로젝트의 동기화 실험

스텝 **1**

그림과 같이 Refresh 명령으로 eclipse 폴더의 동기화 결과 파일을 확인할 수 있습니다.

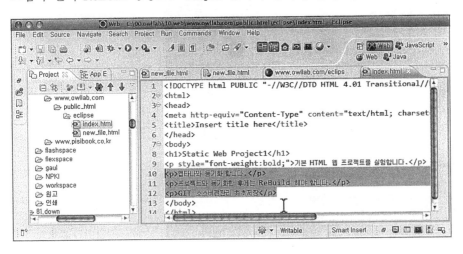

스텝 **2**

반대로 StaticWebProject1에 동기화로 전송된 new_file.html 파일도 확인할 수 있습니다.

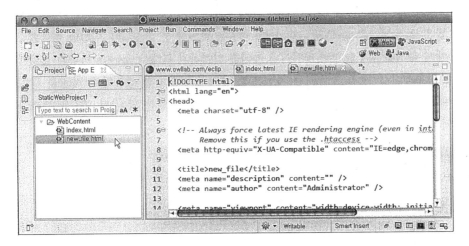

스텝 **3**

StaicWebProject1에는 앞서 HTTP Preview 서버를 통해 실험할 수 있는 설정을 해 두었습니다.
따라서 로컬 파일시스템의 eclipse 폴더에서 전송받은 new_file.html 파일도 이 테스트 서버를 통해 단위 테스트를 할 수 있습니다. 먼저 그림과 같이 HTTP Preview 서버를 시동합니다. 앱타나를 설치하는 과정에 이클립스를 재시동 했고, 그 과정에 HTTP Preview 서버가 시동 중이었다면 아마도 Start the server 버튼으로 시동을 완료하지 못할 수도 있을 것입니다. 이 경우 앞서 설명한 대로 작업 관리자를 통해 HTTP Preview 서버를 강제 종료하고 재시도한다거나 Start > Stop > Start 버튼을 누르는 방식으로 HTTP Preview 서버를 재시동해보기 바랍니다.

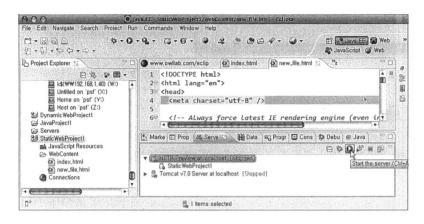

스텝 4

그림과 같이 HTTP Preview 서버가 "Started"로 시동을 완료했는지 확인합니다.

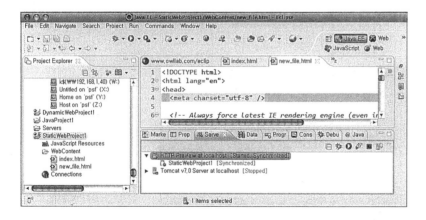

스텝 5

웹 브라우저를 열고 HTTP Preview 서버를 통해 new_file.html 파일을 실험해봅니다.

13.3 웹 프로젝트의 서버 배포

다음은 StaticWebProject1 웹 프로젝트에서 외부에 있는 웹서버에 배포하는 과정을 보여주고 있습니다.

배포(Deployment) 설정

스텝 1

앱타나의 App Explorer 창의 상단에 Publish 아이콘 버튼(▦▾)이 제공됩니다. WebContent 폴더를 선택하고 이 버튼을 누르면 "Deployment Settings..." 메뉴가 나타나는데 이 메뉴를 실행해 봅니다.

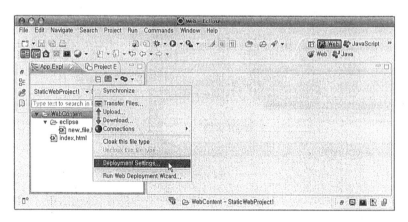

스텝 2

그림과 같이 Edit Connection 창이 나타납니다. 앞서 설정한 외부 서버 연결 설정을 확인하고 OK 버튼을 클릭합니다. 만일 웹서버 연결 설정이 없다면 앞서 설명한 바와 같이 연결 설정을 새로 생성하기 바랍니다.

프로젝트 소스와 서버 소스의 동기화

스텝 1

그림과 같이 WebContent 폴더 선택 > Publish 아이콘 버튼 > Transfer Files... 메뉴를 실행합니다.

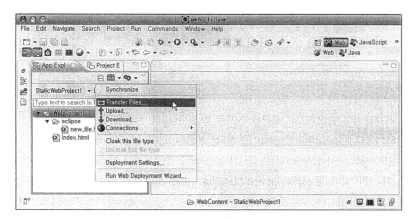

스텝 2

그림과 같이 StaticWebProject1의 WebContent 폴더와 웹서버의 eclipse 폴더가 나타납니다. Synchronize 버튼을 클릭하여 동기화를 시도합니다.

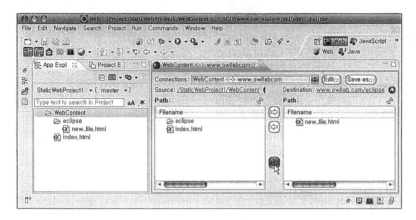

스텝 3

Synchronize 창에서 동기화 예정 상태를 확인합니다.

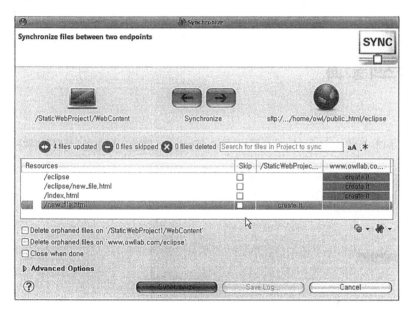

스텝 4

그림과 같이 필요에 따라 동기화에서 제외할 파일을 Skip 항목에서 체크할 수 있습니다. Synchronize 버튼을 클릭하여 동기화를 실행합니다.

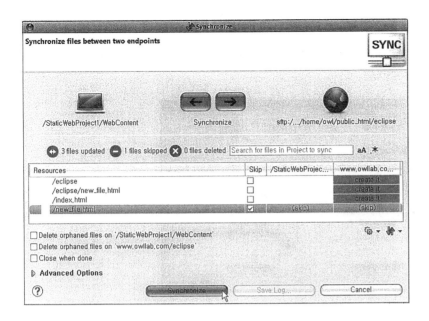

스텝 5

그림과 같이 동기화 결과가 나타났습니다.

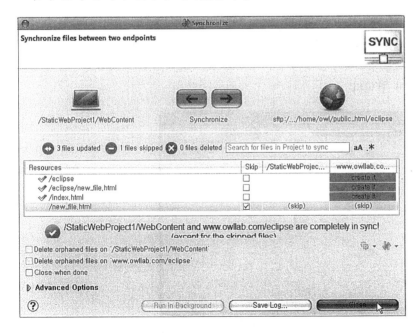

스텝 6

Transfer Files 창을 보면 앞서 Skip 항목에서 체크한 new_file.html 파일을 다운받지 않은 것을
확인할 수 있습니다.

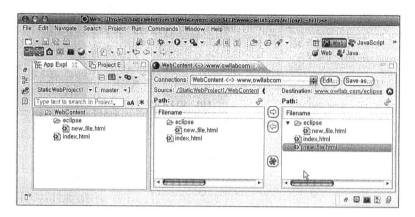

배포한 소스 실험하기

위의 배포 과정으로 웹서버에 업로드된 파일을 그림과 같이 웹브라우저로 확인해봅니다. 필자의
경우 웹서버의 eclipse 폴더 내의 StaticWebProject1 안에 있는 WebContent의 eclipse 폴더를
업로드 했기 때문에 그림과 같이 http://www.owllab.com/eclipse/eclipse/new_file.html을 요청해야
했습니다. 이처럼 프로젝트의 어느 폴더와 웹서버의 어느 폴더가 대응하도록 동기화 설정을 했는지
혼돈하지 않도록 주의해야 합니다.

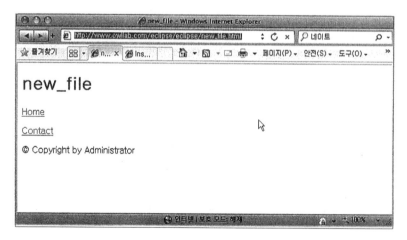

Chapter 14

간편한 Git 소스 버전 관리

이 장에서는 앱타나에서 지원하는 Git 소스 버전 관리 기능을 어떻게 활용하는지를 소개합니다. 소스 버전 관리는 CVS, Subversion 등과 같은 소스 형상 관리 서버와 연동하는 방법이 일반적이었는데 서버 구축이나 계정 할당 등의 절차로 사용에 어려움이 적지 않았습니다. 최근에는 이러한 불편한 점을 없애고 굳이 형상 관리 서버가 없다 하더라도 개개인의 개발자들이 손쉽게 자신의 소스에 대해 형상 관리를 할 수 있는 Git 방식이 선보이게 됐습니다. 이클립스에서도 이 방식을 채용하고 있는데 앱타나의 경우 Git 형상 관리 도구와 연동할 수 있도록 지원하고 있습니다.

참고 **소프트웨어 형상 관리와 소스 버전 관리**

소프트웨어에서 형상 관리라는 용어는 소프트웨어를 구성하는 구성 요소들을 정리하는 것으로 부터 시작했습니다. 소프트웨어가 영어권에서 전해 온 기술이고 문화이기 때문에 영어로는 SCM(Software Configuration Management)을 의미하는데 한국어로 번역되면서 "형상 관리" 또는 "구성 관리"라는 용어로 쓰이기 시작했습니다. 둘 다 틀렸다고 할 수는 없습니다. 하지만 소프트웨어 분야가 급진적으로 발전하고 오래 전에는 예기치 못한 방향으로 흐르고 있어 논란의 여지가 있는 상태입니다. SCM을 소프트웨어 형상 관리라고 해석한 것은 꼭 영어의 원뜻에 맞는 다기 보다는 용도에 맞춘 해석입니다. 오래 전부터 어떤 제품의 버전 관리를 스펙(구성 요소)을 기준으로 해왔습니다. 소프트웨어도 그런 관점에서 형태가 없는 제품을 형상화한다는 개념으로 형상 관리라는 용어를 사용했습니다. 그런데 소프트웨어 실무에서 형상 관리 기능 중 소스의 버전 관리에 초점이 맞춰지고 CVS, Subversion, Git 등에 대해 형상 관리 도구라는 용어와 버전 관리라는 용어를 사용해 왔습니다. 그러나 CVS, Subversion, Git 등과 같은 도구는 소스의 버전 관리만을 목적으로 하지는 않습니다. 이들을 소스 배포의 목적으로 사용하며, 소프트웨어 관리적인 측면에서 보면 형상 관리의 의미는 폭이 넓습니다. 필자도 처음 형상 관리라는 용어를 접했을 때는 무슨 말인지, 어떤 의미가 있는지 모호했습니다. 그런데 시간이 지나면서 시작은 잘못된 관점에서 번역했을지 모르겠지만, 그 의미를 재해석하면 더 포괄적인 소프트웨어에 대한 배포와 관리라는 개념을 발견할 수 있게 되었습니다.

14.1 Git 소스 관리 시작

앱타나의 Web 분할영역 화면의 App Explorer 창에서 프로젝트를 선택하고, Commands 아이콘 버튼 (🔧▼)을 클릭하면 그림과 같이 Commands 옵션 메뉴가 나타납니다. Initialize Git repository 메뉴를 실행하면 선택한 StaticWebProject1에 Git 형상 관리 프로그램이 설정됩니다.

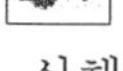

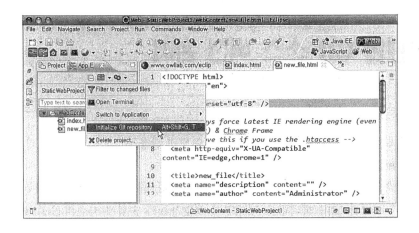

14.2 소스 버전 저장 : Commit

위의 명령으로 StaticWebProject1은 Git에 의해 버전 관리를 할 수 있게 되었습니다. CVS나 Subversion과 같은 서버형은 서버에 접속하는 계정 발급이나 저장소 설정, 그리고 접속 설정 등 소스 버전 관리를 위해 설정해야 할 작업들이 많습니다. 하지만 Git의 경우 그럴 필요가 없습니다. 이클립스와 같은 개발도구가 알아서 이와 같은 설정을 하기 때문입니다. 다음 과정을 통해 자신의 소스를 어떻게 관리하는지를 살펴보겠습니다.

스텝 1

StaticWebProject1 프로젝트 안에 있는 폴더와 파일들 앞에 "*" 표시가 나타납니다. 이는 Git 저장소에 있는 것과 프로젝트에 있는 소스가 다르다는 것을 의미합니다. WebContent 폴더를 선택하고, Commands 옵션 메뉴 > Commit... 메뉴를 실행하여 Git 저장소에 저장을 시도합니다.

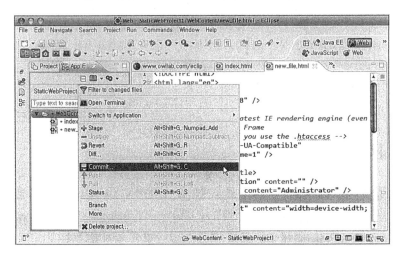

스텝 2

그림과 같이 Commit changes... 창이 나타납니다. Git 저장소에 저장할 대상 파일들이 그림과 같이 나타나고, 각 파일을 선택하면 Git 저장소에 있는 소스와 어떻게 다른 지를 탐색할 수 있습니다. 참고로 필자는 앞서 몇 번의 Commit 명령을 실행한 바 있습니다. 그래서 그림과 같이 기존의 소스와 다른 점이 +/- 표시로 나타난 것입니다. 이와 같은 소스 비교 형식을 유닉스 기술에서 유래한 "Diff 표시 방식"이라고 합니다.

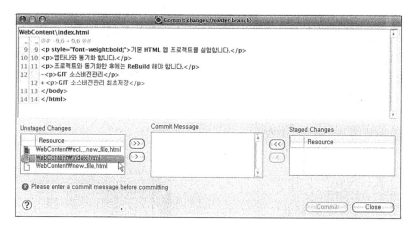

참고 Diff

Diff는 Differences의 약자로 유닉스의 쉘 명령 중 파일을 비교하는 명령어에서 유래한 용어입니다. 요즘 개발 도구에서 사용하는 소스 비교 방식은 모두 이와 같은 Diff 방식을 사용합니다.

스텝 3

그림과 같이 Git 저장소에 저장할 파일들을 선택하고 "Commit" 버튼을 클릭하여 Git 저장소에 저장합니다.

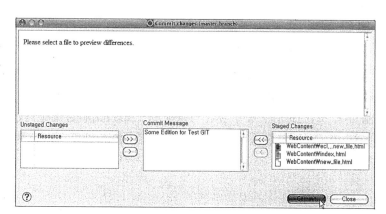

14.3 소스 버전 히스토리

Git 저장소는 Commit한 이력을 기록하고 있는데 이 이력을 버전 히스토리라 합니다. 이 버전 히스토리를 이용하여 이전의 소스와 현재 작성하고 있는 소스를 비교하여 필요에 따라 참조만 하거나 복원할 수 있습니다.

스텝 **1**

문제의 소스를 선택하고 Commands 옵션 메뉴 > More > Show in Resource History 메뉴를 실행해봅니다. 참고로 Commands 옵션 메뉴 > More > Disconnect 메뉴를 실행하면, 프로젝트와 Git 저장소의 연결을 끊을 수 있고 필요에 따라 기존의 Git 저장소와 다시 연결할 수 있습니다. Git 저장소의 연결을 끊는다고 Git 저장소에 있는 소스 버전 히스토리가 사라지는 것은 아닙니다.

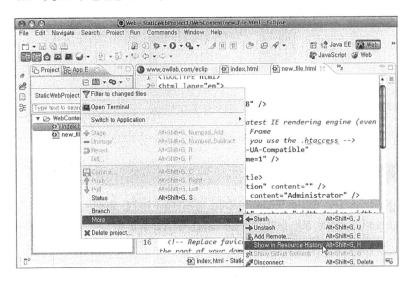

스텝 **2**

그림과 같이 History 창이 나타나면서 앞서 지정한 index.html 파일에 대한 버전 히스토리를 열람할 수 있습니다. 이 버전 히스토리는 보는 바와 같은 Commit을 한 시점의 히스토리만 보관하고 있습니다. 따라서 개발자는 작업이 일단락될 때마다 Commit 명령을 실행하여 소스 버전을 관리할 필요가 있습니다. 또한 History 창이 열린 상태에서는 App Explorer에서 다른 소스 파일을 선택할 때마다 각 파일의 Git 저장소에 기록된 버전 히스토리를 탐색할 수 있습니다.

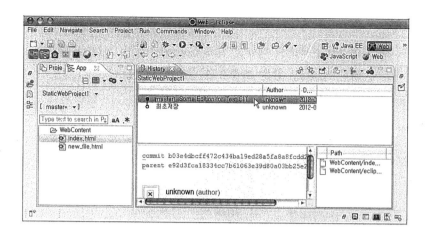

14.4 이클립스 기본 소스 버전 관리와 비교

Git 이외에 이클립스 자체가 자동으로 기록하고 있는 버전 히스토리가 있습니다. 이 버전 관리 기능을 이클립스에서는 "로컬 히스토리"라고 합니다. Git는 Commit 명령을 실행하는 시점에 대한 버전 히스토리를 기록하는 반면, 다음에서 소개하는 이클립스의 소스 버전 히스토리는 소스 파일을 저장할 때마다 자동으로 기록되는 장점이 있습니다. 하지만 Git와 같이 체계적이지는 않기 때문에 너무 신뢰하지는 말아야 합니다.

스텝 **1**

그림과 같이 Java EE 분할영역 화면을 선택하고, Window > Show View > Other... 메뉴를 실행해 History 창을 열 수도 있습니다. 이 창을 통해 Project Explorer 창에서 파일을 선택하여 해당 소스를 저장한 시점의 이전 소스와 비교를 할 수 있습니다.

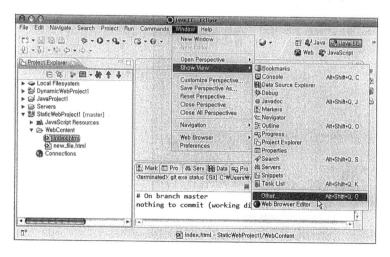

스텝 **2**

또 다른 방법은 그림과 같이 소스 파일의 콘텍스트 메뉴를 열고, Compare With > Local History... 메뉴를 실행하여 지정한 파일에 대한 History 창을 호출하는 방법입니다.

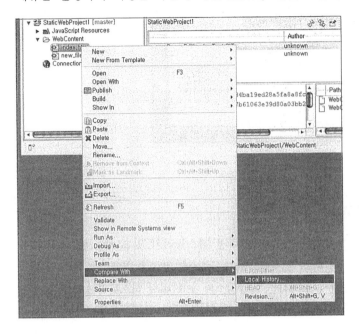

스텝 **3**

그림과 같이 index.html 파일을 저장한 시점에 따른 버전 히스토리가 History 창에 나타납니다. 비교하고 싶은 버전을 선택하고 콘텍스트 메뉴를 열어 "Compare Current with Local" 메뉴를 실행하면 지정한 시점의 소스와 현재 소스를 비교할 수 있습니다.

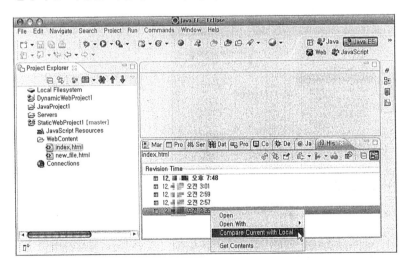

스텝 **4**

필자의 경우 그림과 같이 Diff 방식으로 이전 소스와 현재 소스의 차이점을 탐색할 수 있었습니다. 그림과 같이 필요에 따라 Copy 아이콘 버튼들을 이용하여 차이가 있는 부분은 현재 소스로 손쉽게 가져와 복원할 수 있습니다.

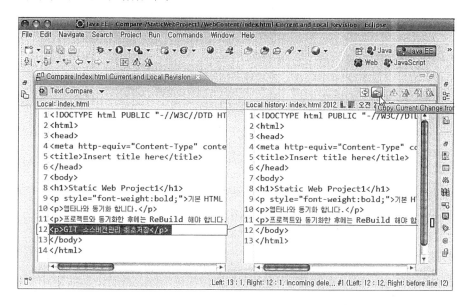

이 정도의 개념을 알면 Git와 Local 버전 관리 도구를 이용하여 이전 소스를 복원하거나 비교하는 방법을 충분히 이해했을 것입니다.

Chapter 15 이클립스의 PHP 개발 환경

이 장에서는 웹 개발의 많은 비중을 차지하고 있는 PHP 웹 개발 환경을 이클립스에서 구현하는 방법을 소개합니다. PHP는 자바 언어가 아닌 C 언어 계열에서 유래했지만 이클립스는 자바의 영역을 넘어 통합개발 환경을 제공하고 있습니다. 즉, 이클립스는 자바를 기반으로 제작됐지만 개발 환경을 제공하는 것이 목적이기 때문에 언어의 장벽을 넘어서는 개발 환경을 제공하고 있습니다.

또한 PHP는 홀로 설 수 없고 HTML, CSS, Javascript 등과 함께 했을 때 의미가 있기 때문에 이클립스의 통합개발 환경은 PHP 웹 개발 프로젝트에 더욱 유익한 개발 도구라 할 수 있습니다. 웹뿐만 아니라 안드로이드, 웹앱에 이르기까지 다양한 개발 솔루션들이 이클립스에 집합되고 있는 추세이기 때문에 PHP와 같은 웹 개발 환경을 이클립스로 구현하고 실무에 사용한다는 것은 무한한 발전성을 가진 개발 환경을 구축하는 것과 맥을 같이 하고 있습니다.

15.1 이클립스의 PHP Development Tools

앞서 소개한 바와 같이 앱타나에서도 PHP 프로젝트에 대한 개발 환경을 제공하지만, 이것만으로는 부족합니다. PHP는 서버에 포팅되고 실행되어야 의미가 있는 프로젝트이기 때문입니다. PHP 서버에 대한 개발 환경이 없다면 반쪽짜리 개발 환경입니다. 이클립스는 이에 대한 해결 방안으로 PDT(PHP Development Tools)를 제공하고 있습니다. 다음에서는 PDT를 기반으로 PHP 개발 환경을 구축하고 활용하는 사례를 보여줄 것입니다.

마켓플레이스에서의 PDT 설치 시도

스텝 1

먼저, 이클립스의 마켓플레이스에서 PDT 패키지를 찾아봅니다. 그림과 같이 Help > Eclipse Marketplace ... 메뉴를 실행합니다.

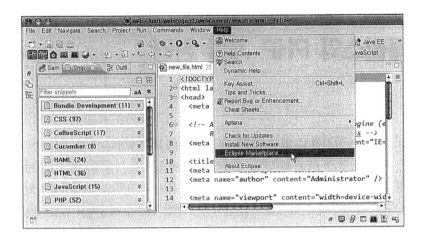

스텝 2

Eclipse Marketplace 창에서 "PDT"를 검색어로 검색하면, PDT Extentions 패키지를 찾을 수 있습니다. 일단 Install 버튼을 클릭하여 설치를 시도해봅니다.

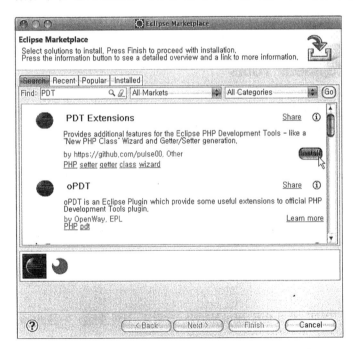

스텝 3

그림과 같이 설치할 PDT 패키지를 확인하고 "Next" 버튼을 클릭합니다.

스텝 4

필자의 경우 설치 도중에 그림과 같은 실패 메시지가 나타났습니다. 이클립스의 마켓플레이스는 여러 서버에서 패키지를 배포하기 때문에 이 사례와 같이 설치에 실패할 수도 있습니다. 이럴 때는 다른 배포처를 통해 설치할 수 있는 방법을 모색해야 합니다. 필자의 경우 다음에서 소개하는 방법으로 PDT를 설치했습니다. 이와 같은 경험은 이클립스를 사용하는데 좋은 경험적 사례가 될 것입니다.

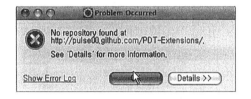

15.2 인디고의 PDT 플러그인 설치

스텝 **1**

필자는 그림과 같이 Help > Install New Software... 메뉴를 이용하여 PDT 패키지를 설치하기로 했습니다.

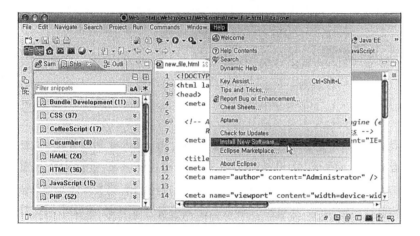

스텝 **2**

필자의 이클립스 패키지는 Indigo 입니다. 따라서 인디고에 적합한 PDT 패키지를 찾아봅니다. PDT 패키지에 대해 조사해보면 이클립스 자체에서 제공하는 것을 알 수 있을 것입니다. 이를 근거로 다음과 같이 인디고 배포처에서 PDT 를 찾기로 한 것입니다. PDT는 웹 개발도구이므로 "Web..." 카테고리를 탐색했습니다.

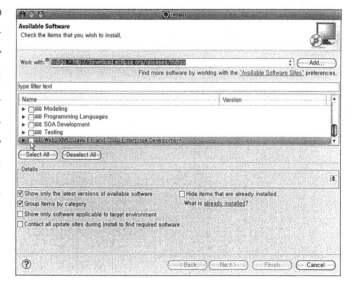

스텝 3

그림과 같이 PHP Development Tools...를 찾았습니다. 이 패키지를 선택하고 "Next" 버튼을 클릭합니다.
다.

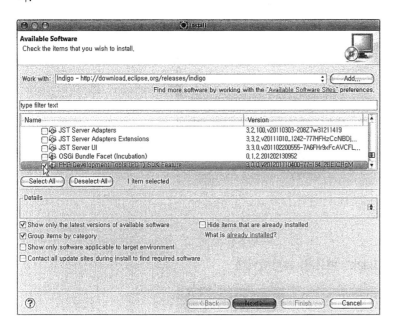

스텝 4

그림과 같이 순조롭게 PDT 설치 과정이 진행됐습니다.

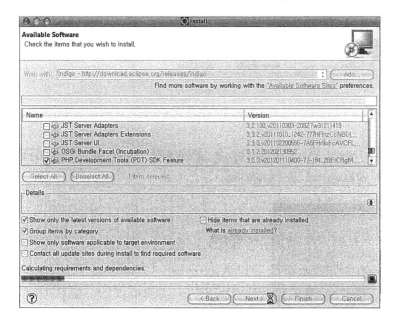

스텝 5

Install Details 안내를 확인하고 "Next" 버튼을 클릭했습니다.

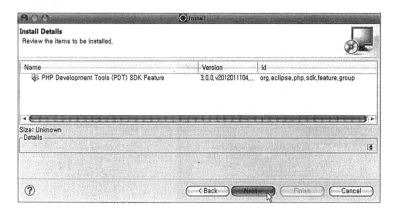

스텝 6

라이선스 동의에 체크하고 "Finish" 버튼을 클릭합니다.

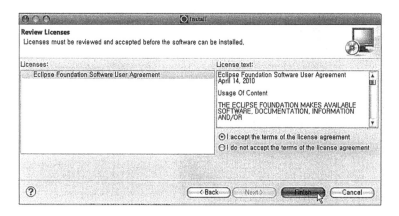

스텝 7

그림과 같이 설치 과정이 진행되고, 설치가 완료되면 이클립스를 재시동하라는 안내 창이 나타납니다. Restart Now 버튼을 클릭하여 이클립스를 재시동합니다.

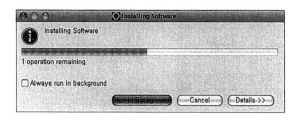

스텝 8

이클립스가 재시동한 후에 "Window > Preferences" 메뉴로 Preferences 창을 보면 PHP와 관련된 환경설정 항목이 나타나는 것을 확인할 수 있습니다. 이제 PHP 프로젝트와 PHP 테스트 서버를 연동할 준비가 됐습니다.

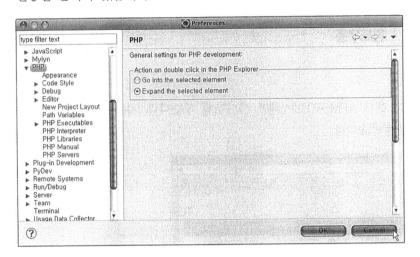

15.3 PHP 개발 서버 구축

자신의 개발 컴퓨터에서 PHP 실험을 하려면 PHP 서버를 다운받아 설치할 필요가 있습니다. PHP 는 아파치 웹서버를 기반으로 PHP 플러그인을 설치하는 방식이 일반적입니다. PHP 서버에 대한 구체적인 지식이 없는 개발자가 쉽게 PHP 서버를 개발 컴퓨터에 설치하기 위해서는 오래전부터 잘 알려진 APMSETUP이나 XAMPP 패키지를 활용하는 것이 좋습니다.

본서에서는 MS Windows에서 APMSETUP 패키지로 개발용 PHP 서버를 설치하는 과정을 보여주고 다음 장에서 늘어가는 Mac OS X의 개발 환경을 위해 Mac OS X에서 XAMPP 패키지로 PHP 서버를 설치하는 과정을 소개합니다.

APMSETUP 서버 설치 : 윈도우용

스텝 **1**

MS Windows에서 그림과 같이 APMSETUP 배포 사이트를 찾습니다. 사이트의 안내에 따라 APMSETUP 패키지를 다운받습니다.

스텝 **2**

필자의 경우 그림과 같이 APMSETUP 설치본을 다운받았습니다. 탐색기에서 다운받은 설치본을 더블클릭하여 설치를 시작합니다.

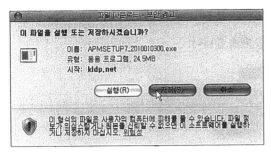 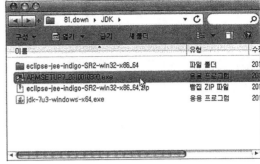

스텝 3

웹에서 다운받은 패키지이므로 그림과 같은 보안 경고 창이 나타날 수 있습니다. "실행" 버튼을 클릭하고, 다음 안내에 따라 언어를 선택하여 설치를 진행합니다.

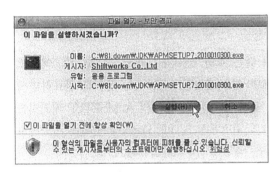 

스텝 4

그림과 같이 설치 마법사의 안내에 따라서 설치를 진행합니다.

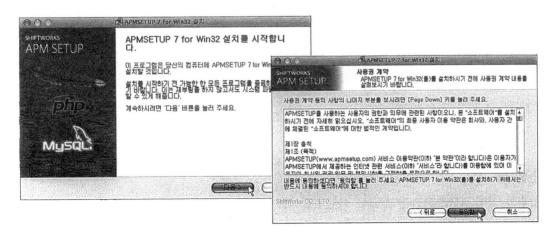

스텝 5

설치할 패키지와 설치할 위치를 지정하고 설치를 계속합니다.

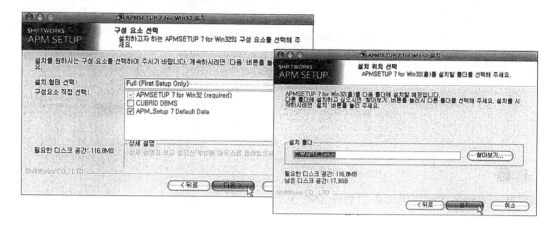

스텝 6

APMSETUP 패키지 설치를 진행하다 보면 그림과 같은 보안 경고가 나타날 수 있는데 "액세스 허용"을 선택하기 바랍니다. 설치 과정을 잘 지켜보면 APMSETUP 패키지는 설치를 완료하면서 아파치와 MySQL 서비스를 자동으로 실행하는 것을 볼 수 있습니다. 필자의 APMSETUP 패키지는 아파치가 80 포트를 사용하도록 되어 있는데 이때 이클립스에서 HTTP Preview 서버를 시동하고 있다면 포트 충돌 오류가 발생할 수도 있다는 것을 염두에 두기 바랍니다.

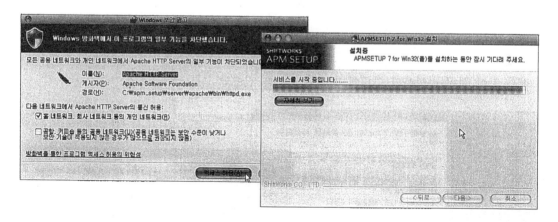

스텝 7

그림과 같이 APMSETUP 설치를 완료했습니다.

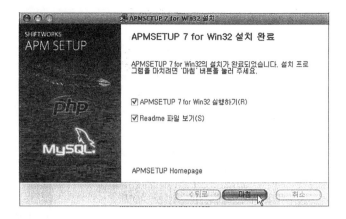

스텝 8

APMSETUP의 설치 경로를 살펴보고, 아파치 서버의 도큐먼트 루트가 어디인지를 확인해둡니다.

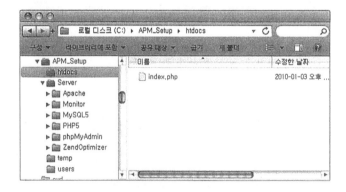

스텝 9

APMSETUP 설치 후에 시작 메뉴를 보면 그림과 같이 나타납니다.

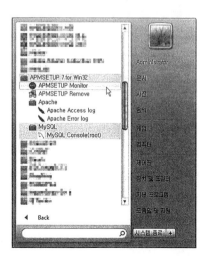

스텝 10

APMSETUP이 사용하는 80 포트가 다른 서비스와 충돌하지 않았다면 그림과 같이 웹브라우저로 APMSETUP 시작화면에 접근할 수 있습니다. APMSETUP 화면에서 안내하는 내용을 확인하고 PHP Info의 링크 버튼을 클릭해 APMSETUP에서 제공하는 PHP 버전을 확인할 필요가 있습니다.

PHP 개발자라면 그 이유를 잘 알 것입니다. PHP는 버전에 따라 크게 차이점을 보이는 API 명령들이 있습니다.

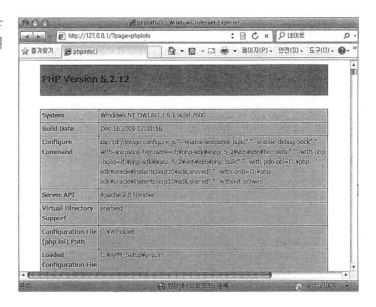

스텝 11

필자가 설치한 APMSETUP은 그림과 같이 PHP 5.2× 버전입니다.

스텝 12

앞의 APMSETUP 시작화면에서 phpMyAdmin의 링크 버튼을 클릭하면 그림과 같이 MySQL을 관리하는 화면이 나타납니다. 참고로 필자가 설치한 APMSETUP은 MySQL의 root 암호가 기본 설정에 의해 "apmsetup" 입니다. 이 암호는 배포하는 패키지에 따라 다를 수 있으므로 배포 사이트의 안내를 참조할 필요가 있습니다.

아파치 포트 설정

다음은 아파치 서버를 구동하는데 필요한 포트 변경 방법을 소개합니다.

스텝 1

본서에서는 앞서 HTTP Preview 서버가 80 포트를 사용하고 있기 때문에 그림처럼 httpd.conf 파일에서 APM SETUP의 아파치가 사용할 포트를 다른 포트로 변경할 필요가 있습니다.

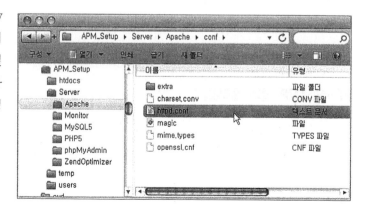

스텝 2

그림과 같이 httpd.conf 파일을 메모장에서 열고 "Listen" 설정을 변경합니다. 필자는 "8888" 포트를 사용하기로 했습니다.

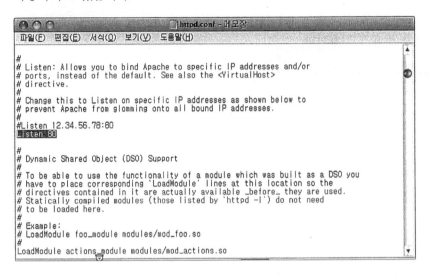

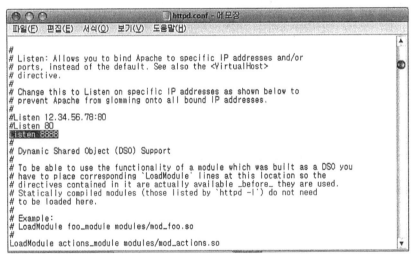

APMSETUP 설정 둘러보기

위와 같이 아파치, PHP, MySQL의 환경설정 파일에서 직접 수정해서 사용할 수도 있지만 초보자 입장에서는 쉬운 일이 아닙니다. 그래서 APMSETUP에서는 다음과 같은 GUI 환경설정 화면을 제공합니다.

스텝 **1**

작업 줄을 보면 그림과 같이 APM 아이콘이 있습니다. 이 아이콘에서 마우스 오른쪽 버튼으로 콘텍스트 메뉴를 열면 그림과 같이 APMSETUP을 제어할 수 있는 메뉴들이 나타납니다. 그 중 "서버 환경 설정" 메뉴를 실행해봅니다.

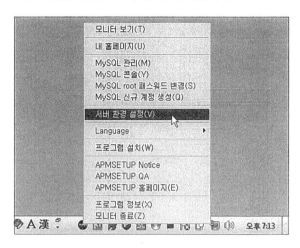

스텝 **2**

그림과 같이 아파치, PHP, MySQL에 대한 주요 설정들을 제어할 수 있는 GUI 창이 나타납니다.

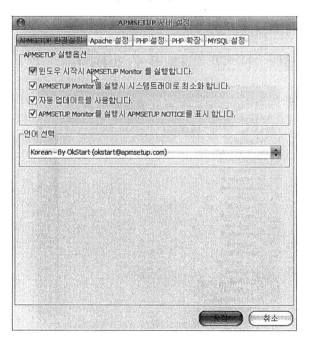

스텝 3

Apache 설정 탭을 보면 그림과 같이 앞서 httpd.conf 파일에서 설정한 Listen 항목을 볼 수 있습니다. 여기서 아파치가 사용할 포트를 쉽게 설정할 수 있습니다.

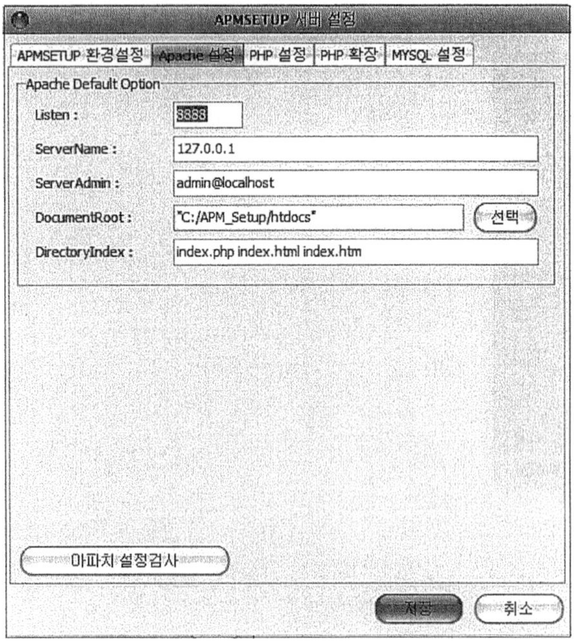

스텝 4

PHP 설정과 PHP 확장 탭에서도 PHP에 관련된 기본적인 설정을 할 수 있습니다.

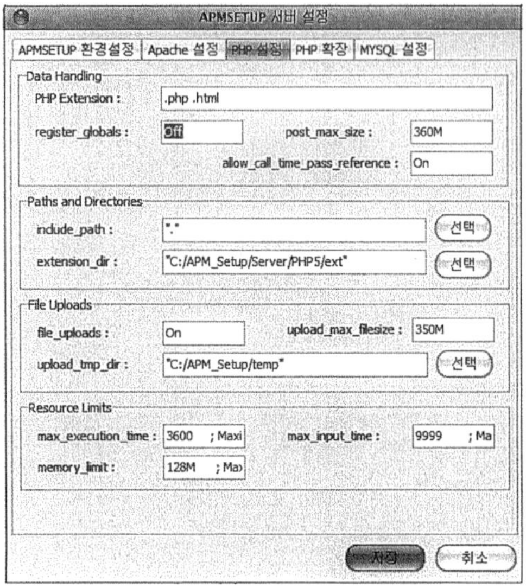

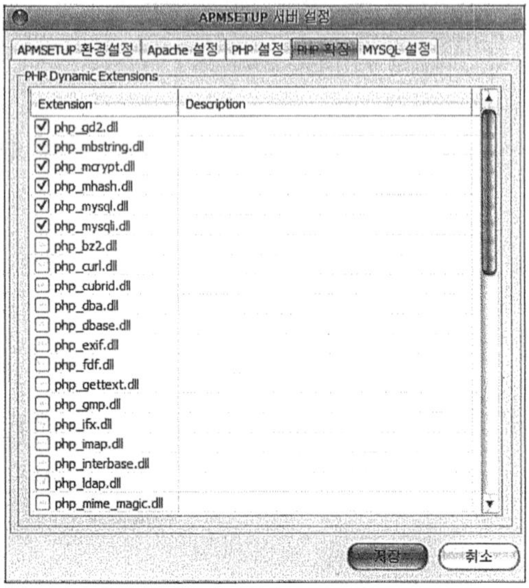

스텝 5

MySQL 설정 탭에서는 MySQL root 패스워드와 신규 계정을 생성할 수 있는 버튼이 지원됩니다. 그림과 같이 "MySQL root 패스워드 변경" 버튼을 클릭해서 root 암호를 변경합니다.

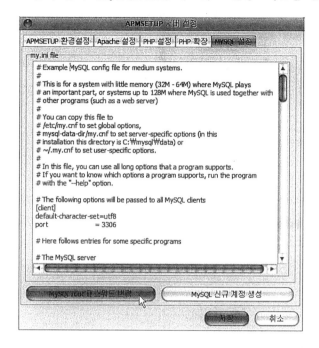

스텝 6

앞서 언급한 바와 같이 root 기본 암호는 "apmsetup"이었습니다. 이 암호는 모든 APMSETUP 사용자가 알고 있기 때문에 그림과 같이 필자의 암호로 변경하겠습니다.

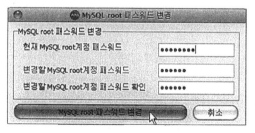 

스텝 7

앞서 보았던 phpMyAdmin 화면에서 변경한 암호로 로그인하면 MySQL을 관리할 수 있는 화면이 나타납니다.

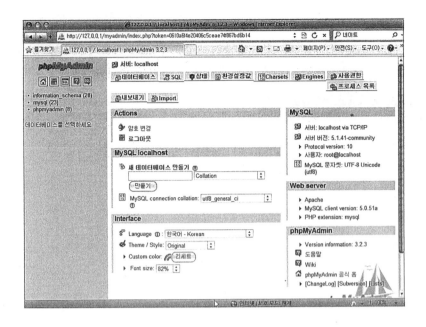

APMSETUP 서버 시동 제어

스텝 1

APMSETUP은 아파치와 MySQL 등 두 개의 서버를 가지고 있습니다. 이 두 서버의 시동 여부를 제어하려면 그림과 같이 "모니터 보기" 메뉴를 실행합니다.

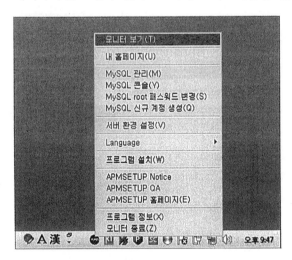

스텝 2

그림과 같이 APMSETUP. Monitor 창이 나타납니다. 화면을 보면 알겠지만 아파치와 MySQL이 설치와 동시에 실행 중에 있습니다.

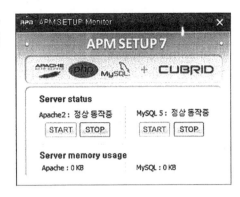

스텝 3

앞서 아파치 포트를 변경했으므로 아파치를 재시동해야 합니다. 그림과 같이 STOP 버튼과 START 버튼을 이용하여 아파치를 재시동합니다.

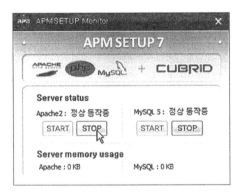 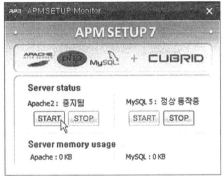

스텝 4

아파치를 재시동했기 때문에 이제는 그림과 같이 8888 포트로 웹 주소를 요청해야 합니다.

15.4 이클립스의 PHP 개발 환경 설정

앞의 과정으로 PHP 서버가 나의 개발 컴퓨터에서 구동 중에 있습니다. 이제 이 PHP 서버를 이용하여 이클립스에서 만든 PHP 프로젝트를 실험할 수 있습니다. 이클립스의 PHP 프로젝트와 PHP 서버가 연동되기 위해서는 다음에서 설명하는 2가지 환경 설정이 필요합니다.

이클립스에 PHP 서버 등록

첫 번째 PHP 서버 연동에 관련된 설정은 이클립스에 PHP 서버를 등록하는 일입니다.

스텝 **1**

앞선 PDT 패키지 설치로 인해 Preferences 창에서 PHP에 대한 개발 환경을 설정할 수 있게 됐습니다. PHP > PHP Servers 항목을 보면 그림과 같이 Default PHP Web.. 설정이 있습니다. 만일 이 설정이 없다면 New 버튼을 이용하기 바랍니다. 필자의 경우 Default PHP Web... 설정이 있기 때문에 Edit 버튼을 이용하여 앞서 설치한 APMSETUP의 아파치에 알맞은 환경으로 변경하겠습니다.

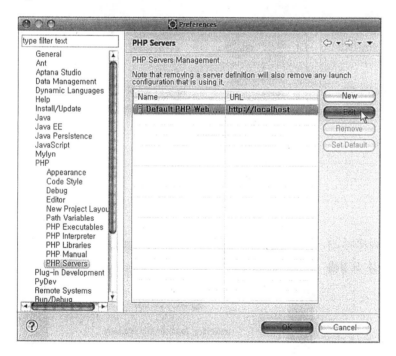

스텝 2

Edit Server 창에서 Local Web Root > Browse 버튼을 클릭하여 앞서 설치한 아파치의 도큐먼트 루트 경로를 찾아 지정합니다.

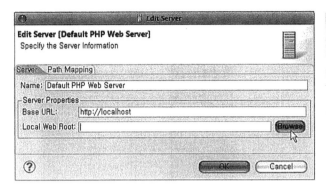

스텝 3

앞서 설치한 APMSETUP의 아파치는 8888 포트를 사용하기 때문에 그림과 같이 Base URL 주소로 변경하고 "OK" 버튼을 클릭했습니다.

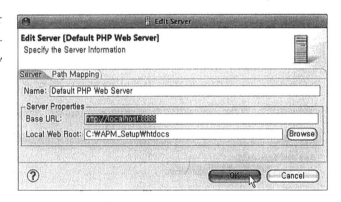

이클립스에 PHP 실행 환경 등록

두 번째는 이클립스에서 사용할 PHP 실행 환경을 등록하는 일입니다.

스텝 1

Preferences > PHP > PHP Executables에서 "Add..." 버튼을 클릭합니다.

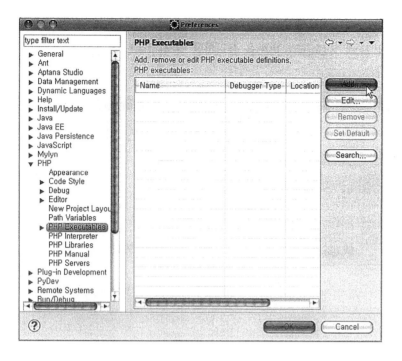

스텝 2

그림과 같이 Name을 적절히 입력하고, Executable path에는 APMSETUP으로 설치한 php.exe 파일의 위치를 지정합니다. PHP ini file 항목도 그림과 같이 php.ini 파일을 찾아 설정합니다. SAPI Type은 개발의 목적에 따라서 설정하는 항목이므로 더 이상 언급하지 않겠습니다. PHP debugger는 Zend Debugger를 선택하고 "Finish" 버튼을 클릭했습니다.

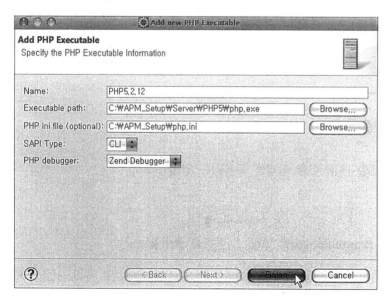

스텝 3

그림과 같이 PHP 실행 환경도 설정을 완료했습니다. 다음 장에서 Mac OS X에서의 PHP 서버 구축 과정을 간단히 살펴본 후에 17장에서 PDT를 이용한 PHP 프로젝트 생성과 PHP 서버에서의 실험을 해보겠습니다.

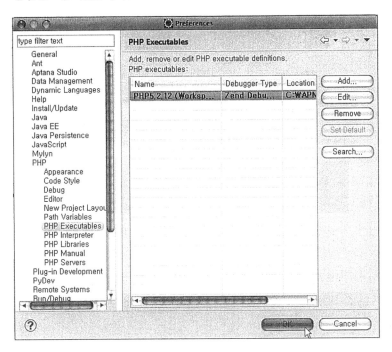

C hapter 16 Mac OS X의 XAMPP

이 장은 Mac OS X 개발 환경에서 작업하는 개발자를 위해 할애했습니다. Mac OS X와 무관한 개발자의 경우 다음 장으로 곧바로 넘어가 PHP 프로젝트 실험 과정을 보기 바랍니다. Mac OS X에서 간단하게 PHP 서버 환경을 구축하려면 XAMPP 패키지를 사용할 것을 권합니다.

16.1 XAMPP 살펴보고 다운로드하기

스텝 1

그림과 같이 XAMPP 패키지 배포 사이트를 찾습니다. XAMPP 배포 사이트의 안내를 살펴보면 XAMPP 패키지는 리눅스, MS Windows, Mac OS X 등 다양한 플랫폼에서 안정된 패키지로 배포하는 것을 알 수 있습니다. 배포 안내를 간단히 살펴보고 Mac OS X 용 패키지를 선택합니다.

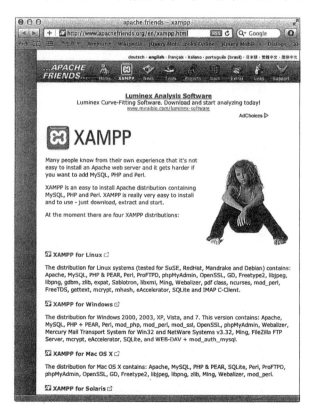

스텝 **2**

Mac OS X에 대한 설치 가이드 화면이 나타났습니다. 먼저 "Step1: Download" 버튼을 클릭하여 다운로드 페이지로 이동합니다.

스텝 **3**

필자는 다운로드 페이지에서 XAMPP의 Binary 패키지를 선택하여 XAMPP 패키지를 다운 받았습니다.

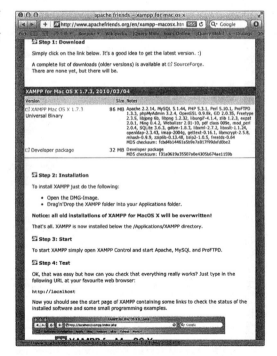

스텝 4

필자의 경우 그림과 같이 sourceforge 사이트를 통해 XAMPP 패키지를 다운받도록 유도 됐습니다. 이 배포 사이트의 경우 몇 초 후에 무료로 다운받는 형식을 취하고 있습니다.

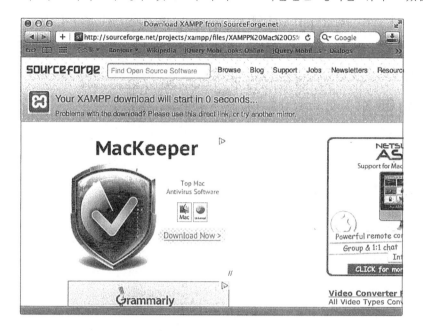

스텝 5

다운받은 패키지는 그림과 같이 .dmg 가상 이미지 파일입니다. 이 파일을 더블클릭합니다.

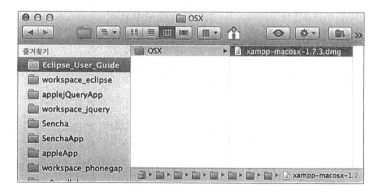

16.2 XAMPP for Mac OS X 설치

스텝 **1**

설치용 가상 이미지는 그림과 같이 나타납니다. XAMPP를 Applications에 드래그앤드롭하여 간단하게 설치를 완료합니다.

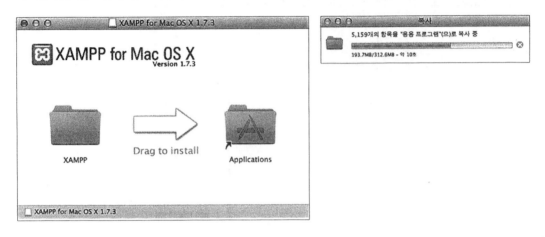

16.3 XAMPP 서버 제어하기

스텝 **1**

XAMPP 서버의 설치 위치는 그림과 같이 Applications > XAMPP 폴더입니다. 이 폴더에 있는 XAMPP Control.app 파일을 더블클릭하면 서버를 제어하는 창이 나타납니다.

스텝 2

웹에서 다운받아 설치한 응용 프로그램이므로 그림과 같은 경고 창이 나타납니다. "열기" 버튼을
클릭하여 실행을 허가합니다.

스텝 3

그림과 같이 XAMPP를 제어하는 Controls 창이 나타납니다. XAMPP 패키지는 APMSETUP과는
달리 복사 형식으로 설치하는 것이기 때문에 서버가 설치와 함께 자동으로 시동되지 않습니다.
또한 FTP 서버도 포함하고 있습니다. "Start" 버튼을 이용하여 서버를 시동합니다. 단, 앞서도
언급한 바와 같이 아파치의 경우 80 포트를 사용할지, 다른 포트를 사용할지 결정하고 필요에
따라 httpd.conf에서 수정할 필요가 있습니다. 서버를 시동할 때는 그림과 같이 Mac OS X의 서버
실행 권한에 대한 인증이 필요할 것입니다.

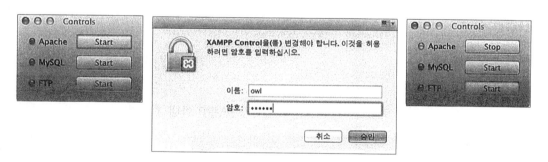

스텝 4

같은 방법으로 MySQL과 FTP로 서버를 시동해봅니다. 필자의 경우 특별히 충돌한 만한 서비스가
없기 때문에 그림과 같이 3개의 서버를 구동하는데 문제가 발생하지 않았습니다.

16.4 XAMPP 서버 둘러보기

스텝 1

앞서 XAMPP Control.app를 실행하여 Controls 창과 함께 다음과 같은 "Getting Started" 안내 창이 나타났습니다. 이 안내를 보면 XAMPP 패키지의 아파치는 http://localhost와 같은 방식으로 요청할 때 나타나는 웹 사이트와 http://localhost/~계정/과 같은 방식으로 요청하는 개인 홈페이지 기능을 지원하도록 설정되어 있음을 알 수 있습니다. 개인 홈페이지의 기능을 활용하면 개발 테스트를 하는데 많은 도움을 받을 수 있을 것입니다. 위와 같이 서버가 시작된 상태에서 이 창에 있는 http://localhost 링크 버튼과 http://localhost/~계정/ 링크 버튼을 클릭해봅니다.

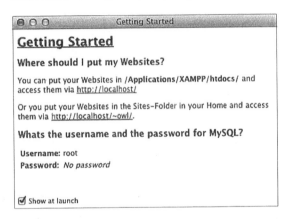

스텝 2

http://localhost/ 버튼을 클릭했을 때는 그림과 같이 XAMPP 안내 화면이 나타납니다.

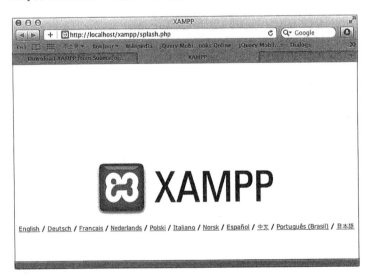

스텝 3

http://localhost/~계정/ 버튼을 클릭했을 때는 그림과 같이 개인 홈페이지 화면이 나타납니다.

스텝 4

http://localhost/ 화면에서 English 버튼을 클릭하면 그림과 같이 XAMPP를 제어하고 모니터링할 수 있는 화면이 나타납니다.

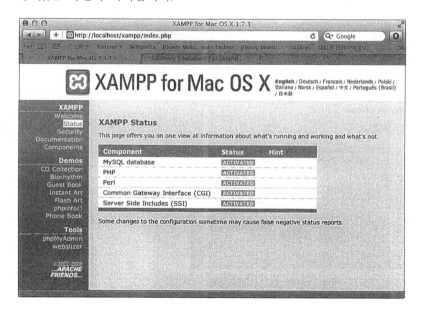

스텝 5

필자가 설치한 XAMPP는 그림과 같이 PHP 5.3.× 버전이 탑재되어 있습니다.

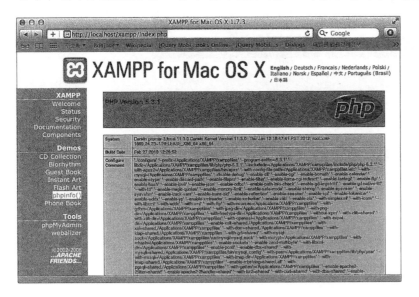

스텝 6

XAMPP의 경우 webalizer와 같은 접속 로그 분석기도 탑재되어 있는 장점이 있어 운영 서버로도 쓸 만한 패키지임을 알 수 있습니다.

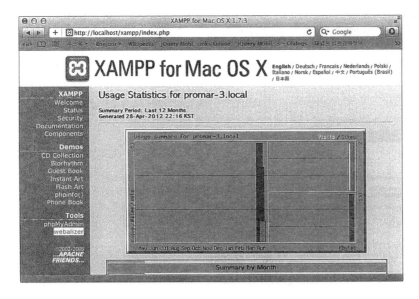

스텝 7

그림과 같이 XAMPP에도 phpMyAdmin과 같은 MySQL 관리 도구가 있습니다.

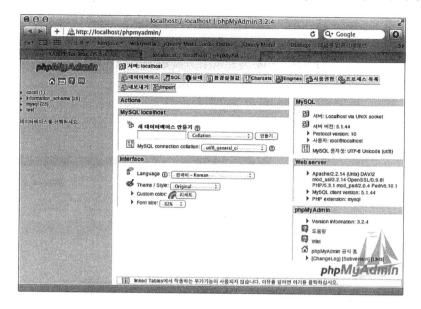

16.5 XAMPP 서버 디렉토리 구조

XAMPP를 개발에 잘 활용하려면 다음과 같은 폴더의 기능 정도는 파악할 필요가 있습니다.

XAMPP 서버의 전체 구성

XAMPP의 설치 폴더를 보면 그림과 같이 xamppfiles 안에 실제 파일들이 있고 상위에 주요 단축 폴더가 있습니다.

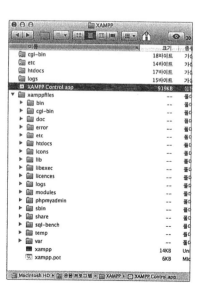

웹사이트의 도큐먼트 루트

아파치의 도큐먼트 루트는 그림과 같이 htdocs입니다. 이 폴더는 앞서 실험한 http://localhost를 요청했을 때 나타나는 사이트의 도큐먼트 루트입니다.

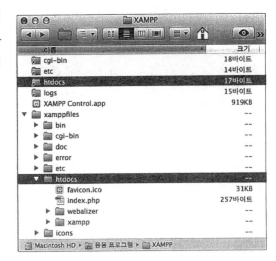

XAMPP 서버의 환경설정 파일들

서버의 환경 파일들은 그림과 같이 모두 etc 폴더에 있습니다.

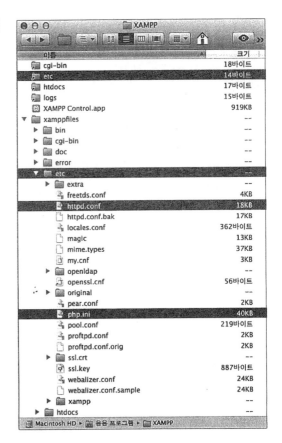

개인 홈피의 도큐먼트 루트

http://localhost/~계정/으로 요청하는 개인 홈피의 도큐먼트 루트는 그림과 같이 해당 Mac OS X 계정 폴더의 "사이트" 폴더입니다.

Chapter 17 PHP 프로젝트 : PDT용

이 장에서는 PDT에서 제공하는 개발 환경으로 PHP 프로젝트를 생성하고 PHP 서버에서 실험하는 방법을 소개합니다.

17.1 PDT의 PHP 분할영역 화면과 PHP 프로젝트 생성

스텝 1

PDT에서도 PHP 개발에 적합한 PHP 분할영역 화면을 제공합니다. 그림과 같이 Window > Open Perspective > Other...메뉴로 Open Perspective 창을 열고 "PHP"를 선택한 후, "OK" 버튼을 클릭합니다.

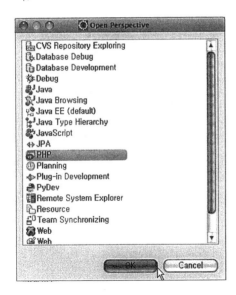

스텝 2

PHP 분할영역 화면은 그림과 같이 나타납니다. PHP 분할영역 화면에서는 프로젝트 탐색기 대신 "PHP Explorer" 창이 나타납니다. 이 창에서 콘텍스트 메뉴 > New > PHP Project 메뉴를 실행하면 PDT에서 제공하는 PHP Project 생성 창이 나타납니다.

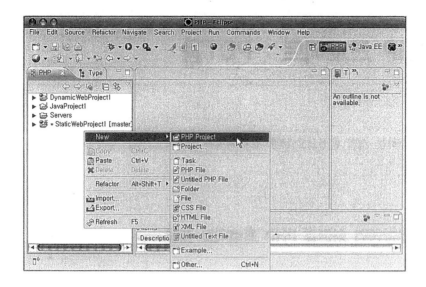

스텝 3

New PHP Project 창에서 그림과 같이 Project name을 입력하고, Contents > Create project on a local server를 선택합니다. 앞서 PHP 서버를 설치했기 때문에 그림과 같이 아파치의 도큐먼트 루트에 프로젝트 이름으로 경로가 설정됩니다. 개발 목적에 따라 나머지 설정을 합니다. 필자의 경우 기본 설정으로 하고 "Next" 버튼을 클릭했습니다.

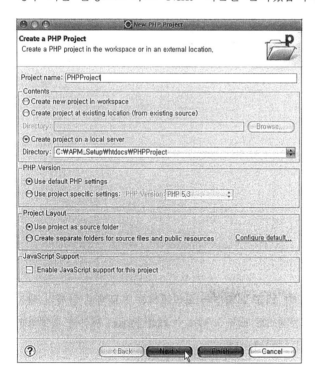

스텝 4

마법사의 지시에 따라 그림과 같이 프로젝트 생성을 진행합니다.

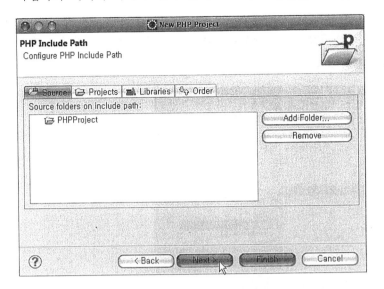

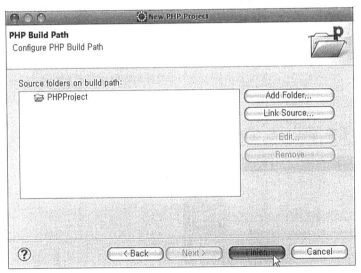

17.2 PHP 파일 생성

스텝 **1**

앞의 작업으로 PHPProject라는 PHP 프로젝트가 생성됐습니다. 그림과 같이 콘텍스트 메뉴 >
New > PHP File 메뉴를 이용하여 PHP 파일을 생성합니다.

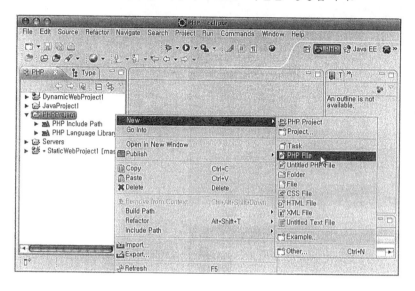

스텝 **2**

필자는 New PHP File 창에서 그림과 같이 기본 설정 상태에서 "Next" 버튼을 클릭하겠습니다.

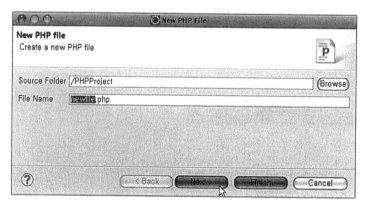

스텝 **3**

PDT에서도 그림과 같이 PHP 템플릿이 제공됩니다. 템플릿을 선택하고 "Finish" 버튼을 클릭했습니다.

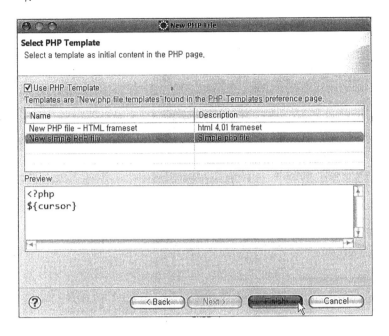

스텝 **4**

템플릿에 따라 그림과 같이 newfile.php 파일이 생성됐습니다. 편집기에 나타난 아이콘이 PDT에서 제공하는 PHP 편집기라는 것이 눈여겨 봐두기 바랍니다.

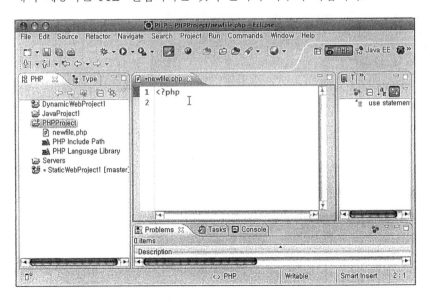

17.3 PHP 코딩 힌트

스텝 **1**

PDT에서도 그림과 같이 PHP 편집기에서 PHP 언어에 대한 API 힌트가 제공됩니다.

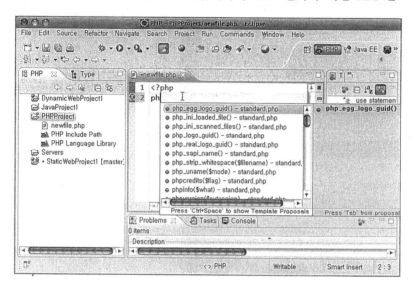

스텝 **2**

PHP API 힌트를 이용하여 PHP 정보를 출력하는 phpinfo() 명령을 작성해봅니다.

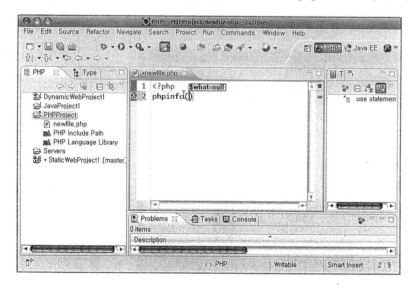

17.4 PHP 프로젝트 실험하기

스텝 **1**

그림과 같이 간단히 작성한 newfile.php 파일을 PHP 서버 연동으로 실험해보겠습니다. PDT에서 제공하는 로컬 PHP 서버와의 연동 방식은 프로젝트와 PHP 서버의 도큐먼트 루트를 동일하게 하는데 그 원리가 있습니다. 따라서 PHP 프로젝트와 PHP 서버 간에 동기화하거나 파일을 전송할 필요가 없는 것입니다. 그림과 같이 PHPProject를 선택하고 Run > Run As > PHP Web Application 메뉴를 실행합니다.

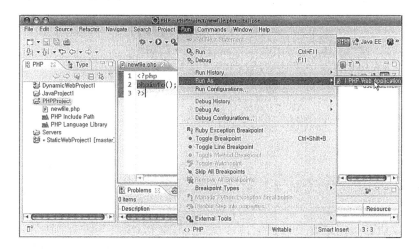

스텝 **2**

그림과 같이 Run PHP Web Application 창이 나타납니다. 이 창에서 필요에 따라 요청할 주소를 변경할 수 있습니다. 필자는 그림과 같이 요청할 주소를 확인하고 "OK" 버튼을 클릭했습니다.

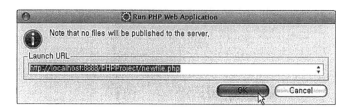

스텝 **3**

그림과 같이 앞서 작성한 phpinfo() 명령에 따라 APMSETUP의 PHP 서버가 지원하는 PHP 환경을 출력하는 화면이 나타났습니다.

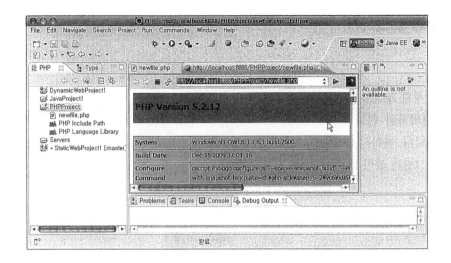

C hapter 18 데이터베이스 프로젝트

이 장은 웹 개발에 필수적인 요소인 데이터베이스를 이클립스에서 개발하는 방법을 소개합니다.
이클립스는 자바를 기반으로 만든 개발도구이기 때문에 데이터베이스와 연동하려면 JDBC 패키지가
필요합니다. 따라서 이클립스에서 데이터베이스 개발을 하려면 다음 과정을 통해 JDBC 패키지를
설치해야 합니다. 이 장에서는 앞서 설치한 MySQL 서버를 이용하여 이클립스에서 데이터베이스를
개발하는 방법을 보여주겠습니다.

18.1 JDBC 플러그인 설치

스텝 **1**

Eclipse Marketplace에서 jdbc를 검색어로 하여 JDBC Driver 플러그인을 찾고 그림과 같이 Install
버튼을 이용하여 JDBC Driver 플러그인을 설치합니다.

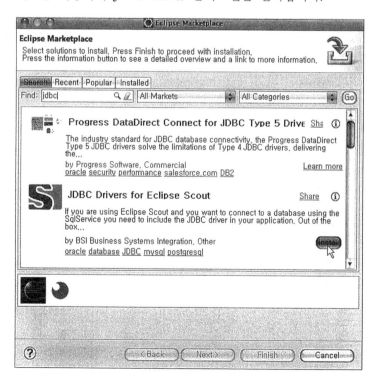

스텝 2

그림에서 보는 바와 같이 필자가 선택한 JDBC Driver 패키지는 MySQL, Oracle 11g, PostgreSQL 9를 지원하는 패키지입니다.

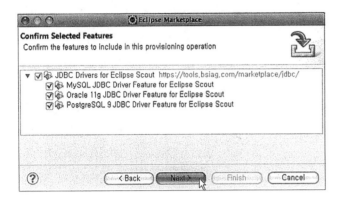

스텝 3

그림과 같이 패키지 설치를 진행합니다.

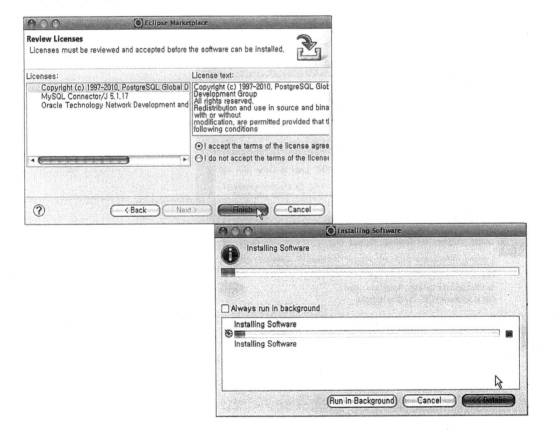

스텝 4

설치 과정에 그림과 같이 보안 경고가 나타날 수 있고, 설치 후 Problem Occured 창이 나타날 수 있습니다. Problem Occured 창의 안내문을 잘 보면 Oracle 11g에 필요한 추가 설치 패키지가 있다는 안내문입니다. 필자는 MySQL을 실험할 것이므로 무시하고 넘어 가겠습니다. Oracle 11g 에 대한 개발이 필요한 개발자라면 이 문제를 어떻게 풀어야 할지 알 것입니다. 이에 대한 구체적인 설명은 이 장의 목적에서 벗어나기 때문에 하지 않겠습니다.

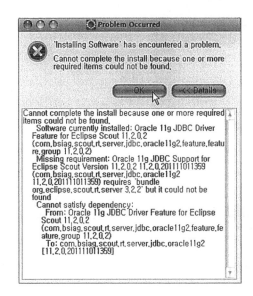

18.2 데이터베이스 연결 생성

앞의 과정에서 MySQL JDBC Driver를 이클립스에서 설치했기 때문에 이제 이클립스에서 MySQL 을 개발할 기본적인 준비가 됐습니다.

스텝 **1**

그림과 같이 Java EE 분할영역 화면에서 Database Source Explorer 창을 열고, Database Connections > 콘텍스트 메뉴 > New... 메뉴를 실행합니다.

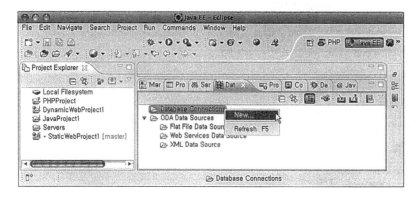

스텝 **2**

"New Connection Profile" 창에서 MySQL 을 선택하고, "Next" 버튼을 클릭합니다.

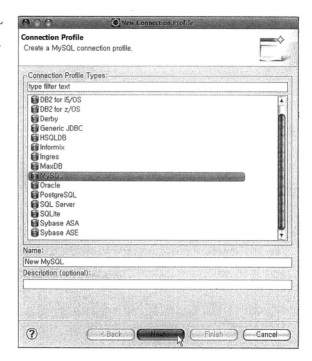

스텝 **3**

처음 데이터베이스 연결 설정을 하는 것이므로 그림과 같이 "Drivers > New..." 아이콘을 클릭합니다.

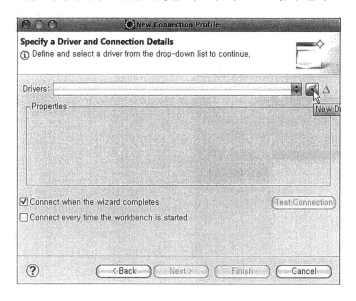

스텝 **4**

MySQL JDBC Driver 버전을 선택합니다. 그림에서 보는 바와 같이 해당 드라이브에 대한 jar 파일을 찾을 수 없다는 경고문이 나타납니다.

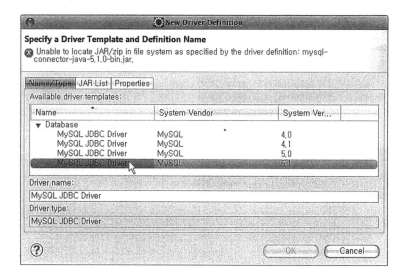

스텝 5

이와 같은 경우 그림과 같이 "JAR List"를 살펴봅니다. 앞서 설치한 MySQL JDBC Driver는 5.1 버전이라 화면과 같이 라이브러리 목록에는 나타나지만 인식하지 못하고 있습니다. 이때는 Edit JAR/Zip.. 버튼을 클릭하여 직접 jar 파일을 찾아 지정해줄 필요가 있습니다.

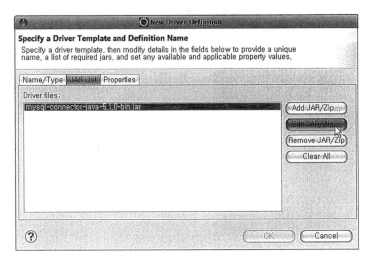

스텝 6

필자는 이클립스의 플러그인 폴더에서 MySQL JDBC Driver에 대한 jar 파일을 찾아 지정해줬습니다.

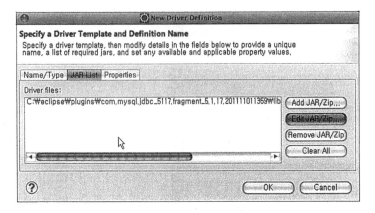

스텝 7

Name/Type 탭으로 돌아와 보면 이제 경고문이 나타나지 않습니다. "OK" 버튼을 클릭하여 이 창을 닫고, New Connection Profile 창으로 돌아갑니다.

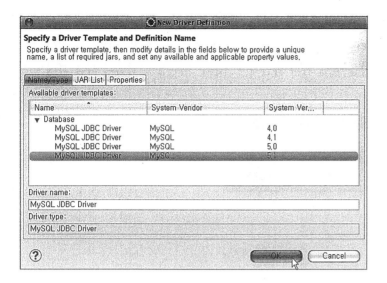

스텝 8

그림과 같이 Drivers 항목에는 앞서 생성한 MySQL JDBC Driver가 선택되어 있습니다. 만일 필요하다면 이 항목 오른쪽 끝에 있는 수정 버튼을 이용하여 드라이버 설정을 수정할 수 있습니다. 본서의 사례와 같이 처음 MySQL 서버를 자신의 개발 컴퓨터에 설치했다면 mysql 이라는 데이터베이스가 기본적으로 생성되어 있습니다.

단, 조심할 것은 "mysql"이라는 데이터베이스는 MySQL의 기본 환경을 설정하는 데이터베이스이므로 실험할 때 데이터를 삭제한다거나 하는 오류를 범할 경우 MySQL를 새로 설치해야 하는 불상사가 있을 수 있다는 점을 염두에 두고 MySQL에 대한 기초 지식을 쌓은 후에 다양한 실험을 해보기 바랍니다. 옆의 그림은 mysql 데이터베이스에 접속하여 개발하는 방식으로 설정하고 있습니다. "Test Connection" 버튼으로 연결 설정이 올바른지 먼저 확인해봅니다.

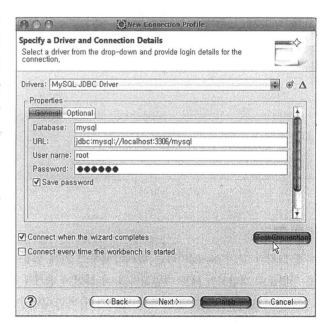

스텝 9

그림과 같이 성공 메시지가 나타났다면 앞의 과정을 통해 MySQL에 대한 이해를 제대로 한 것입니다. 그러면 OK 버튼을 클릭해서 이 창을 닫고 위의 화면에서 "Next" 버튼을 클릭하여 다음 과정으로 넘어갑니다.

스텝 10

연결 설정을 확인하고 "Finish" 버튼을 클릭합니다.

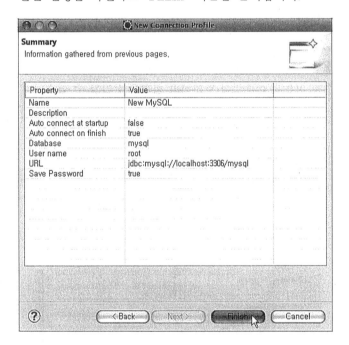

스텝 11

이제 그림과 같이 mysql이라는 데이터베이스 안에 있는 테이블들을 탐색할 수 있습니다. MySQL을 기반으로 개발하는 PHP 개발자라면 이 화면이 반가울 것입니다. MySQL이 초면인 초보 개발자는 그런 것이 있구나 하는 정도에서 넘어가기 바랍니다. 나중에 MySQL을 개발하면서 차차 알게 될 것입니다.

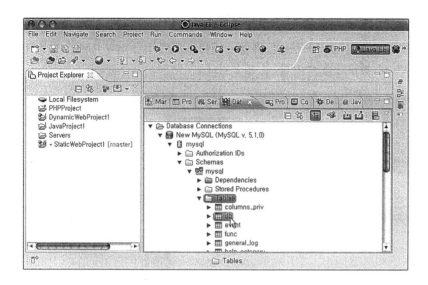

18.3 테이블 관리

스텝 **1**

mysql이라는 데이터베이스 안에 있는 db 테이블의 데이터를 열어 보겠습니다. 그림과 같이 "db 테이블 > 콘텍스트 메뉴 > Data > Edit" 메뉴를 실행합니다.

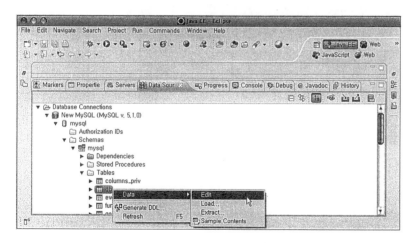

스텝 **2**

그림과 같이 db 테이블에 있는 데이터를 탐색하고, 수정/추가/삭제할 수 있는 데이터 편집기가 나타납니다.

그림은 현재 첫 번째 레코드의 Host 필드에 있습니다. "localhost"라는 값 옆에 있는 아이콘을 클릭하면 데이터 상세 편집기가 팝업으로 나타나고, 레코드 아래쪽 끝에는 "<new row>" 버튼이 있는데 이 버튼을 클릭하면 새 레코드를 추가할 수 있습니다.

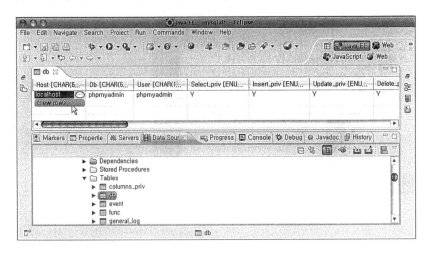

스텝 **3**

그림은 "<new row>" 버튼을 클릭하여 새로운 레코드를 추가한 사례입니다. 테이블이 수정되고 저장하지 않았을 때는 다른 편집기와 마찬가지로 데이터 편집기 제목 탭에 "*"가 표시됩니다.

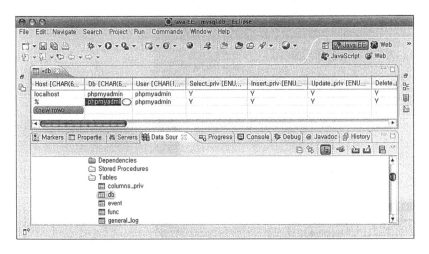

스텝 **4**

Ctrl+S 단축키로 변경 사항을 저장하면, 이클립스는 MySQL 데이터베이스에 저장을 요청합니다. 데이터베이스는 SQL이라는 방식으로 서버와 통신을 하기 때문에 실행 결과가 그림과 같이 SQL

Result 창에 나타납니다.

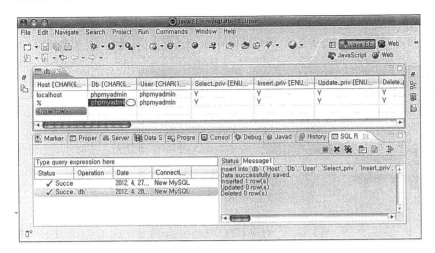

18.4 Database Development 분할영역 화면

스텝 **1**

이클립스는 데이터베이스 개발에 적합한 Database Development 분할영역 화면을 제공합니다.
그림과 같이 Open Perspective 창을 보면 "Database Development" 항목이 있습니다. 이 항목을
선택하여 Database Development 분할영역 화면을 호출해봅니다.

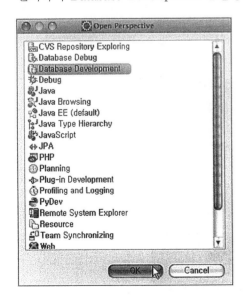

스텝 2

Database Development 분할영역 화면은 그림과 같이 왼쪽에 "Data Source Explorer" 창이 있어 앞서 생성한 데이터베이스 연결자를 기준으로 데이터베이스 객체들을 탐색할 수 있습니다.

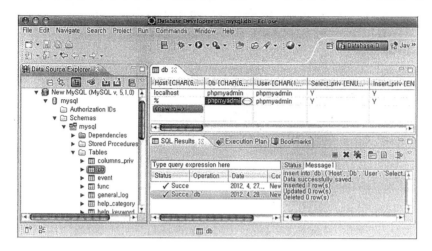

18.5 SQL 파일 생성과 데이터베이스 프로젝트 생성

데이터베이스 작업에서 가장 중요한 요소는 SQL 파일을 작성하는 일입니다. 이에 적합한 데이터베이스 프로젝트를 생성하여 데이터베이스 프로젝트를 관리하는 한 가지 기초적인 방법을 소개합니다.

스텝 1

그림과 같이 File > New > SQL File 메뉴를 실행합니다.

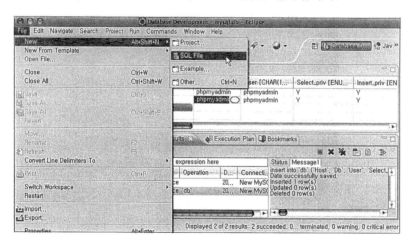

스텝 2

"New SQL File" 창이 나타나는데 아직 SQL 파일을 생성하고 저장할 프로젝트를 만들지 않은
상태입니다. 따라서 SQL 파일을 저장할 프로젝트를 선택할 수가 없습니다. 때에 따라서는 앞서
만든 웹 프로젝트를 선택해서 SQL 파일을 저장할 수도 있습니다. 하지만 이 사례에서는 프로젝트를
생성하는 다른 방법을 시도하면서 이클립스 프로젝트를 이해하기 위한 다른 넓은 시각을 보여주고자
합니다. 이클립스에서 프로젝트라는 것은 쉽게 보면 폴더를 만드는 작업과 크게 다르지 않습니다.
"Create Project..." 버튼을 클릭하여 프로젝트를 생성하겠습니다.

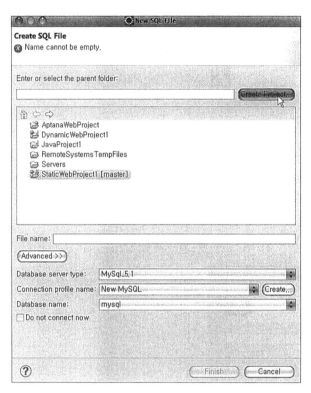

스텝 3

New Project 창이 나타나면 General > Project를 선택하고 "Next" 버튼을 클릭합니다. 필자는
데이터베이스 전용 프로젝트 패키지를 받지 않은 상태입니다. 이 경우 일반적인 프로젝트 유형을
선택하면 됩니다. 나중에 데이터베이스 전용 플러그인이 만들어 진다면 General > Project를 기반으로
만들어 질 것이기 때문입니다. 이와 같이 이클립스의 프로젝트들은 모두 General > Project 기반으로
그 개발 분야에 적합한 기능들이 추가되는 형식으로 개발됩니다.

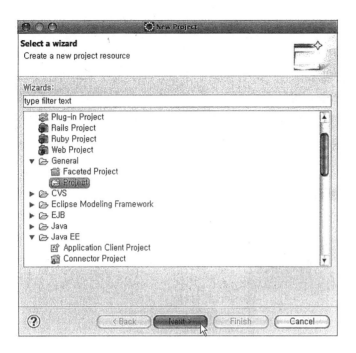

스텝 4

프로젝트명을 "MySQLProject"라고 정의하고 "Next" 버튼을 클릭했습니다.

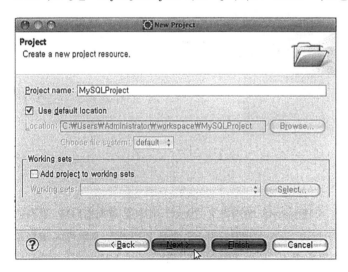

스텝 5

필자의 경우 참조할 프로젝트가 없으므로 그림과 같은 상태에서 "Finish" 버튼을 클릭하여 프로젝트를 생성했습니다.

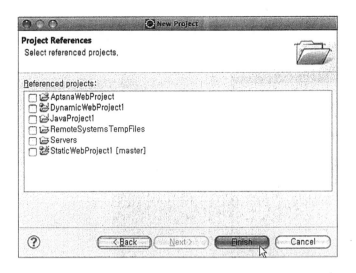

스텝 6

위에서 생성한 MySQLProject를 선택합니다. 필요에 따라서는 그림과 같이 콘텍스트 메뉴의 Create Folder... 메뉴를 실행하여 MySQLProject 아래에 폴더를 생성할 수도 있습니다. 또한 "Advanced >>" 버튼을 클릭하여 생성하려는 SQL 파일에 대한 MySQL 접속 정보를 확인하거나 변경 또는 생성할 수도 있습니다.

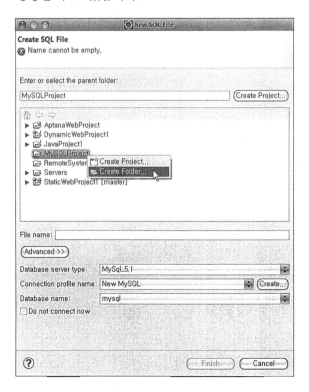

스텝 7

필자는 그림과 같이 MySQLProject 아래에 SQL이라는 폴더를 생성하기로 했습니다.

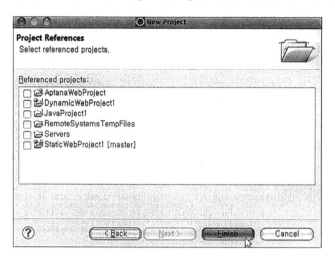

스텝 8

그림과 같이 "test1.sql"이라는 파일명을 입력하고 데이터베이스 연결 설정을 확인한 후 "Finish" 버튼을 클릭합니다.

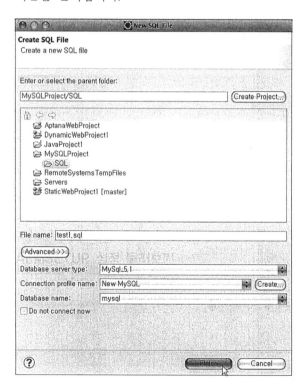

스텝 9

test1.sql 파일이 생성되면서 SQL 편집기가 나타납니다. 이 편집기에서는 그림과 같이 편집기 위쪽에 필요에 따라 데이터베이스 연결자를 변경할 수 있는 인터페이스가 제공됩니다. 그리고 Database Development 분할영역 화면에서는 Project Explorer 창이 화면 아래쪽에 나타납니다.

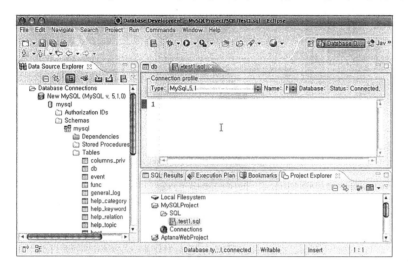

18.6 SQL 작성기 힌트 기능 체험

스텝 1

test1.sql 파일에서 "SELECT" 구문을 작성해보겠습니다. 이클립스의 편집기는 그림과 같이 ""(공백)을 입력하면 곧바로 SQL API에 대한 힌트를 참조할 수 있습니다.

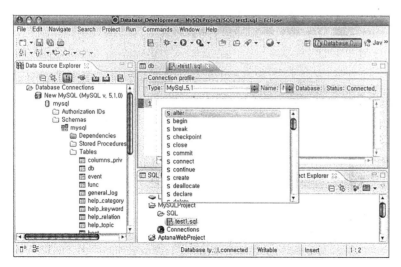

스텝 **2**

그림은 "select"라는 문자를 입력하면서 힌트 목록에 자동으로 SQL 문들이 필터링되는 기능을
보여주고 있습니다. 힌트 목록에 있는 세 번째 select 구문의 템플릿을 선택해봤습니다.

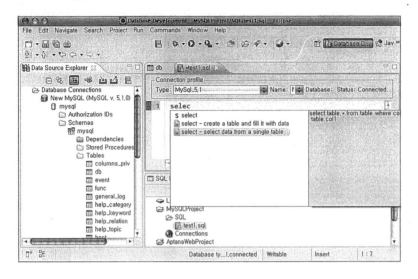

스텝 **3**

위에서 선택한 select 구문 템플릿이 그림과 같이 나타납니다. 템플릿에서 제공하는 기본 select
구문에서 필요한 부분만 수정하면 됩니다.

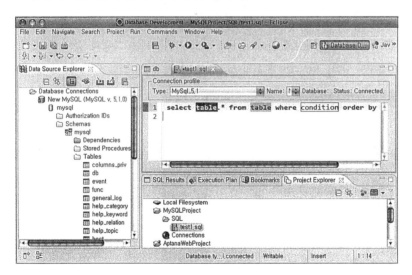

스텝 4

그림과 같이 "table" 영역에 "user"라는 테이블명으로 변경 입력하자 자동으로 테이블명이 입력되어야 하는 부분이 "user"라는 테이블명으로 일괄 변경됩니다.

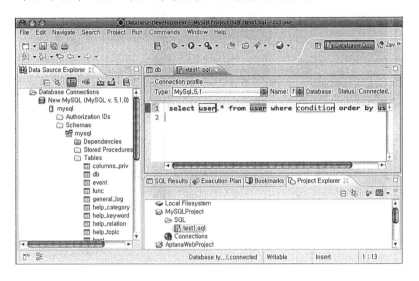

스텝 5

그림과 같은 방식으로 적절한 select 구문을 작성하고, Edit > Format SQL 명령을 눈여겨봅니다. 이 명령은 복잡한 SQL 문을 이클립스에서 정의한 방식으로 재정리하는 명령어이므로 나중에 SQL 프로젝트를 많이 하다보면 기존의 SQL 문을 파악하는데 도움을 받을 수 있는 기능입니다. 하지만 아직 데이터베이스 관련 플러그인을 설치하지 않았기 때문에 큰 효과는 없을 것입니다. 잠시 후에 대표적인 데이터베이스 관련 플러그인인 DBViewer를 간단히 소개하도록 하고 Java EE 기본 패키지에서의 실험을 계속 진행하겠습니다.

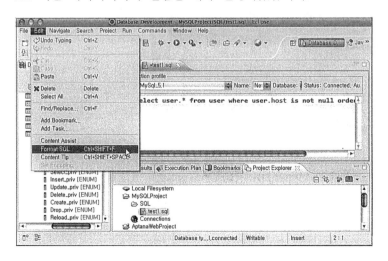

스텝 6

그림과 같이 SQL 문을 정돈하고 다음 과정에서 이 SQL 문을 실행해보겠습니다.

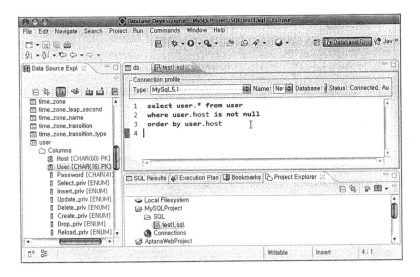

18.7 SQL 문의 실행

스텝 1

실행할 SQL 문을 선택하고, 콘텍스트 메뉴의 "Execute Selected Text" 메뉴를 실행합니다.

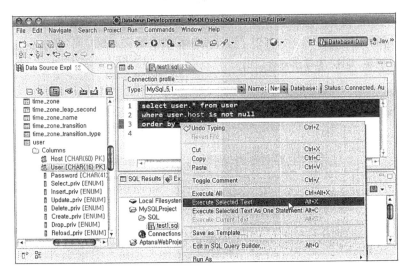

스텝 2

SQL 문의 실행 결과는 그림과 같이 SQL Results 창에 나타납니다. 왼쪽에서는 지금까지 실행한 SQL 문의 실행 내력이 나타나고, 오른쪽의 Status에는 실행 상태를 보여줍니다.

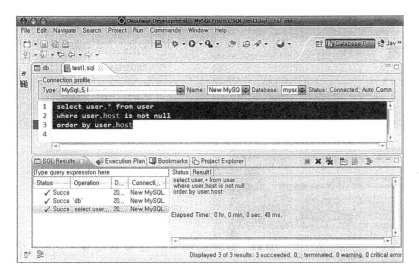

스텝 3

SQL Results 창의 오른쪽에 있는 Result1 탭을 클릭해보면 이 SELECT 문에 따른 결과 데이터들이 데이터 그리드 형식으로 나타납니다.

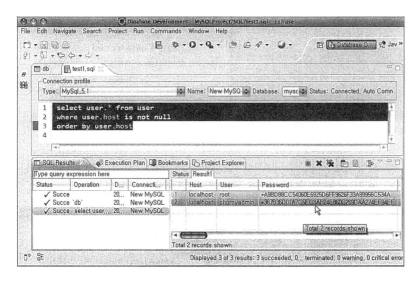

18.8 DBViewer 플러그인 맛보기

이클립스 기본 패키만으로도 SQL 프로젝트를 진행할 수도 있지만 DBViewer와 같은 플러그인의 도움을 받는 것이 개발에 더욱 유리합니다.

DBViewer 플러그인 설치

스텝 1

이클립스 마켓플레이스에서 그림과 같이 DBViewer를 찾아 설치합니다.

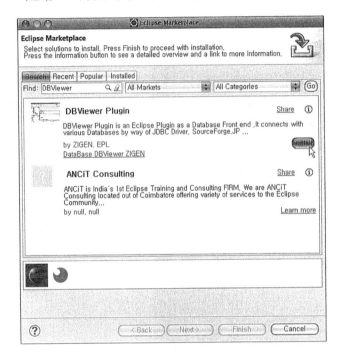

스텝 2

DBViewer 설치가 진행되는 중에 그림과 같이 보안 경고가 나타날 수 있습니다.

스텝 3

DBViewer 설치가 완료되면 그림과 같이 이클립스를 재시동하라는 안내 창이 나타납니다.

DBViewer 분할영역 화면과 DBViewerPlugin 추가

스텝 1

DBViewer도 전용 분할영역 화면이 제공됩니다. 그림과 같이 Open Perspective 창에서 DBViewer를
선택하여 DBViewer 분할영역 화면을 호출합니다.

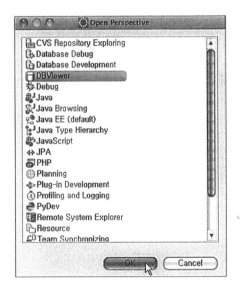

스텝 2

DBViewer 분할영역 화면이 그림과 같이 나타납니다. DB Tree View > DBViewerPlugin > 콘텍스트
메뉴 > Add 버튼을 클릭하면 데이터베이스 연결자를 만들 수 있습니다.

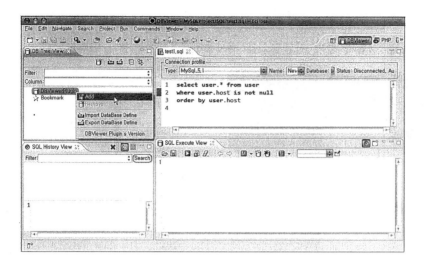

스텝 3

Database Define 창이 나타납니다. Database Define name을 그림과 같이 작성하고, JDBC Driver > Add File 버튼을 클릭하여 사용할 JDBC Driver를 추가합니다.

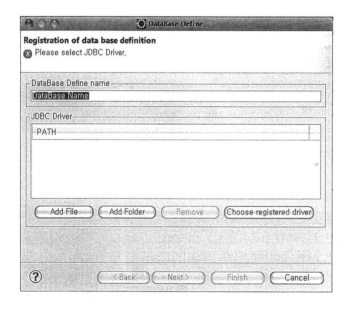

스텝 4

그림과 같이 앞서 설치한 JDBC Driver 파일을 선택합니다.

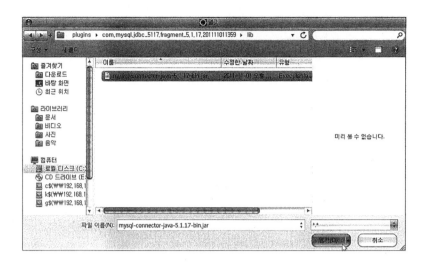

스텝 5

그림과 같이 설정하고 "Next" 버튼을 클릭합니다.

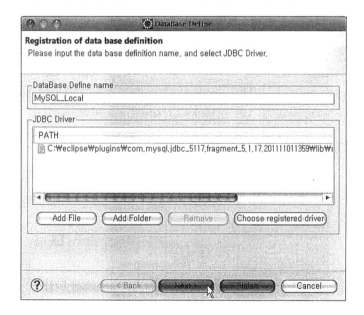

스텝 6

그림과 같은 안내 창이 나타나면 "OK" 버튼을 클릭하여 기본 구문이 자동으로 작성되도록 합니다.

스텝 7

위의 대화상자에 의해 그림과 같이
Connection String에 기본 구문이 자동
으로 입력되어 있습니다.

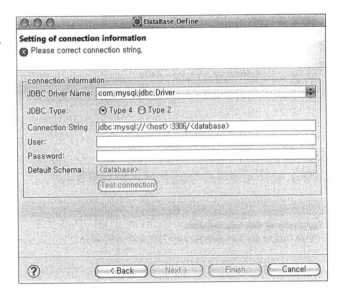

스텝 8

JDBC Driver는 그림처럼 여러 가지가
있습니다. com.mysql.jdbc.Driver를
앞서 실험했기 때문에 이번에는 org
.git.mysql.Driver를 선택해 실험해 보
겠습니다.

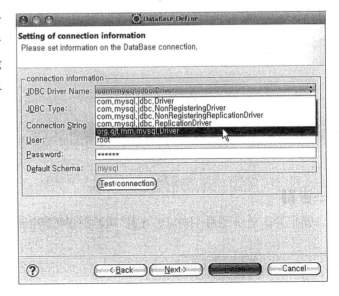

스텝 9

그림과 같이 연결 설정을 하고 "Test connection" 버튼을 클릭하여 연결 실험을 해봅니다. 물론, 앞서 설치한 MySQL 서버는 시동 중인 상태이어야 합니다. 연결에 성공하면 그림과 같이 화면 상단에 "...succeeded"라는 안내문이 나타납니다. "Next" 버튼을 클릭하여 다음 과정으로 넘어 갑니다.

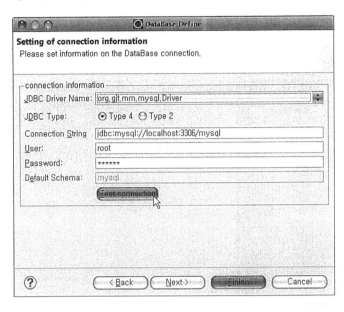

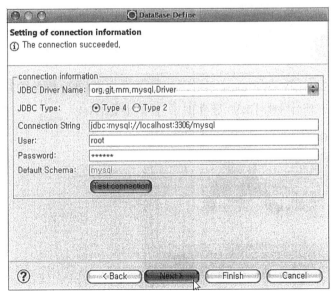

스텝 10

데이터베이스 연결 설정을 그림과 같이 하고 "Finish" 버튼을 클릭하여 연결 설정을 완료합니다.

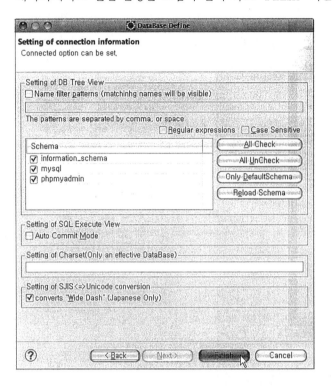

스텝 11

위의 데이터베이스 연결자 추가 작업으로 DB Tree View 창에는 MySQL_Local이라는 연결자가 생겼습니다. 이 연결자를 통해 연결된 데이터베이스를 탐색할 수 있습니다.

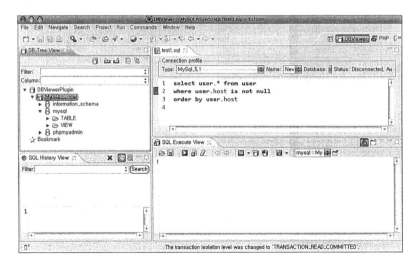

SQL Formatter 활용하기

스텝 **1**

SQL Execute View 창에 앞서 실험했던 SQL 문을 복제하여 넣고 SQL Execute View 창 상단에 있는 "Format SQL ..." 버튼을 클릭해봅니다.

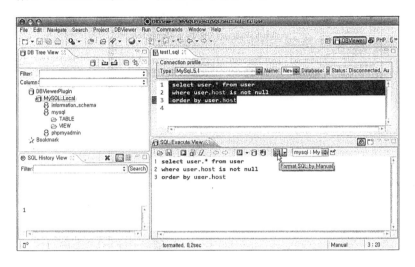

스텝 **2**

그림과 같이 SQL 문이 자동으로 재정리됩니다. SQL Execute View 창 상단에 있는 Execute All SQL 버튼을 클릭하거나 "Shift + Enter" 단축키를 사용하면 SQL 문이 실행될 것입니다.

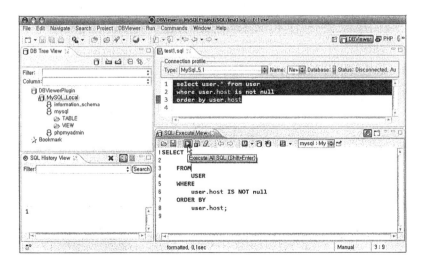

스텝 3

SQL 문의 실행 결과는 그림과 같이 DBViewer가 제공하는 Result 창에 나타납니다. 이처럼 DBViewer 는 SQL 통합개발도구로 유명한 TOAD와 같이 휘발성 있는 SQL 문을 실험하기에 편리한 GUI 인터페이스를 제공합니다. 참고로 이클립스 마켓플레이스에서 TOAD를 검색하면 토드와 관련된 플러그인들도 많이 나와 있다는 것을 알 수 있는데 이는 데이터베이스 관련 프로젝트 작업을 많이 하다보면 차차 알게 될 것입니다.

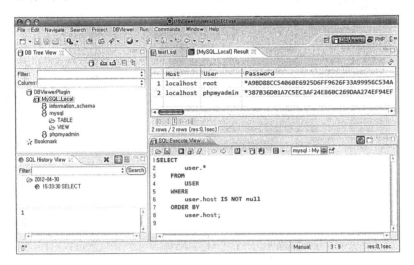

4부

안드로이드와 웹앱을 위한
이클립스 사용법

Chapter 19 안드로이드 개발 환경

이클립스가 대중적인 개발도구로 위치를 공고히 하는 데는 안드로이드가 한 몫을 했습니다. 안드로이드는 이클립스와 같은 통합개발도구 없이도 개발할 수 있는 가이드를 제공하고 있습니다. 하지만 이클립스를 기반으로 안드로이드용 플러그인을 설치하여 개발하는 것이 효율적이고 쉬울 수밖에 없습니다. 이클립스 이외에도 안드로이드를 개발하기 위한 통합개발도구(IDE)들이 몇몇 있습니다.

이들도 대부분 이클립스의 DNA를 기반으로 좀 더 편리한 안드로이드 개발 환경을 제공합니다. 따라서 이 장에서 소개하는 이클립스를 기반으로 한 안드로이드 개발 환경을 살펴보는 것만으로도 안드로이드에 대한 기초적인 이해를 할 수 있습니다.

이클립스에 안드로이드 개발 환경을 구현하는 것은 ADT(Android Development Tool)을 설치하는 것으로 부터 시작합니다. 예전에는 Android SDK를 따로 설치하고 ADT를 설치하는 것이 일반적이었는데, 요즘은 ADT 플러그인을 이클립스에 설치하면 개발자가 원하는 안드로이드 SDK를 쉽게 설치할 수 있게 안내를 해줍니다. 그래서 일반적인 안드로이드 개발 환경 구축 가이드와는 달리 이 장에서는 ADT 플러그인을 설치하는 방법으로 안드로이드 개발 환경 구축 과정을 보여 주고자 합니다.

19.1 ADT (Android Development Tool) 설치

스텝 1

먼저 안드로이드 개발 환경을 안드로이드 개발자 사이트에서 살펴봅니다. 그림과 같이 https://dl-ssl.google.com/android/eclipse/에서 배포한다는 것을 알 수 있습니다. 단, 참고할 것은 개발자의 네트웍 환경에 따라 또는 구글의 서버 사정에 따라 안드로이드용 패키지를 다운받는데 어려움이 있을 수 있습니다.

https로 시도해서 잘 안 되면 http 프로토콜로 시도하기를 권합니다. 초보자는 이 말을 다음 과정을 보면 이해할 수 있을 것입니다. 일단 그림과 같이 배포 주소를 클립보드에 복사해둡니다.

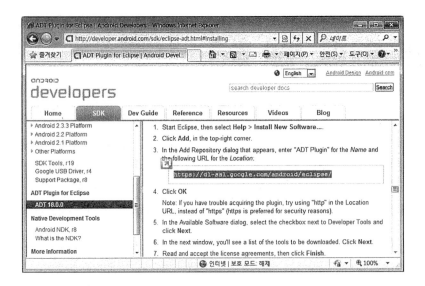

스텝 **2**

그림과 같이 Help > Install New Software... 메뉴를 실행합니다. 집필 당시까지는 아직 이클립스 마켓플레이스에서 ADT 설치 마법사를 제공하고 있지 않았습니다. 언제 일지는 모르겠지만 마켓플레이스에서 배포하면 안드로이드 개발자들이 좀 더 편리해질 것 같습니다.

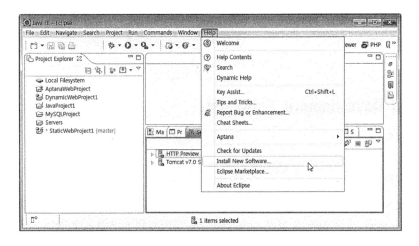

스텝 **3**

그림과 같이 앞서 클립보드에 복사해둔 배포 주소를 Work with: 항목에 붙여 넣고 Enter 키를 누릅니다. 필자의 경우 https://dl-ssl.google.com/android/eclipse/ 주소로는 패키지 목록을 가져오지 못하여 그림과 같이 http://dl-ssl.google.com/android/eclipse/로 변경하여 요청했더니 그림과

같이 안드로이드 패키지 목록을 얻을 수 있었습니다. 그림과 같이 안드로이드 관련 패키지를 모두
체크하고 "Next" 버튼을 클릭하여 ADT 설치를 시작합니다.

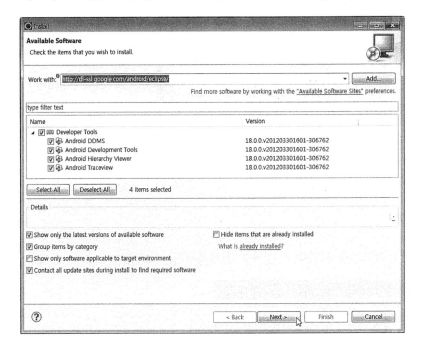

스텝 4

그림과 같이 설치할 패키지를 확인하고 "Next" 버튼을 클릭합니다.

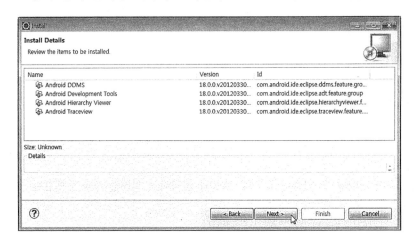

스텝 5

라이선스에 대한 동의에 체크하고 "Finish" 버튼을 클릭합니다.

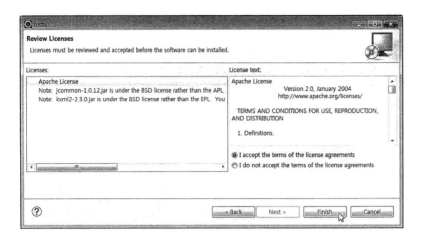

스텝 6

그림과 같이 배포 서버에서 패키지를 다운받고 설치를 진행합니다.

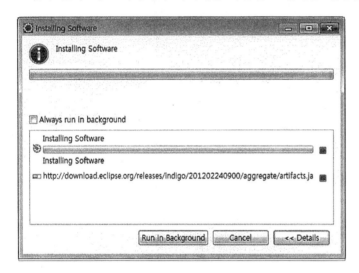

스텝 7

설치 도중에 보안에 대한 경고가 나타날 수 있습니다. "OK" 버튼을 클릭하여 설치를 계속 진행합니다.

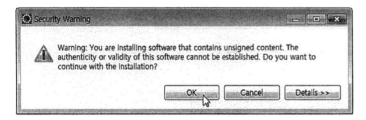

스텝 8

그림과 같이 설치가 계속 진행됩니다.

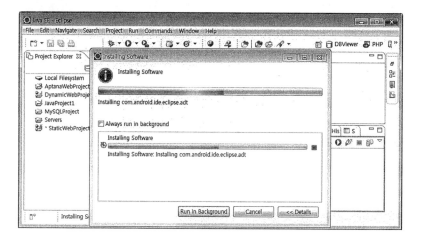

스텝 9

설치를 완료하면 그림과 같이 이클립스를 재시동하라는 안내 창이 나타납니다. "Restart Now"
버튼을 클릭하여 이클립스를 재시동합니다.

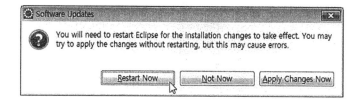

19.2 Android SDK 설치

앞서도 언급했지만 요즘은 안드로이드 개발자의 편의를 돕고자 SDK 설치와 환경설정을 유도하는 마법사를 지원합니다.

스텝 **1**

이클립스를 재시동하면 그림과 같이 Welcome to Android Development 창이 나타나면서 안드로이드 SDK 설치 및 설정에 대한 마법사가 나타납니다. 필자의 실험 컴퓨터에는 안드로이드 SDK를 설치한 적이 없기 때문에 그림과 같이 Install new SDK 옵션을 사용할 것입니다. 만일 이미 안드로이드 SDK 패키지를 다운받아 압축을 해제했다면 아래의 "Use existing SDKs"를 선택하고 SDK 폴더 위치를 설정하면 됩니다.

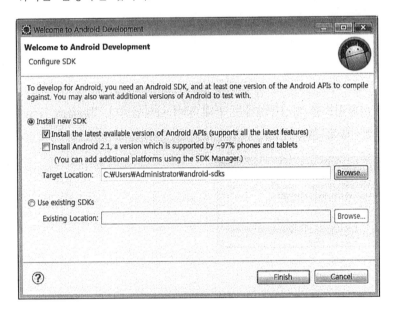

스텝 **2**

필자의 경우 그림과 같이 "Install new SDK"를 체크하고 그 아래의 설치할 패키지를 모두 체크했습니다. 안드로이드의 경우 SDK 설치 마법사에서도 안내하고 있지만, 대중에게 보급된 단말기가 아직 2.1 버전이 많기 때문에 최신 버전과 함께 구 버전에 대한 실험을 해야 하는 환경적 요건이 있습니다. 이러한 점은 안드로이드를 개발하다보면 차차 알게 될 것입니다.

필자는 Target Location을 그림과 같이 설정했습니다. SDK 설치 마법사는 개발 컴퓨터에 로그인한 계정에 안드로이드 SDK를 설치할 것을 안내하지만 이는 영문권의 기준입니다. 자바를 기반으로 하는 안드로이드는 오래 전부터 한글 경로를 인식하지 못하는 오류 문제가 있습니다. 이런 문제를 미연에 방지하려면 안전하게 그림과 같이 C:\android-sdk와 같은 방식으로 SDK 설치 경로를 지정해 주는 것이 유리합니다.

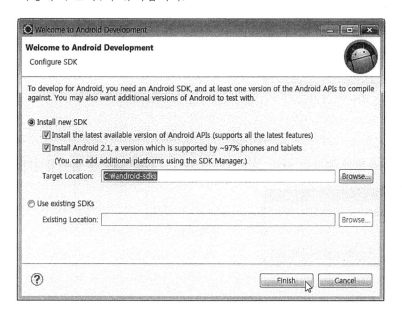

스텝 3

그림과 같이 안드로이드 SDK 패키지를 다운받아 자동으로 설치를 진행합니다.

스텝 4

SDK에 대한 라이선스에 모두 동의하고 "Install" 버튼을 클릭합니다.

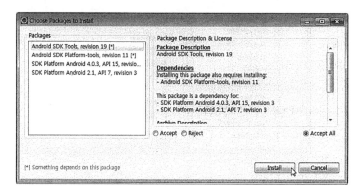

스텝 5

그림과 같이 SDK 다운로드를 진행합니다.

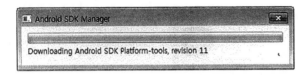

스텝 6

SDK 설치 중에 ADB를 재시동해야 한다는 안내 창이 나타납니다. "Yes" 버튼을 클릭합니다.

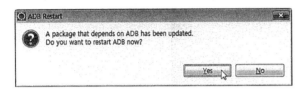

스텝 7

끝으로 안드로이드 SDK 패키지를 압축 해제하는 과정을 진행하고 설치를 완료합니다.

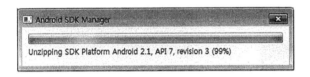

스텝 8

설치가 완료된 후 앞서 지정한 안드로이드 SDK 설치 폴더를 확인하면 그림과 같이 설치된 안드로이드 SDK 파일들을 확인할 수 있습니다. 예전에는 이 작업을 모두 수동으로 했었습니다. 이제는 설치 마법사의 도움으로 편리하게 안드로이드 SDK를 설치할 수 있게 됐습니다.

19.3 Android SDK 추가 설치

스텝 **1**

안드로이드를 개발하다 보면 최신의 안드로이드 SDK 버전을 설치해야 할 경우도 있고, 구 버전을 설치해야 할 수도 있습니다. 이 경우 그림과 같이 Window > Android SDK Manager 메뉴를 이용하여 추가로 SDK를 설치할 수 있습니다.

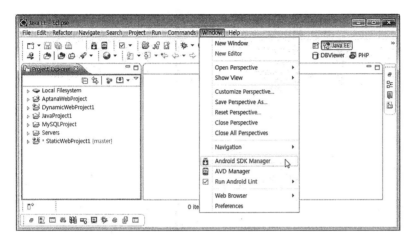

스텝 **2**

Android SDK Manager 창은 그림과 같이 이미 설치된 패키지가 먼저 나타나고, 추가로 설치할 수 있는 패키지 목록을 구글 배포 서버에서 다운받습니다.

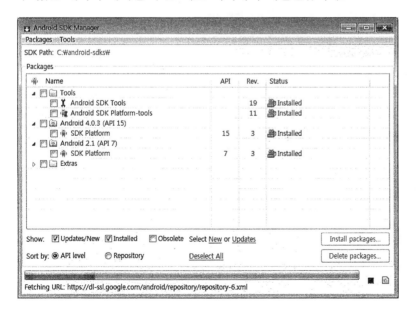

스텝 3

이제 그림을 보면 어떻게 안드로이드 SDK 버전을 추가 설치할 수 있는지 알 수 있을 것입니다. 필자의 경우 그림과 같이 2개의 추가 설치를 권유하고 있습니다.

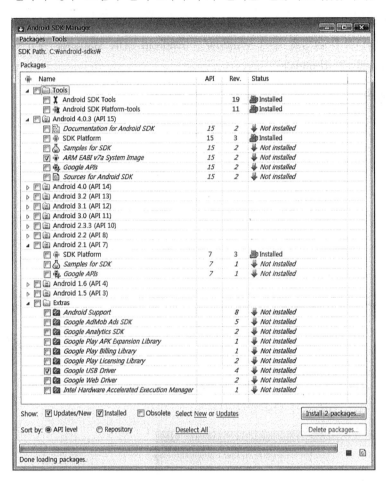

필자는 Google APIs도 설치하여 지도 서비스를 지원하는 안드로이드 앱을 개발할 수 있도록 추가 패키지를 설치하기로 했습니다. 실제 안드로이드를 개발할 것이라면, 모든 버전의 패키지를 설치할 것을 권합니다. 대신 설치하는데 꽤 시간이 걸릴 것입니다.

필자는 안드로이드 개발 환경을 소개하는 것을 목적으로 하기 때문에 그림과 같이 필수적인 몇 개의 패키지만 설치하겠습니다. 추가로 필요한 패키지를 체크하고 "Install X Packages.. 버튼을 클릭합니다.

스텝 4

그림과 같이 추가 패키지에 대한 라이선스에 동의를 체크하고 "Install" 버튼을 클릭합니다.

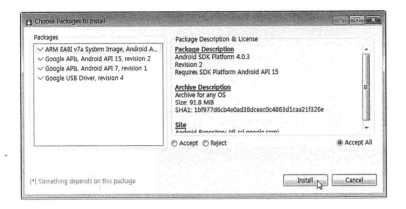

스텝 5

Android SDK Manager는 그림과 같이 자동으로 구글 서버에서 지정한 패키지를 다운받아 설치를 진행합니다.

스텝 6

설치 도중에 그림과 같이 ADB를 재시동하는 안내 창이 나타납니다. "Yes" 버튼을 클릭합니다.

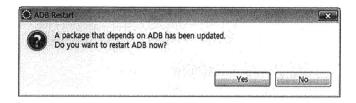

스텝 7

설치가 완료되면 설치된 패키지를 확인하고 Android SDK Manager 창을 닫습니다.

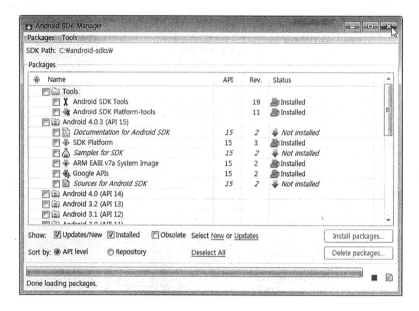

19.4 AVD (Android Virtual Device) 가상기기 생성

안드로이드를 실험할 가상기기를 만들려면 다음과 같이 AVD Manager를 사용합니다.

스텝 **1**

Window > AVD Manger 메뉴를 실행합니다.

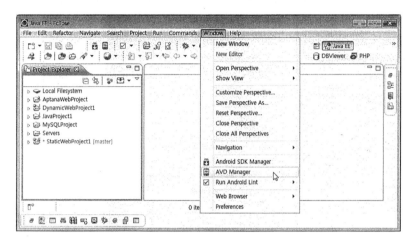

스텝 **2**

Android Virtual Device Manager 창이 나타납니다. 이 창에서 개발에 필요한 가상기기를 생성하고 관리할 수 있습니다. New... 버튼을 클릭하여 가상기기를 하나 생성해봅니다.

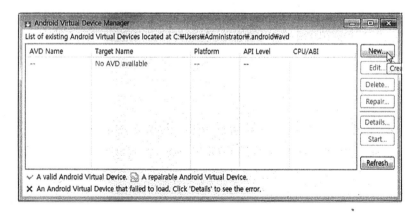

스텝 3

Create new Android Virtual Device (AVD) 창이 나타납니다. 그림과 같이 앞서 설치한 SDK 버전에 따라 생성할 수 있는 AVD 버전이 결정됩니다. 필자는 제일 낮은 버전인 구글 지도 기능을 지원하는 2.1 버전으로 가상기기를 생성해보겠습니다. 가상기기의 이름을 정의할 때는 그림과 같이 자바 명령법에 벗어나면 창의 아래쪽에 오류 안내가 나타납니다.

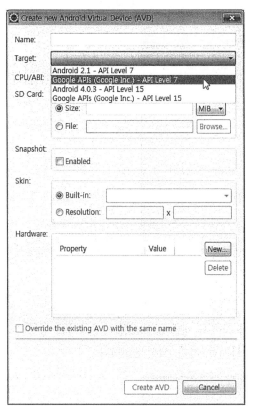 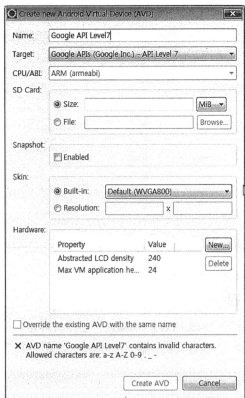

스텝 4

그림과 같이 가상기기의 이름과 버전, 저장 용량, 화면 크기, 기타 옵션들을 설정할 수 있습니다. 특히, Hardware 항목에서는 New... 버튼을 이용하여 가상기기에 추가할 하드웨어적인 장치옵션들을 선택할 수 있습니다.

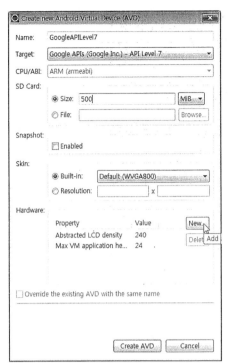

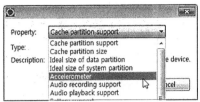

스텝 5

그림과 같이 가상기기를 설정하고 "Create AVD" 버튼
을 클릭하여 가상기기를 생성합니다.

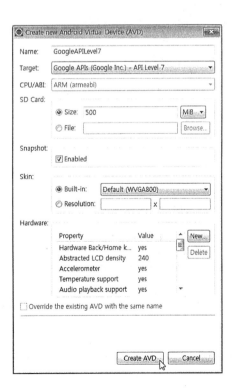

스텝 6

생성된 가상기기는 그림과 같이 목록 형식으로 나타납니다. 가상기기를 생성한 후에도 필요에 따라 "Edit..." 버튼을 이용하여 설정을 변경할 수 있습니다.

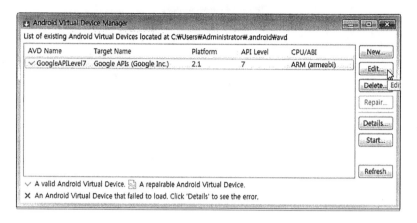

스텝 7

그림과 같이 Edit Android Virtual Device 창이 나타나 기존의 가상기기의 설정을 변경할 수 있습니다.

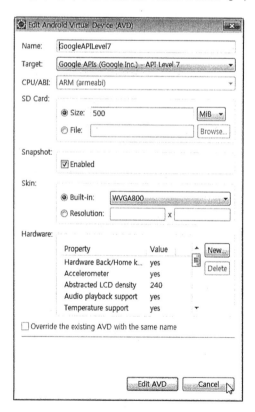

스텝 8

"Details..." 버튼을 클릭하면 목록에서 지정한 가상기기의 상세 정보를 볼 수 있습니다.

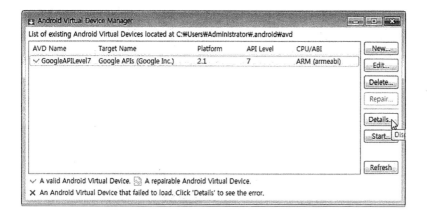

스텝 9

필자의 경우 그림과 같은 스펙으로 가상기기를 생성했습니다.

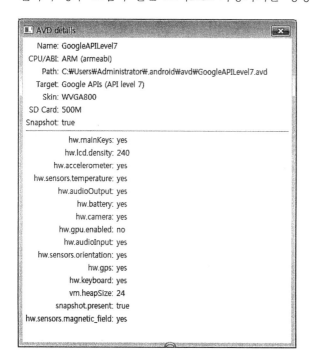

19.5 가상기기의 실행

스텝 **1**

가상기기를 실행하려면 그림과 같이 AVD Manager에서 원하는 가상기기를 선택하고 "Start..." 버튼을 클릭합니다.

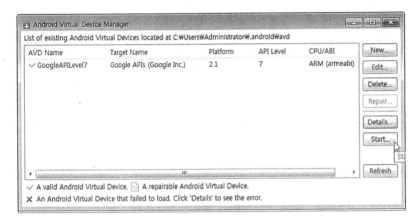

스텝 **2**

Launch Options 창에는 가상기기를 실행하는 옵션이 제공됩니다. 가상기기의 화면 비율을 조정할 수도 있고, 기존에 실험했던 사용자 데이터를 모두 삭제하여 깨끗한 상태에서 실험할 수 있는 Wipe user data 옵션도 있으며, 가상기기의 최종 상태에서 계속 실행할 수 있도록 하는 Snapshot 옵션도 있습니다. 각각의 옵션들은 안드로이드 개발을 해가면서 차차 알게 될 것입니다. "Launch" 버튼을 클릭하면 가상기기가 실행됩니다.

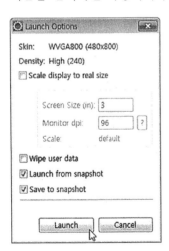

스텝 3

그림과 같이 안드로이드 가상기기가 나타납니다. 부팅에 약간의 시간이 걸릴 것입니다.

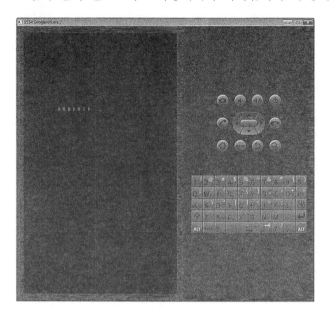

스텝 4

부팅을 완료하면 그림과 같이 나타날 것입니다. 안드로이드 가상기기는 부팅하는데 시간이 걸리기 때문에 일반적으로 이와 같이 실험할 가상기기를 미리 부팅시켜 놓은 상태에서 다음 장에서 소개하는 바와 같이 안드로이드 프로젝트를 실험합니다.

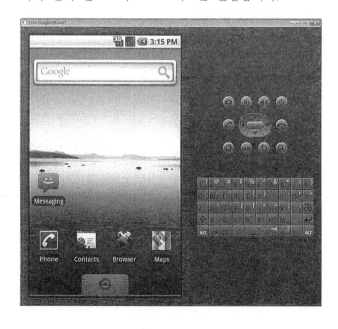

Chapter 20 안드로이드 프로젝트

이 장에서는 앞서 구축한 안드로이드 개발 환경을 바탕으로 간단한 안드로이드 프로젝트를 생성하고 실험하는 방법을 소개합니다. 안드로이드 프로젝트를 실험하면서 겪을 수 있는 많은 문제들에 대해 꼭 알아야 할 기초적인 대처 방법도 언급할 것입니다.

20.1 안드로이드 개발 환경 확인

안드로이드 프로젝트를 생성하기 전에 꼭 점검해야 할 부분은 안드로이드 SDK 설정이 잘 되어 있는지를 확인하는 것입니다. 대부분의 초보자들이 난관에 부딪히는 것은 아직 프로젝트에 익숙하지 않아 개발 환경을 머리에 담아 두지 않고 일부분만을 보는 좁은 시야 때문입니다. 본서를 통해 필자가 독자님들께 드리고 싶은 가장 중요한 당부는 바로 개발 환경을 잘 이해하고 개발에 뛰어들어야 한다는 것입니다.

스텝 1

안드로이드의 경우 그림과 같이 "Java" 분할영역 화면을 추천합니다.

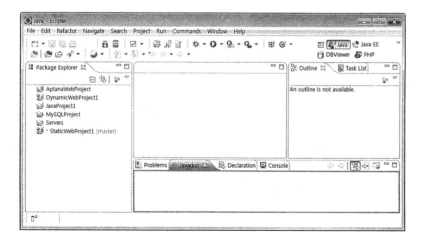

스텝 2

Window > Preferences 메뉴를 실행합니다.

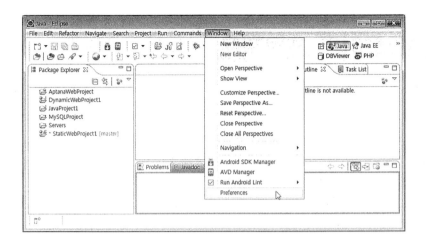

스텝 3

그림과 같이 Preferences 창에는 Android에 대한 환경설정이 추가되어 있습니다. 여러 가지 중요한 환경설정들이 많지만 그 중에 꼭 확인해야 할 부분이 SDK Location 항목입니다. 이 경로는 앞서 안드로이드 SDK 설치과정에서 정의했던 경로임을 기억하기 바랍니다. 필자의 경우 SDK 2.1과 4.0.3 두 가지만 설치되어 있습니다. 이 버전들은 모두 SDK Location에서 읽어 들인 것입니다. 안드로이드 SDK 환경을 확인하고 "Cancel" 버튼을 클릭합니다.

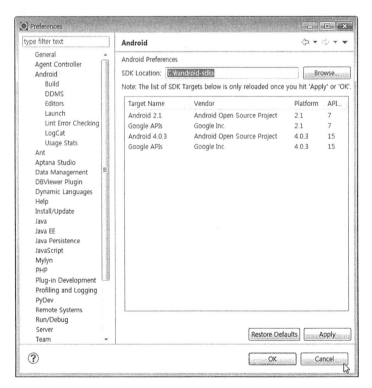

20.2 안드로이드 프로젝트 생성

다음 과정을 통해 안드로이드 프로젝트를 하나 생성해보겠습니다.

스텝 **1**

File > New > Project... 메뉴를 실행합니다.

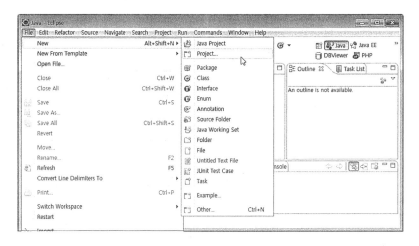

스텝 **2**

New Project 창에서 Android > Android Project를 선택하고 "Next" 버튼을 클릭합니다.

참고로 "Android > Android Sample Project"를 사용하여 안드로이드 SDK 가 제공하는 샘플 프로젝트를 생성하려면 앞서 Android SDK Manager에서 해당 버전의 SDK Sample 패키지들을 추가로 설치해야 합니다.

스텝 3

그림과 같이 New Android Project 창에서 프로젝트 이름을 정의하고 "Next" 버튼을 클릭합니다.

스텝 4

필자는 앞서 추가 설치한 Google API 2.1 버전으로 프로젝트를 생성해보겠습니다. 그림과 같이 SDK 버전을 선택하고 "Next" 버튼을 클릭합니다.

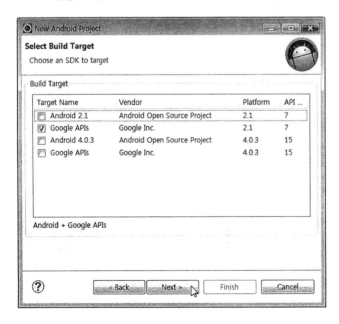

스텝 5

이 프로젝트에 사용할 패키지 이름을 그림과 같이 작성하고 "Finish" 버튼을 클릭하여 안드로이드 프로젝트 생성을 마무리합니다.

20.3 안드로이드 프로젝트 기본 구성 둘러보기

스텝 1

위의 과정으로 생성된 안드로이드 프로젝트는 그림과 같이 나타납니다. 안드로이드 프로젝트 소스 중 패키지의 정보를 정의하는 AndroidManifest.xml 파일은 안드로이드 프로젝트 소스를 파악하는데 필요한 첫 번째 단추라 할 수 있습니다. 지금은 Android Manifest.xml 파일이 이렇게 생긴 것이라는 정도만 봐두고 실제 안드로이드 개발에 들어서면 차분히 조사해보기 바랍니다.

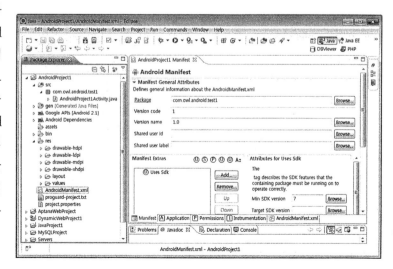

스텝 2

나중에 AndroidManifest.xml 파일을 찬찬히 살펴보면 알겠지만, AndroidManifest.xml에서는 첫
화면을 출력하는 액티비티라는 개념의 자바 클래스 파일을 제일 먼저 실행합니다. 본 사례의 경우
src/com.owl.android.test1/AndroidProject1Activity.java 파일이 첫 화면을 출력하는 액티비티 파일
입니다. 이 파일의 소스를 보면 그림과 같이 R.layout.main 객체를 화면에 출력하도록 짜여 있는데
이 화면 객체는 gen 폴더에 생성되어 있는 객체입니다. 이 gen 폴더의 객체는 res 폴더에 있는
소스들을 해독하여 자동으로 생성되는 객체입니다.

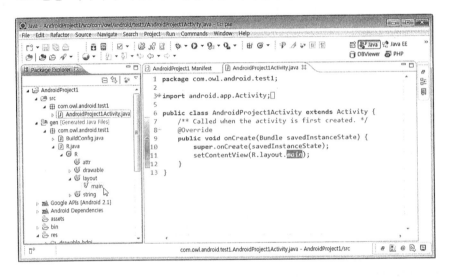

스텝 3

첫 화면에 해당하는 소스
는 res/layout/main.xml
파일입니다. 이 파일을 더
블클릭하면 그림과 같이
해독하지 못한다는 안내
문이 나타날 수 있습니다.

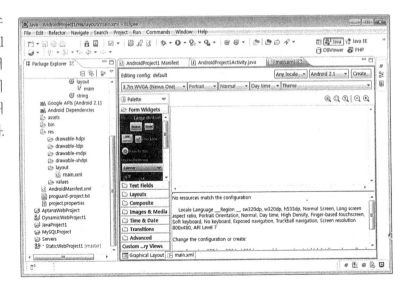

스텝 4

이 경우 미리보기에서 사용한 테마를 잘 인식하지 못한다거나, 적절한 미리보기 환경을 설정하지 않았기 때문인데 그림과 같이 Theme 목록을 한번 선택해주면 main.xml 파일을 재해독해 미리보기 화면이 나타납니다.

참고로 그림과 같이 일부 리소스를 읽어 들이지 못한다는 메시지가 나타날 수 있는데 이는 지금 단계에는 무시해도 좋습니다. 이에 대한 설명을 하자면 깊이 들어가야 하므로 이 정도에서 다음 과정으로 넘어 가겠습니다.

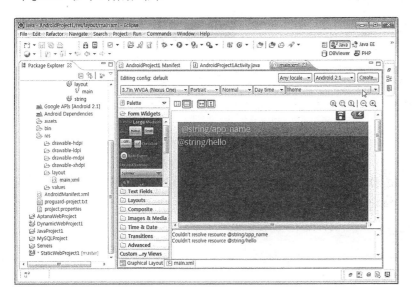

20.4 가상기기에서 실험하기

위의 프로젝트를 가상기기에서 실험하기 위한 시도를 해 보겠습니다. 간단히 성공 사례만 보여주는 것이 쉬울 수 있겠지만 필자는 의도적으로 복잡한 수렁 속으로 인도하겠습니다. 그 속에 필자가 얘기하고자 하는 안드로이드 개발에 꼭 필요한 기초적인 대처 방안들이 있습니다.

실행 오류에 대한 기초적인 대처법

스텝 1

위에서 준비한 안드로이드 프로젝트를 선택하고 Run > Run As > Android Application 메뉴를 실행하면 가상기기 또는 실물단말기에서 안드로이드 프로젝트를 실험할 수 있습니다.

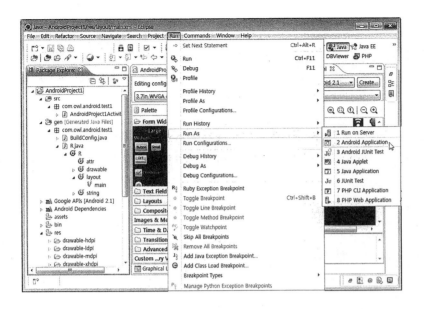

스텝 **2**

처음 안드로이드를 설치하고 실험하는 경우 이런 일이 발생하지는 않습니다. 그런데 필자의 실험 컴퓨터에는 이런 경고문이 나타났습니다.

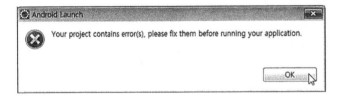

스텝 **3**

물론 소스에 문제가 있어 그럴 수도 있습니다. 그럴 때는 여느 자바 프로젝트처럼 Problems 창을 통해 확인해보면 됩니다. 그런데 필자의 경우 그림과 같이 Problems 창에 Debug 인증이 만료(expired) 되어 실험을 할 수 없다는 메시지가 나타납니다. 이런 경우는 초보자는 1년 후에나 겪을 수 있는 일입니다. 잘 기억해두기 바랍니다.

필자의 경우 오래 전에 사용했던 Debug 키를 사용하도록 했기 때문입니다. 원인을 알면 다행이지만 그렇지 않고 잘 모르는 경우 제일 먼저 시도해볼 명령이 Project > Clean... 메뉴를 실행하는 것입니다.

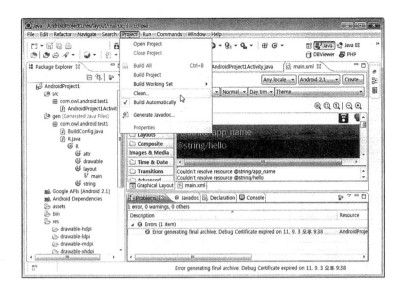

스텝 4

그림과 같이 Clean 창은 프로젝트를 선별적으로 다시 컴파일을 할 수도 있고 모든 프로젝트를
다시 컴파일할 수도 있습니다.

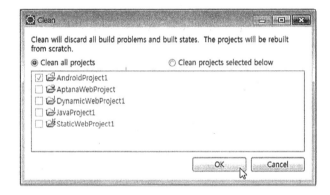

스텝 5

그러면 Problems 창에 있던 오류 구문이 사라질 것입니다. 물론 필자가 접한 문제는 아직 해결되지
않은 상태입니다. 문제를 해결하기 위해 이번엔 Run > Debug As > Android Application 메뉴를
실행하여 디버그 모드에서 문제점을 찾고자 시도합니다. 물론 이 방법으로 해결될 문제는 아닙니다.
필자가 말하고 있는 시나리오는 문제의 해답을 모를 경우 해볼 수 있는 방법임을 염두에 두기
바랍니다. 디버그 모드의 시도에서도 앞서 본바와 같은 Debug 키에 대한 오류가 계속 발생합니다.

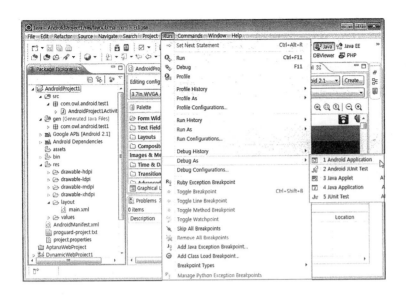

실행 환경 설정

안드로이드는 여러 버전의 단말기에서 실행해야 하는 특수성이 있습니다. 다음에서 소개하는 실행 환경의 조작법은 안드로이드 실험 환경에서 꼭 알아야 할 사항입니다. 디버그 키에 대한 문제를 해결하기 전에 잠시 먼저 실험 환경 설정을 하고 디버그 키에 대한 해답을 보여 주겠습니다.

스텝 **1**

앞서 디버그 모드에서의 실행 시도가 한번 있었기 때문에 디 버그 모드에 대한 실험 환경 설정이 이미 자동으로 생성되 어 있는 상태입니다. Run > Debug Configurations... 메뉴 를 실행하여 실행 환경에 대한 설정을 해봅니다.

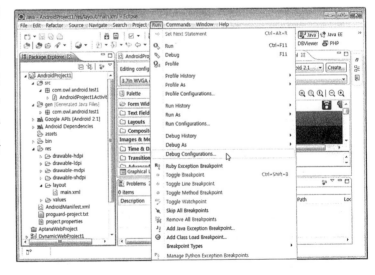

스텝 2

지정한 프로젝트에 대한 실행 환경 설정 화면이 나타납니다. Android Application > Android Project1 > Target 탭을 보면 Deployment Target이 "Automatic"으로 설정되어 있습니다. 이는 자동으로 실행 가능한 단말기를 선택하여 실행하는 설정입니다. 여러 단말기를 대상으로 실험할 때 이와 같이 설정되어 있으면 개발자가 선별적으로 단말기를 선택하여 실험할 수 없게 됩니다.

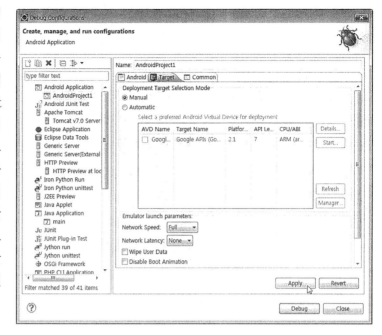

스텝 3

그림과 같이 Manual로 설정하기를 권장합니다. 이렇게 하면 실행할 때마다 실행할 단말기를 선택할 수 있어 다양한 버전의 단말기에서 프로젝트를 실험할 수 있습니다. "Apply" 버튼을 클릭하여 설정을 저장합니다.

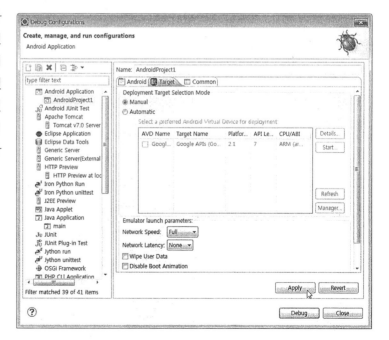

스텝 4

이 화면에서도 곧바로 실행할 수 있습니다. 그림과 같이 "Debug" 버튼을 클릭하여 디버그 모드에서 실행할 수 있습니다. 물론 필자의 경우 디버그 키 문제로 실행에 실패했습니다. 독자의 경우 대부분 디버그 키에 대한 문제가 없으므로 실행에 성공했을 것입니다.

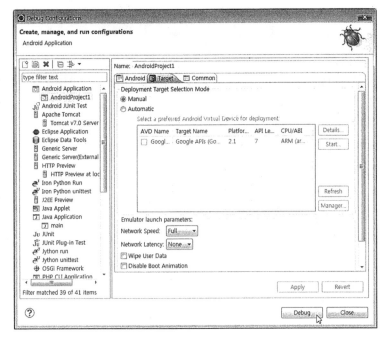

디버그 키에 대한 이해

안드로이드 디버그 키는 자동으로 생성됩니다. 디버그 키에 대한 정보는 환경 설정에서 찾아 볼 수 있습니다.

스텝 1

Window > Preferences 메뉴를 실행합니다.

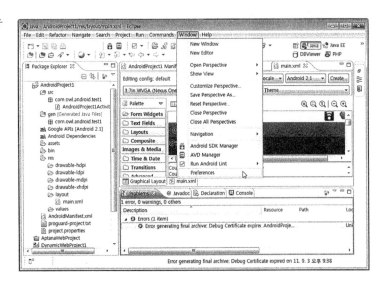

스텝 2

Android > Build > Default debug keystore 항목을 보면 디버그 키 파일의 위치를 알 수 있습니다. "Cancel" 버튼을 클릭하여 환경 설정 창을 닫습니다.

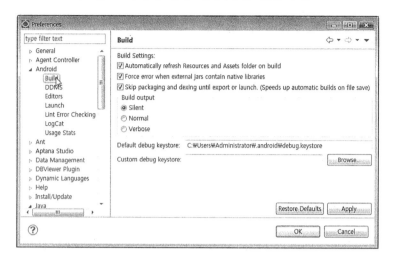

스텝 3

파일 탐색기에서 디버그 키 파일을 찾습니다. 그림에서 보는 바와 같이 오래 전에 생성했던 디버그 키 파일임을 알 수 있을 것입니다. debug.keystore 파일을 삭제합니다. 이렇게 하면 이클립스에서 다시 안드로이드 프로젝트를 실행할 때 자동으로 새로운 디버그 키 파일이 생성될 것입니다.

스텝 4

그림과 같이 debug.keystore 파일을 삭제했습니다.

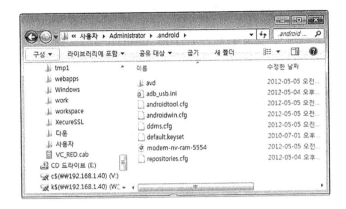

가상기기에서 디버그 모드로 실행하기

스텝 1

안드로이드 프로젝트를 선택하고 Run > Debug As > Android Application 메뉴를 실행합니다.

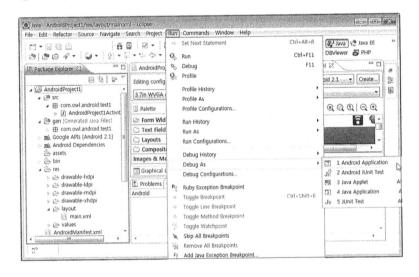

스텝 2

앞서 Debug Configurations 창에서 Target 설정을 Manual로 설정했기 때문에 그림과 같이 Android Device Chooser 창이 나타나 실행할 단말기를 선택할 수 있게 됩니다. 그림의 경우 하나의 가상기기만 실행 중입니다. 이 가상기기를 선택하고 "OK" 버튼을 클릭하여 실행합니다.

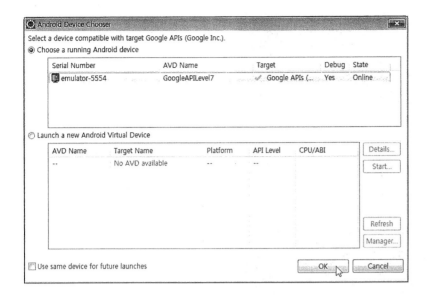

스텝 3

그림과 같이 Console 창에 실행 과정이 로그로 나타나면서 가상기기에 지정한 프로젝트의 실행
파일을 전송하고 설치한 후 실행합니다.

스텝 4

필자의 실험 컴퓨터에서도 그림과 같이 앞서 만든 안드로이드 프로젝트가 가상기기에 설치되어
실행됐습니다.

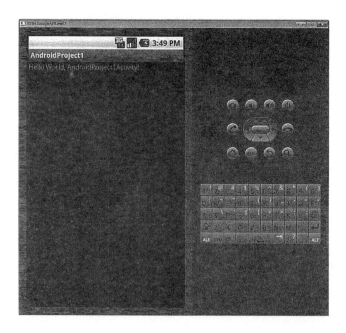

20.5 안드로이드 개발을 위한 분할영역 화면들

위의 가상기기가 실행 중인 상태에서 안드로이드 개발을 위해 꼭 알아야 할 분할영역 화면에 대해 간단히 소개합니다.

DDMS 분할영역 화면

DDMS는 "Dalvik Debug Monitor Server"의 약자입니다. DDMS는 안드로이드에서 단말기의 상태를 모니터링 한다거나 제어할 수 있는 기능을 지원하는데 안드로이드 프로젝트를 컴파일하여 단말기에서 실험하면서 성능 테스트를 하는데 필수적인 도구로 사용됩니다.

스텝 **1**

Window > Open Perspective >
Other... 메뉴를 실행합니다.

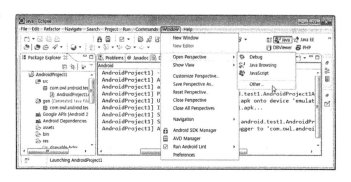

스텝 2

Open Perspective 창에서 "DDMS"를 선택하고 "OK" 버튼을 클릭합니다.

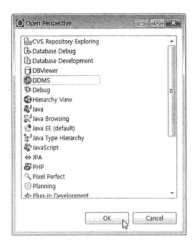

스텝 3

DDMS 분할영역 화면은 그림과 같이 나타납니다. 컴퓨터에 USB로 연결된 단말기나 실행 중인 가상기기는 Devices 창에서 선택할 수 있고, File Explorer 창을 통해 선택한 단말기의 파일 시스템을 탐색할 수도 있습니다. 또한 가상기기의 경우 Emulator Control 창에서 가상기기의 센서나 GPS와 같은 실험을 할 수 있으며, 소스에서 Log 클래스로 출력하는 로그도 LogCat 창에서 볼 수 있습니다.

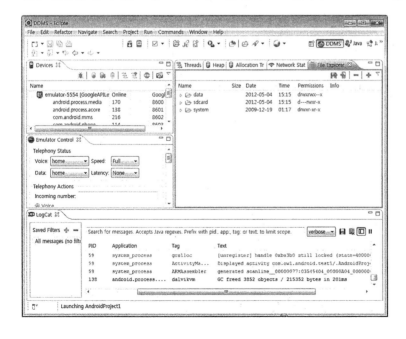

스텝 4

그림과 같이 Devices 창에서 단말기에서 실험 중인 앱의 패키지 명을 구분할 수 있으며, Update Threads 버튼을 이용하여 해당 프로세스가 사용하는 쓰레드도 모니터링할 수 있습니다.

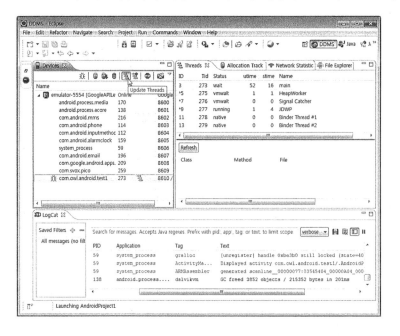

스텝 5

Devices 창에 있는 Screen Capture 버튼을 이용하면 Devices 창에서 선택한 단말기의 화면을 캡처할 수 있어 개발 그룹들과 함께 논점이 되는 앱의 화면을 캡처하여 논의를 원활하게 진행하는 도구로도 사용할 수 있습니다.

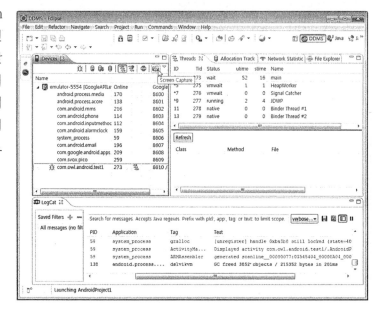

스텝 6

Device Screen Capture 창은 그림과 같이 나타나며 화면을 회전한다
거나 파일로 저장할 수 있으며 필요에 따라 Refresh로 캡처한 화면을
클릭보드에 복사할 수도 있습니다.

Debug 분할영역 화면

Debug 분할영역 화면은 런타임 버그를 잡는데 매우 유용합니다. 프로젝트 소스를 컴파일할 때는
오류가 나타나지 않지만 실행 도중에 예기치 않은 오류의 원인 지점을 예측하고 영화에서처럼
Break Point로 시간을 멈춰 범죄를 수사하듯 추적하는 재미가 있습니다.

스텝 1

Window > Open Perspective >
Debug 또는 Other... 메뉴로
Debug 분할영역 화면을 호출할
수 있습니다.

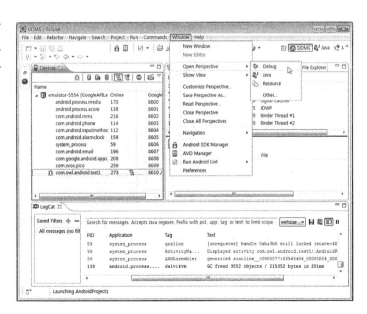

스텝 2

디버그 화면에서 특히 유용한 것은 그림과 같이 실행 중인 특정 프로세스를 지정하여 "Terminate" 버튼으로 종료시킬 수 있다는 점입니다. 그림은 앞서 가상기기에서 실험하던 안드로이드 프로젝트의 앱을 종료시키는 화면입니다.

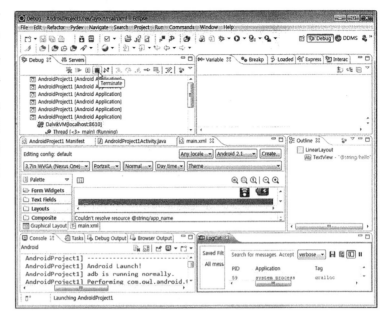

스텝 3

다시 코딩 작업을 하기에 적당한 Java 분할영역 화면으로 돌아가려면 그림과 같이 합니다.

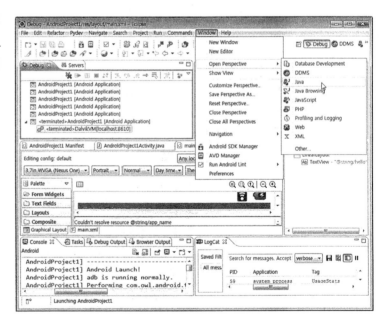

20.6 실물단말기에서 실험하기

이제 실물단말기에서 실험해보겠습니다. 필자의 경우 갤럭시탭을 USB로 개발 컴퓨터에 연결하고 다음과 같이 실험해봤습니다.

스텝 **1**

Package Explorer 창에서 안드로이드 프로젝트를 선택하고 Run > Run As > Android Application 메뉴를 실행합니다.

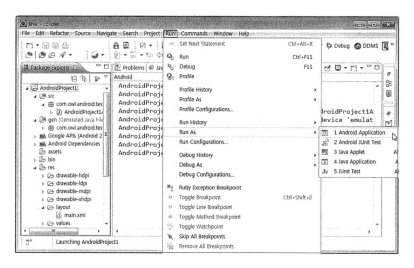

스텝 **2**

Android Device Chooser 창을 보면 그림과 같이 앞서 실행한 가상기기와 함께 USB로 연결한 실물단말기가 실행 가능 목록에 나타납니다. 지정한 안드로이드 프로젝트의 SDK 버전과 단말기의 SDK 버전이 적합한지를 체크하여 그림과 같이 Target 항목에 아이콘으로 표시해줍니다. 필자의 경우 안드로이드 프로젝트는 2.1 버전이고 실물단말기는 2.3.4 버전이기 때문에 일치하지는 않지만 실행 가능한 경고 아이콘이 나타

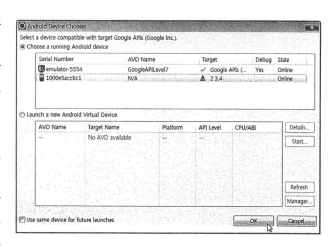

나고 있습니다. 그림과 같이 실물단말기를 선택하고 "OK" 버튼을 클릭하여 실행을 명령합니다.

스텝 3

위의 과정으로 필자의 실물단말기에는 지정한 안드로이드 프로젝트의 앱이 설치되고 실행됐습니다. 실물단말기의 화면을 독자에게 보여주기 위해 사진을 찍어 보여줄 수도 있지만 앞서 언급한 DDMS의 캡처 기능을 사용하면 그럴 필요가 없습니다. 그림과 같이 DDMS의 Devices 창에서 실험 중인 실물단말기를 선택하고 "Screen Capture" 버튼을 클릭합니다.

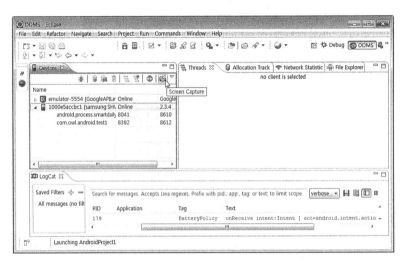

스텝 4

그림과 같이 실물단말기의 화면이 Device Screen Capture 화면에 나타납니다.

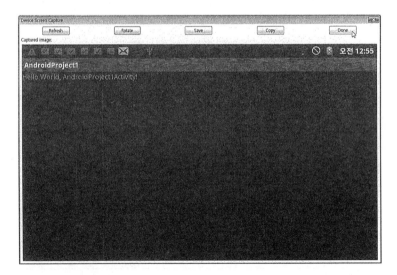

스텝 5

그림과 같이 DDMS의 Devices 창에서도 Debug 분할영역 화면에서 했던 것과 같이 실험 중인 앱을 강제 종료시킬 수 있습니다. 패키지명으로 구분하여 실험 중인 앱을 선택하고 "Stop Process" 버튼을 클릭하여 개발자가 원하는 특정 앱을 종료시킬 수 있습니다.

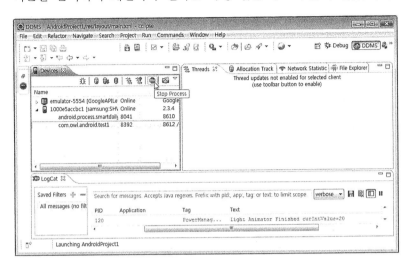

지금까지 안드로이드를 개발하는데 꼭 필요한 기능들을 소개했습니다. 이외에도 안드로이드 프로젝트를 위해서는 많은 지식들이 필요합니다. 하지만 이 정도만 알고 있으면 안드로이드 프로젝트에 입문하는데 필요한 기초 경험을 했다고 할 수 있습니다. 이제 안드로이드에 도전해보기 바랍니다.

웹앱을 위한 개발 환경

웹앱은 폰갭 이전의 웹앱과 폰갭 이후의 웹앱으로 구분할 수 있으며, 그 개발 환경이 현격하게 차이가 있습니다. 이클립스도 폰갭을 기준으로 본격적인 웹앱 솔루션이 완성되어 플러그인으로 배포되고 있습니다. 폰갭 이전의 웹앱은 앱이라 칭할 수 있는 기능이 브라우징 외에는 없었으며, 그래서 그냥 모바일 웹이라 해야 합니다. 아직도 폰갭 이후의 웹앱 솔루션에 대한 이해가 부족한 설계자들이 많습니다. 필자가 웹앱에 대한 정확한 이해를 강도 있게 역설하는 이유도 여기에 있습니다. 다음에서 소개하는 이클립스의 웹앱 솔루션을 보면 알게 될 것입니다.

폰갭을 중심으로 한 웹앱 솔루션에 들어가기에 앞서 초보자를 위해 다음에서 실험하는 필자의 개발 환경에는 그림과 같이 안드로이드 SDK 2.3.3과 4.0 버전을 추가 설치했음을 밝힙니다.

21.1 AppLaud PhoneGap for Android 플러그인 설치

집필 당시 웹앱에 대해 쓸 만한 유일한 이클립스 플러그인은 AppLaud PhoneGap 입니다. 이 플러그인은 폰갭을 기준으로 jQuery Mobile와 Sencha Touch를 함께 사용할 수 있는 완성된 웹앱 솔루션을 담고 있습니다.

스텝 1

그림과 같이 Help > Eclipse Marketplace... 메뉴를 실행합니다.

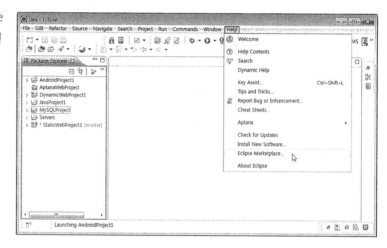

스텝 2

그림처럼 Eclipse Marketplace 창에서 "phonegap"을 검색어로 지정하여 검색하면 AppLaud PhoneGap for Android... 패키지를 찾을 수 있습니다. "Install" 버튼을 클릭하여 이 플러그인을 설치합니다.

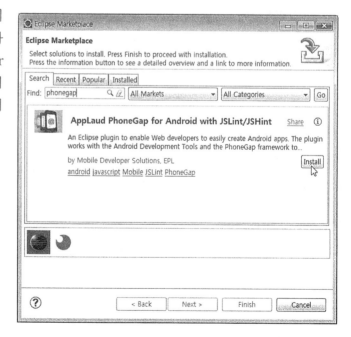

스텝 3

설치 중에 그림과 같은 안내 창이 나타날 수 있습니다. "Yes" 버튼을 클릭하여 설치를 계속 진행합니다.

스텝 4

설치할 패키지를 확인하고 "Next" 버튼을 클릭합니다.

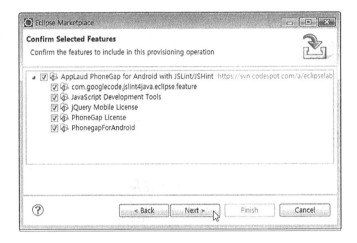

스텝 5

그림과 같이 라이선스 동의를 확인하고 "Finish" 버튼을 클릭합니다.

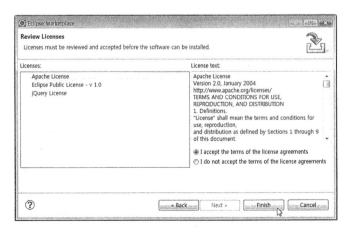

스텝 6

설치가 진행되면서 보안에 대한 대화상자가 나타나면 "OK" 버튼을 클릭하여 설치를 계속 진행합니다.

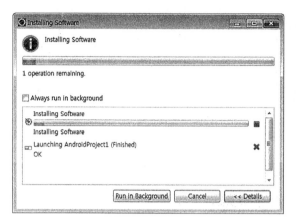
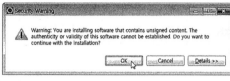

스텝 7

설치를 완료하면 안내에 따라 Restart Now 버튼을 클릭하여 이클립스를 재시동합니다.

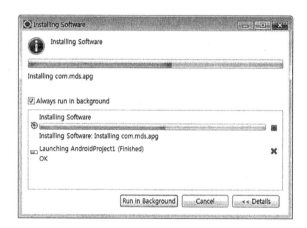
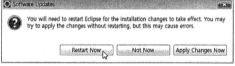

21.2 폰갭 프로젝트 생성

AppLaud로 폰갭 프로젝트를 생성하는 방법은 매우 다양합니다. 폰갭만으로 프로젝트를 생성할 수도 있고, jQuery Mobile과 함께 프로젝트를 생성할 수도 있으며, Sencha Touch와 함께 프로젝트를 생성할 수도 있을 뿐 아니라, 최신 버전의 폰갭, jQuery Mobile, Sencha Touch를 다운받아 AppLaud 를 통해 개발자의 목적과 취향에 맞는 프로젝트를 생성할 수 있습니다. 즉, AppLaud는 다양한 방식의 웹앱 프로젝트를 쉽게 생성할 수 있도록 가이드 역할을 하는 것이 주 기능입니다.

초보가 입장에서 만일 AppLaud가 없다면 프로젝트를 생성하는데 필요한 깊이 있는 지식들을 총동원해야 겨우 원하는 프로젝트를 생성할 수 있을 것입니다. 참 고마운 플러그인이 아닐 수 없습니다. 예전에는 그렇게 수동으로 일일이 폰갭, jQuery Mobile, Sencha Touch의 특성과 원리를 파악해서 라이브러리 파일을 추가해야 하는 수고를 해야 했습니다. 물론 웹앱을 많이 개발하다보면 이렇게 세세한 원리들도 알아야 하는 것은 당연합니다. 하지만 웹앱 솔루션의 초입부터 많은 지식을 요구한다면 대중적인 솔루션이 될 수 없습니다. 이러한 측면에서 폰갭 못지않게 웹앱 솔루션을 대중화시킨데 AppLaud의 역할도 아주 컸습니다.

다음에서는 가장 대중적인 폰갭 + jQuery Mobile을 위한 프로젝트를 생성하는 과정을 보여줍니다.

스텝 **1**

AppLaud를 설치하면 그림과 같이 Create a PhoneGap project 버튼이 나타납니다. 이 버튼을 이용하면 MSD AppLaud 창을 열어 쉽게 폰갭 프로젝트를 생성할 수 있습니다.

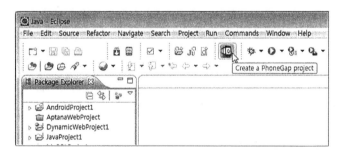

스텝 **2**

위의 Create a PhoneGap project 아이콘 버튼 대신 그림과 같이 File > New > Other... 메뉴를 클릭하여 New 창에서 Phonegap for Android Project를 선택하여 MSD AppLaud 창을 여는 방법도 있습니다.

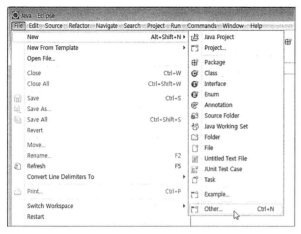 

스텝 3

MDS AppLaud 창에는 폰갭, jQuery Mobile, Sencha Touch에 대한 설정 인터페이스가 제공됩니다. 폰갭의 경우 MDS AppLaud 버전에 따라 차이는 있겠지만 필자의 경우 1.4.1, 1.5.0, 1.6.1 등 3가지 버전을 제공하고 있습니다. 이렇게 3가지 버전을 제공하는 이유는 세 개 버전 사이에 특징적인 변화가 있었기 때문입니다. 필요에 따라 폰갭의 최신 버전을 폰갭 사이트에서 직접 다운받아 사용할 수 있도록 Enter path to installed PhoneGap 옵션이 제공됩니다. 본 사례에서는 1.6.1 버전을 대상으로 폰갭 프로젝트를 생성하도록 설정하고 있습니다.

jQuery Mobile 항목에서 Include jQuery Mobile libraries... 옵션을 체크하고 AppLaud에 기본으로 탑재된 jQuery Mobile 1.1.0 버전을 사용하도록 정의하고 있습니다. jQuery Mobile과 Sencha Touch 는 구조적으로 다른 방식으로 웹앱을 구현하기 때문에 AppLaud에서는 이 두 솔루션을 동시에 사용하는 방법을 제안하지는 않고 있습니다.

참고로, jQuery Mobile은 마크업이라는 태그 방식을 사용하는 반면, Sencha Touch는 JSON 방식을 기본으로 하고 있어 자바스크립트를 기반으로 하는 같은 목적의 프레임워크이기는 하지만 같이 섞어 사용할 수 없는 한계점을 가지고 있어 두 솔루션을 동시에 복합적으로 사용하려면 고차원적인 솔루션 기술이 요구됩니다. 폰갭은 스마트폰과 같은 단말기와 연동하는 하드웨어적인 솔루션을 제공하는데 반해 jQuery Mobile이나 Sencha Touch는 HTML5를 기반으로 하는 화면 효과에 관련된 솔루션을 제공하기 때문에 "폰갭 + jQuery Mobile"과 "폰갭 + Sencha Touch"가 가장 대표적인 웹앱 솔루션이라 할 수 있습니다. 그래서 MDS AppLaud에서도 폰갭을 기준으로 jQuery Mobile과 Sencha Touch 중 하나를 선택하여 웹앱 프로젝트를 생성하도록 안내하고 있습니다.

본 사례는 Project Contents 항목에서 PhoneGap API Example with jQuery Mobile 옵션을 선택하고 "Next" 버튼을 클릭하여 웹앱 프로젝트를 생성하고 있습니다.

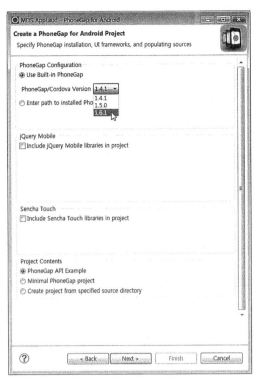

스텝 **4**

그림과 같이 프로젝트명을 정의하고, "Next" 버튼을 클릭하여 웹앱 프로젝트 생성을 마무리합니다. 여기서 생성한 웹앱 프로젝트에 대한 이해는 다음 장에서 연이어 다루도록 하겠습니다.

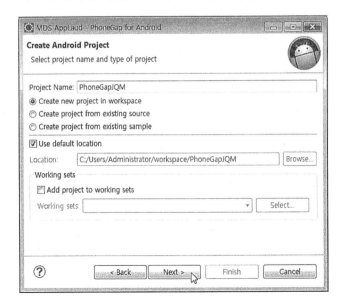

폰갭 + jQuery Mobile 프로젝트

이 장에서 소개하는 몇 가지 문제와 해결 방법론들은 웹앱을 개발하는데 기본적으로 알아야 할 사항들입니다. 특별한 경우가 아니라 언젠가는 한번쯤 겪을 만한 일들입니다. 안드로이드, 폰갭, jQuery Mobile, Sencha Touch, AppLaud의 버전에 따라 발생할 수도 있고 운 좋게 발생하지 않을 수도 있습니다. 만일 이와 똑같은 문제가 발생하지 않는다 하더라도 그 해결 방법을 이 장의 몇 가지 방법론에서 찾을 수 있을 것입니다.

22.1 폰갭의 첫 번째 FAQ : xlargeScreens 문제

앞장에서 만든 웹앱 프로젝트는 그림과 같은 경고 창을 출력할 수 있습니다. 이와 같은 문제는 폰갭, jQuery Mobile의 버전에 따라 나타날 수도 있고 나타나지 않을 수도 있습니다. 안내문을 보면 알겠지만, 폰갭이나 jQuery Mobile에서 제공하는 라이브러리가 이클립스에서 표준으로 판단하는 기준에 따라 작성되지 않았기 때문입니다.

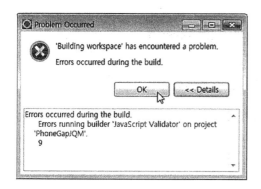

자바스크립트의 경우 작성법이 다양하여 최근에는 표준을 정하고 이에 따라 작성할 것을 권유하지만 실제 이를 통제할 만한 개발도구가 보편화되지 않았고 오래된 개발자들의 경우 메모장과 같은 간단한 편집기에서 작성하는 경향이 있으며 웹브라우저에서 특별히 오류로 취급하지 않고 실행하는 데 문제가 없기 때문에 이와 같은 문제가 발생할 수 있습니다.

이와 같은 문제는 모든 자바스크립트 프레임웍의 공통적인 문제점이니 불평을 할 일이 아님을 알려 드립니다. 경고 창이 나타나면 "Javascript Validator"에 대한 문제임을 인식하고 "OK" 버튼을 클릭하여 경고 창을 닫습니다.

스텝 **1**

필자의 경우 그림과 같이 AndroidManifest.xml의 설정에 대한 문제점과 jQuery Mobile 라이브러리에서 앞서 설명한 바와 같은 Javascript Validator에 대한 문제점에 당면했습니다. 이러한 문제는 버전에 따라 발생할 수도 있고 그렇지 않고 순조롭게 넘어갈 수도 있다는 점을 염두에 두고 이런 문제에 대한 해결 방법을 살펴봅니다.

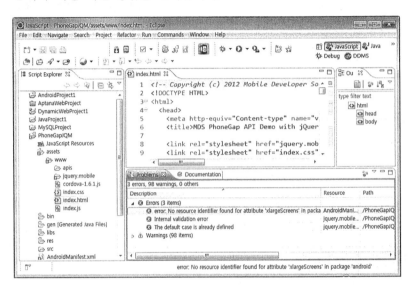

스텝 **2**

필자의 경우 Android SDK 버전을 2.3.3으로 선택했습니다. 하지만 AppLaud가 폰갭 프로젝트를 생성할 때는 xlargeScreen을 지원하는 상위 버전에 맞춰 AndroidManifest.xml 파일을 생성하도록 템플릿을 정의하고 있습니다. 이에 따라 그림과 같은 오류가 발생하는 것입니다. AndroidManifest.xml 파일의 소스를 열면 android:xlargeScreens에 대한 속성이 있습니다. 이 속성을 삭제합니다. 만일 이 프로젝트를 생성할 당시 xlargeScreen을 지원하는 Android SDK 버전을 선택했다면 이와 같은 오류는 나타나지 않을 것입니다.

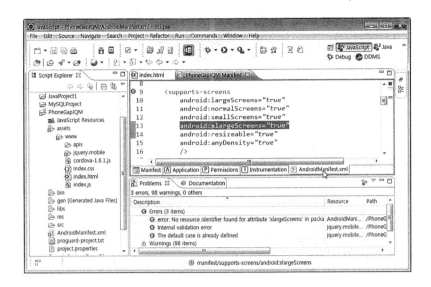

스텝 3

그림과 같이 기존의 구문을 주석으로 처리하여 xlargeScreen 속성이 없는 구문으로 작성한 후 AndroidManifest.xml 파일을 저장합니다.

스텝 4

위와 같이 교정하면 그림과 같이 xlargeScreen에 대한 오류는 사라집니다.

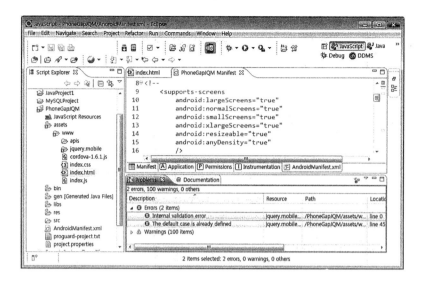

스텝 5

참고로 필자의 경우 Project 메뉴를 보면 "Build Automatically"에 체크가 되어 있기 때문에 AndroidManifest.xml 파일을 수정하고 저장할 때마다 자동으로 재컴파일을 합니다. 개발자의 컴퓨터 환경에 따라 간혹 재컴파일을 하지 못하는 경우가 있는데 이 경우 "Project > Clean..." 메뉴를 이용하여 재컴파일을 시도하기 바랍니다.

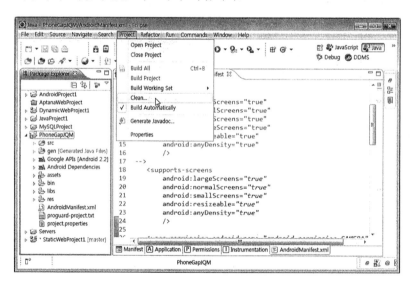

22.2 jQuery Mobile의 자바스크립트 오류 해결

스텝 **1**

Problems 창에 나타나는 jQuery Mobile에 대한 오류 항목을 더블클릭하면 그림과 같이 오류 구문에 해당하는 소스가 나타날 것입니다. 개발자가 작성한 오류라면 당사자가 수정해야 하겠지만 이와 같이 jQuery Mobile에서 제공하는 라이브러리에서 발생하는 오류는 교정하기가 난감할 것입니다. 정말로 jQuery Mobile에서 잘못 배포할 수도 있지만 대부분의 경우 실행하는 데는 문제가 없는, 표기법에 대한 기준이 달라 나타나는 현상입니다.

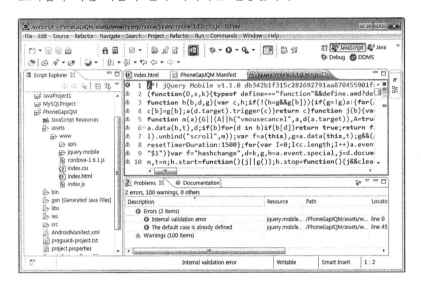

스텝 **2**

필자의 두 번째 오류도 그림과 같이 jQuery Mobile 라이브러리에 대한 문제입니다.

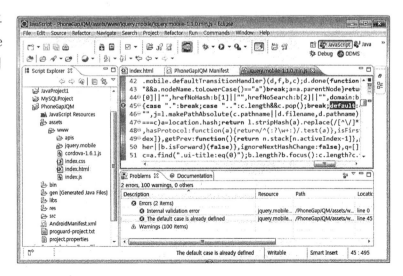

스텝 **3**

이와 같은 경우 다음과 같이 이클립스에서 적용하는 Javascript Validator에 대한 설정을 변경할 필요가 있습니다. Window > Preferences 메뉴를 실행합니다.

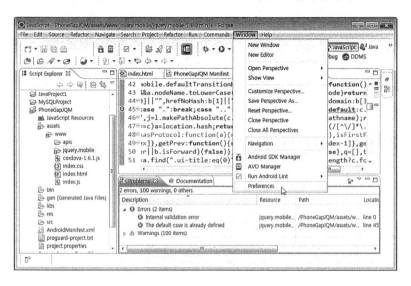

스텝 **4**

필자의 이클립스 환경 설정은 그림과 같이 Javascript semantic validation 기능을 사용하도록 설정되어 있습니다. Java EE 패키지의 경우 이와 같은 설정이 기본 설정입니다.

스텝 5

그림과 같이 Javascript semantic validation 기능을 비활성화하고 "OK" 버튼을 클릭합니다.

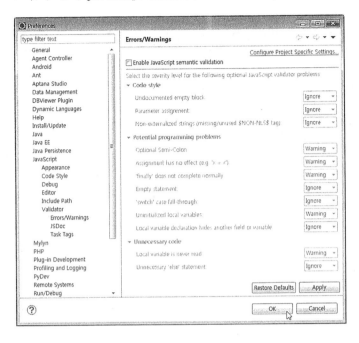

스텝 6

Javascript Validator 설정을 변경 적용하면 그림과 같이 재컴파일한다는 대화상자가 나타날 것입니다. "Yes" 버튼을 클릭하여 문제의 웹앱 프로젝트를 재컴파일합니다.

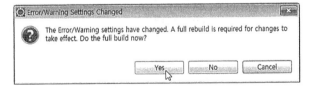

스텝 7

그림과 같이 재컴파일을 한 후에는 이클립스가 Javascript Validator를 검사하지 않기 때문에 더이상 오류가 발생하지 않고 실험 준비를 완료할 수 있습니다. 나중에 다시 언급하겠지만 필자의 경우 아직 2개의 경고(Warning)가 있다는 것을 기억하기 바랍니다.

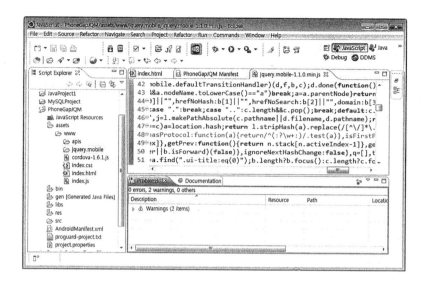

22.3 실물단말기에서 폰갭 + jQuery Mobile 프로젝트 실험

스텝 **1**

필자의 경우 오류가 없고 경고만 2건 있는 상태입니다. 오류(Error)가 있으면 실행해볼 수 없지만 경고는 무시하고 실험을 할 수 있습니다. 그림과 같이 폰갭 프로젝트를 선택하고 Run > Run As > Android Application 메뉴를 실행하여 실험을 시도합니다.

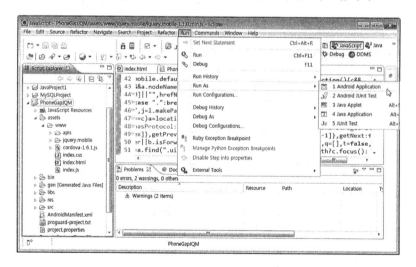

스텝 2

필자의 경우 실물단말기에서 실험하기로 했습니다. 단말기를 선택하고 "OK" 버튼을 클릭합니다.

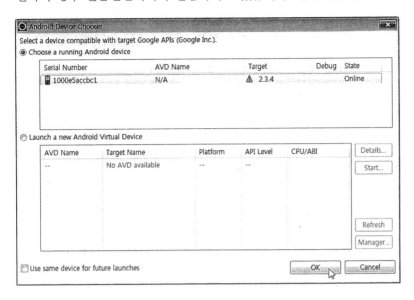

스텝 3

DDMS 화면에서 보면 지정한 실물단말기에서 폰갭 프로젝트의 앱이 실행되는 것을 볼 수 있습니다. 앞서 소개한 Screen Capture 기능으로 필자가 실행한 화면을 보여주겠습니다.

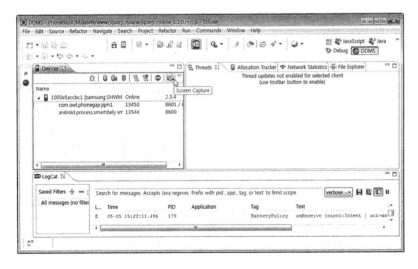

스텝 4

그림과 같이 폰갭 화면이 별다른 오류 없이 나타났습니다. 이 앱은 기능적으로는 폰갭의 기능을 간단히 실험해볼 수 있는 샘플이 제공되고 화면은 jQuery Mobile로 포장된 상태입니다. 이 화면은 jQuery Mobile에서 제공하는 스마트 디자인 중 접펼식 목록을 사용하고 있습니다. "PhoneGap API" 버튼을 클릭하면 폰갭에서 제공하는 대표적인 기능들에 대한 버튼이 나타납니다.

스텝 5

폰갭의 기능 중에 가속 센서에 대한 기능을 실험해봅니다. 위의 기능 목록에서 "Accelerometer" 버튼을 클릭하면 그림처럼 나타납니다. 이 화면에서 "Get Current" 버튼을 클릭하면 실물단말기에 감지된 가속 값이 X, Y, Z 값으로 가속력을 표현해줍니다. 이와 같은 기능을 안드로이드 네이티브 프로그래밍에서 개발하려면 적지 않은 기술적 이해와 시간이 필요하지만 폰갭을 사용하면 간단한 자바스크립트만으로 쉽게 센서 감지 기능을 구현할 수 있습니다.

다. 이와 같은 센서 감지 기능은 jQuery Mobile이나 Sencha Touch에서는 구현할 수 있는 폰갭 고유의 솔루션입니다.

22.4 폰갭의 두 번째 FAQ : 버전과 디버그 모드 문제

AppLaud 의 도움으로 폰갭용 안드로이드 프로젝트를 자동으로 생성했지만, 이는 폰갭의 안드로이드 프로젝트 템플릿의 도움입니다. 따라서 개발자의 개발 환경에 따라 약간의 교정이 필요할 수 있습니다. 그 중 대표적인 사례가 다음에서 소개하는 버전과 디버그 모드 문제입니다.

스텝 **1**

필자의 경우 Problems 창에서 2개의 경고가 나타났습니다. 첫 번째 경고문을 마우스로 더블클릭하면 문제의 구문에 대한 소스가 나타납니다.

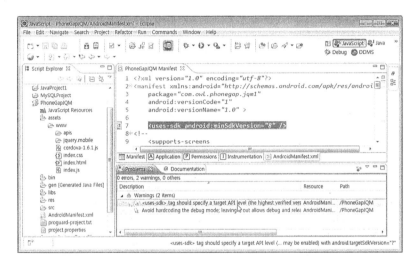

스텝 **2**

경고 구문이 길어서 잘 안 보인다면 그림과 같이 콘텍스트 메뉴를 사용해보세요. "콘텍스트 메뉴 > Properties" 메뉴를 실행하면 경고문에 대한 내용을 찬찬히 읽어 볼 수 있는 창이 나타납니다.

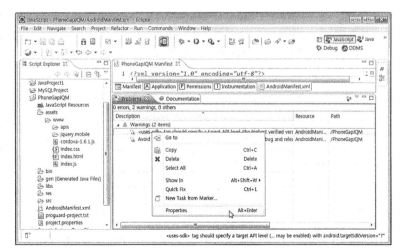

스텝 3

그림과 경고문을 확인해보면 android:targetSdkVersion 속성을 설정할 필요가 있다는 의미인 것을 알 수 있습니다. 안드로이드는 AndroidManifest.xml에서 패키지의 정보를 정의하는데 이 파일에 추가로 android:targetSdkVersion 속성을 정의하면 해결될 것이라는 것을 알 수 있습니다. 안드로이드가 초면인 개발자라면 나중에 차차 알게 될 것이니 해결하는 방법론에만 주안점을 두기 바랍니다.

스텝 4

또한 두 번째 경고문을 더블클릭했더니 그림과 같이 android:debuggable 속성에 대한 경고임을 알 수 있습니다.

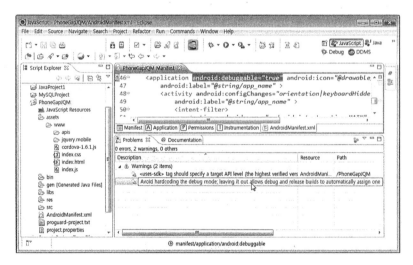

스텝 5

위의 경고문에 대한 상세 정보를 보면 이 프로젝트에서는 굳이 android:debuggable이라는 속성을
정의할 필요가 없다는 안내임을 알 수 있습니다.

스텝 6

그래서 그림과 같이 android:debuggable 속성을 삭제하고 저장했더니 경고문 하나가 사라졌습니다.
이제 하나의 경고문만 남았습니다.

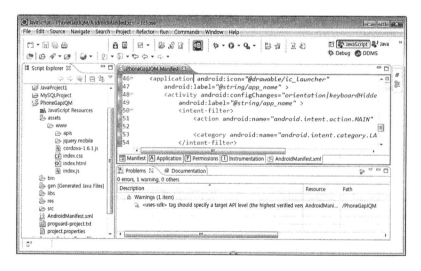

스텝 7

AndroidManifest.xml 파일에서 "Manifest 탭 > Manifest Extras > Uses Sdk > Attribute ...
> Target SDK version" 항목에 값이 설정되어 있지 않는 것을 발견했습니다. 폰갭의 안드로이드

프로젝트 템플릿에는 이 부분에 대한 처리가 누락됐던 것입니다.

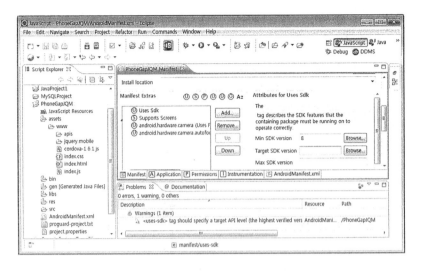

스텝 **8**

그림과 같이 적절한 SDK 버전을 입력하고 저장하면 마지막 남은 경고문도 사라집니다.

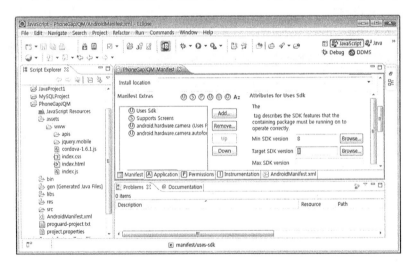

이 정도로 폰갭 + jQuery Mobile의 솔루션 조합에 대한 소개는 마무리하겠습니다. 좀 더 상세한 내용은 필자의 다른 서적인 "웹앱 나도 만든다"와 "모바일 웹과 웹앱을 위한 jQuery Mobile" 서적을 참고하기 바랍니다.

Chapter 23 폰갭 + Sencha Touch 프로젝트

이 장에서는 AppLaud가 제공하는 Sencha Touch 프로젝트에 대해 소개합니다. AppLaud는 폰갭을 기준으로 Sencha Touch 라이브러리만 추가한 상태에서 웹앱 프로젝트를 생성하기도 하고, 폰갭 데모에 Sencha Touch 화면을 입힌 웹앱 데모 프로젝트를 생성하기도 하며, 폰갭을 기본으로 탑재하되 Sencha Touch의 대표적인 데모인 Kitchen Sink 프로젝트를 생성할 수 있도록 안내하기도 합니다. 주의할 것은 필자가 다운받은 AppLaud의 경우 jQuery Mobile의 경우와는 달리 Sencha Touch 패키지를 Sencha Touch 사이트에서 다운받아 설치해야 했습니다. 이런 점은 AppLaud의 버전에 따라 달라질 수도 있습니다.

23.1 폰갭 + Sencha Touch 프로젝트 생성 요건

폰갭 + Sencha Touch 프로젝트를 생성하기 위해 어떤 요건이 필요한지 먼저 폰갭 프로젝트를 생성하는 MSD AppLaud 창을 호출해봅니다.

스텝 **1**

그림과 같이 Create a PhoneGap project 버튼을 클릭합니다.

스텝 **2**

MSD AppLaud 창에서 그림과 같이 폰갭 버전을 선택하고, Sencha Touch 항목의 "Include Sencha Touch libraries in project"를 체크합니다. 그러면 jQuery Mobile의 경우와는 달리 Sencha Location 에 Sencha Touch 설치 위치를 입력할 것을 요구합니다. 아직 Sencha Touch는 배타적인 솔루션 배포 입장을 취하고 있는 것으로 보입니다.

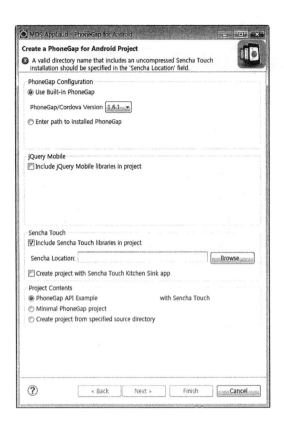

23.2 Sencha Touch 2 다운로드

스텝 1

위의 조사에 의해 Sencha Touch 패키지를 다운받아야 한다는 것을 알았습니다. 필자의 경우 Sencha Touch 사이트를 찾았더니 최신 버전이 Sencha Touch 2입니다. Sencha Touch 2를 다운받는 페이지를 찾아 다운받겠습니다.

스텝 2

그림에서 보는 바와 같이 Sencha Touch 2의 경우 GPL 무료 버전과 Commercial 유료 버전이 있습니다. jQuery Mobile 보다는 배타적인 배포 입장으로 보이는 것이 맞습니다. Sencha는 앞으로 모든 패키지를 상용 유료 버전으로 배포할 전략을 세우고 있는 것으로 보입니다.

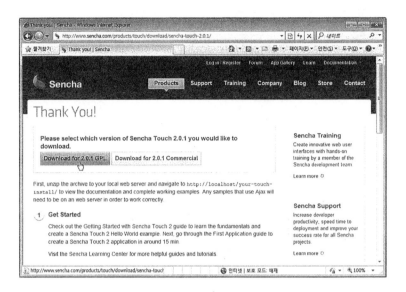

스텝 3

그림과 같이 GPL 버전을 다운받겠습니다.

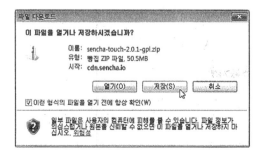

스텝 4

참고로 Sencha Touch의 경우 터미널에서 웹앱을 패키징하는 개발자용 SDK Tool을 배포하고 있습니다. 다운받아 조사해보면 알겠지만 터미널에서 조작해야 하는 어려움도 있지만 안드로이드 프로젝트를 생성해서 Sencha Touch에 없는 기능을 추가할 여지를 주고 있지 않아, 기능적인 한계점을 그어놓은 방법론이기 때문에 권장하고 싶지는 않습니다.

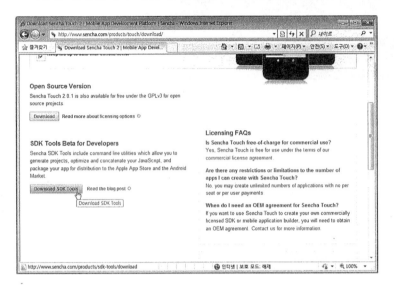

스텝 5

그림과 같이 다운받은 Sencha Touch의 GPL 패키지를 압축 해제한 후 자바가 인식하는데 문제가 없는 경로로 위치를 이동합니다.

23.3 Sencha Touch 2 라이브러리를 포함하는 폰갭 프로젝트

위에서 다운받은 Sencha Touch 2 패키지를 기준으로 Sencha Touch 2 라이브러리를 포함하는 폰갭 프로젝트를 생성하겠습니다. 이 프로젝트는 폰갭의 단순한 첫 페이지 기능만 있고 Sencha Touch 2 라이브러리를 포함하고 있어 나중에 폰갭 + Sencha Touch 2 프로젝트를 진행하는데 가장 많이 사용하는 웹앱 프로젝트 생성 방법이 될 것입니다.

스텝 1

MSD AppLaud 창을 열고 그림과 같이 설정합니다. Sencha Location 항목에 앞서 설치한 Sencha Touch 2 경로는 "Browse..." 버튼으로 선택해오고, Project Contents 항목을 "Minimal PhoneGap project" 옵션을 선택하고, "Next" 버튼을 클릭합니다.

스텝 2

그림과 같이 프로젝트 이름을 입력하고 "Next" 버튼을 클릭합니다.

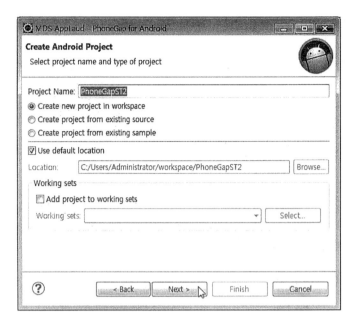

스텝 3

그림과 같이 안드로이드 SDK 버전을 선택하고, 패키지명을 입력하여 프로젝트 생성을 완료합니다.

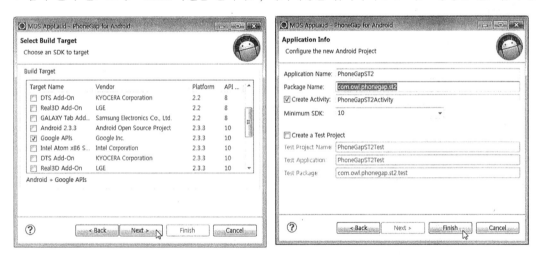

스텝 4

그림과 같이 assets/www/sencha 폴더에 Sencha Touch 2 라이브러리를 포함하는 폰갭 프로젝트가 생성됐습니다. index.html 파일에서 보는 바와 같이 단순히 폰갭 라이브러리를 메모리에 로드했는지 만 확인해주는 기능으로 되어 있습니다.

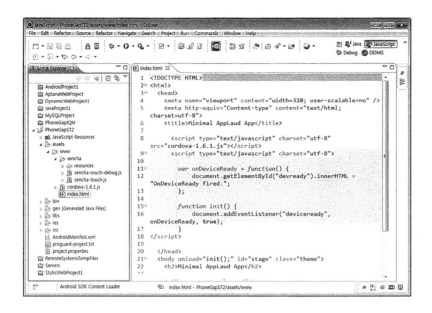

스텝 **5**

이 프로젝트를 선택하고 Run > Run As > Android Application 메뉴를 실행하여 실험해봅니다.

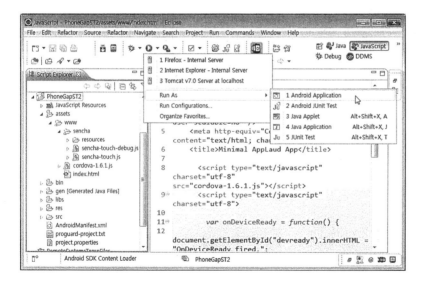

스텝 **6**

필자는 실물단말기를 선택하고 "OK" 버튼을 클릭했습니다.

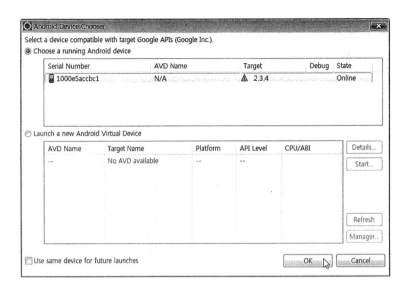

스텝 7

필자의 실물단말기에는 그림과 같이 폰갭 라이브러리를 로드했다는 메시지가 화면에 나타났습니다.
대부분 실제 Sencha Touch 2 프로젝트에서는 여기서 부터 개발을 시작하게 됩니다.

23.4 Sencha Touch 1 다운로드

집필 당시까지만 해도 AppLaud는 기본 표준이 Sencha Touch 1에 맞춰져 있었습니다 나중에 Sencha Touch 2까지 업그레이드된다 해도 AppLaud의 기능에는 큰 차이가 없을 것입니다. 또한 기존에 Sencha Touch로 개발했다면 Sencha Touch 1 버전일 것이므로 Sencha Touch 2가 안정화되고 보편화될 때까지는 Sencha Touch 1에 대한 이해가 필요합니다.

Sencha Touch 2의 버전 업 초점들 중 가장 중요한 부분은 속도입니다. Sencha Touch 1의 경우 기능성은 나름 좋다고 평가를 받았지만 대중적인 개발 방법을 가지고 있지 않아 특수 개발층만 사용하는 경향이 있었고, 속도가 많이 늦다는 평가가 있어 Sencha Touch 2에서는 성능을 개선하는 노력을 해왔습니다. jQuery Mobile은 쉬운 개발 방법을 사용하고 있고 속도면에서도 우수한데 반해 Sencha Touch 2가 대중화되기 위해서는 넘어야 할 산이 아직 상당히 높아 보이지만 Sencha 는 Chart나 Animation과 같은 깊이 있는 다양한 솔루션을 제공하고 있기 때문에 우상으로만 남아 있는 현상이 있습니다.

이런 문제를 해결하고자 하는 Sencha 측의 노력은 Sencha Designer와 같은 GUI 개발도구로 표출되지 만 일반 개발자는 폐쇄적인 배포 방식에 한계점을 느끼고 있습니다. 이번에는 Sencha Touch 1 버전을 다운받아 안정화된 버전으로 AppLaud를 실험하고 Sencha Touch의 전반적인 기능을 실험할 수 있도록 안내하겠습니다.

스텝 **1**

그림과 같이 Sencha Touch 다운로드 페이지에서 구 버전인 Sencha Touch 1.1 버전을 다운받습니다.

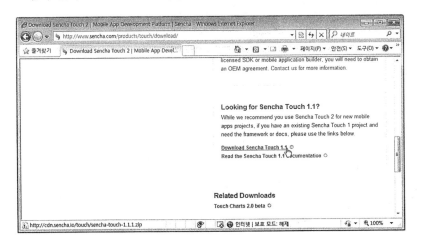

스텝 2

앞서 Sencha Touch 2에서 설명한 바와 같이 다운받은 zip 파일을 압축 해제하고 자바가 인식하기 용이한 경로에 그림과 같이 배치합니다.

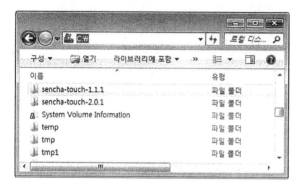

23.5 폰갭 + Sencha Touch 1 프로젝트 생성

이제 Sencha Touch 1을 표준으로 하는 AppLaud의 기능을 이용하여 Sencha Touch 1으로 디자인된 폰갭 데모 프로젝트를 생성해보겠습니다.

스텝 1

"Create a PhoneGap project" 버튼을 클릭하여 MSD AppLaud 창을 호출합니다.

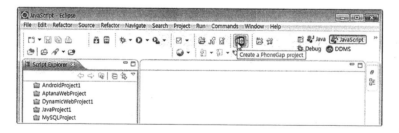

스텝 2

MSD AppLaud 창에서 그림과 같이 설정합니다. Sencha Location 항목에는 Sencha Touch 1 버전의 설치 경로를 지정해주고, "PhoneGap API Example with Sencha Touch 1"을 선택한 후 "Next" 버튼을 클릭합니다.

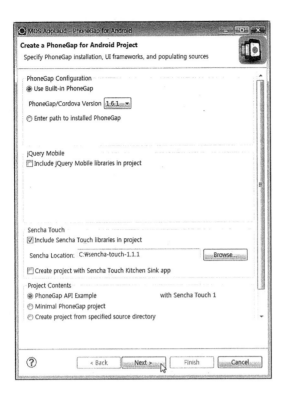

스텝 3

그림과 같이 프로젝트 이름을 정의하고 "Next" 버튼을 클릭합니다.

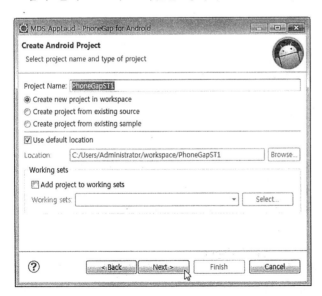

스텝 4

그림과 같이 안드로이드 SDK 버전을 설정하고, 패키지 이름을 정의하여 프로젝트 생성을 완료합니다.

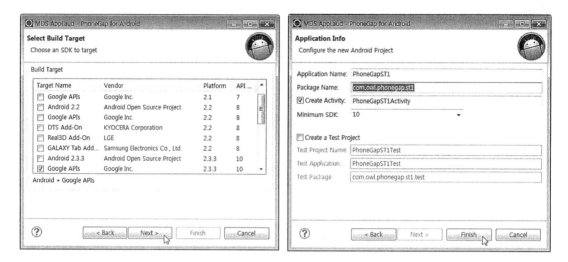

스텝 5

그림과 같이 Sencha Touch 1 용 웹앱 프로젝트를 생성했습니다.

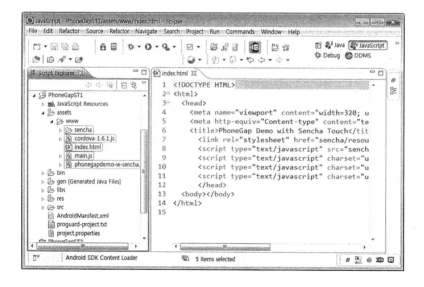

스텝 6

index.html 파일을 살펴보면 Sencha Touch의 작동 원리를 엿볼 수 있습니다. Sencha Touch의
작동 원리를 자세히 설명하기에는 지면상의 제약이 있고 주제에 벗어나기 때문에 간략하게만

언급하겠습니다. jQuery Mobile이 마크업이라는 태그를 이용하는 것과는 달리 대부분의 코드가 JSON 파일과 자바스크립트에 의해 작동합니다. 따라서 index.html 파일에는 CSS 파일과 자바스크립트 파일들만 호출하고 있고 <body> 태그 안에는 아무 내용도 없습니다. 화면을 출력하는 명령들은 main.js와 phonegapdemo-w-sencha.js 파일에 의해 작동을 시작합니다.

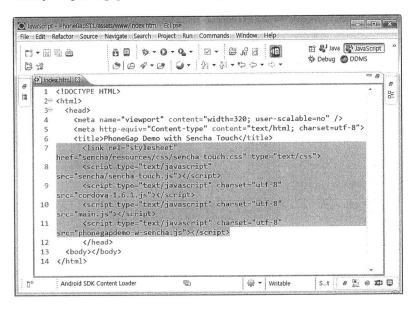

23.6 폰갭 + Sencha Touch 1 프로젝트 실험

스텝 1

프로젝트를 선택하고 Run >
Run As > Android Application
메뉴를 실행하여 이 프로젝트를
실험해보겠습니다.

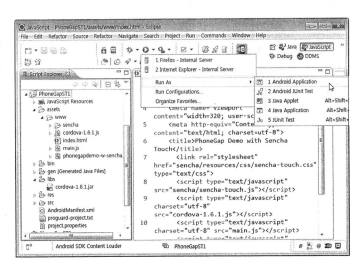

스텝 2

실물단말기를 선택하고 이 프로젝트를 실행해보겠습니다.

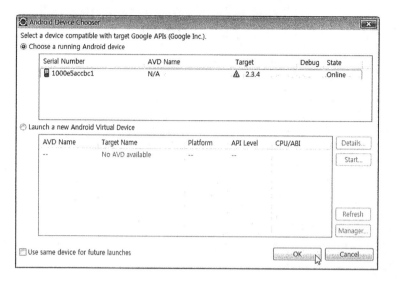

스텝 3

앞서 폰갭 + jQuery Mobile 프로젝트에서 보았던 화면과 비슷하게 나타납니다. 디자이너라면 느끼겠지만 jQuery Mobile 보다 스마트한 디자인이라 하기에는 부족함이 있어 보입니다. 이는 Sencha Touch의 스마트 디자인 기능이 부족해서가 아닙니다. 개발하는데 jQuery Mobie 보다 오래 걸리는 문제가 있고 디자이너가 조작할 수 있는 여건이 난해한 개발 환경 때문에 디자이너의 손길이 닿지 않아서 입니다. 이런 것이 솔루션 개발자들이 잘 고려해야 할 중요한 사례입니다. 기술력이 좋은 것도 중요하지만 아이폰이나 jQuery Mobile과 같이 대중에게 쉬운 인터페이스를 제공하는 것이 많은 대중이 혜택을 누릴 수 있게 하는 핵심 요인입니다.

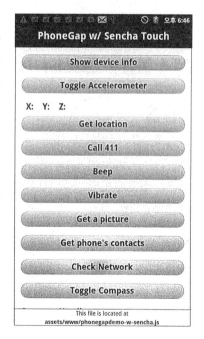

스텝 4

AppLaud가 제공하는 Sencha Touch 인터페이스는 그림과 같이 팝업창으로 폰갭의 기능들을 실험할 수 있게 하고 있습니다. 이 또한 Sencha Touch의 개발 방법론에서 가장 쉬운 방법을 택했기 때문입니다. index.html 파일을 기준으로 하나의 앱이 구성되는 보편적인 방법론이기 때문에 다양한 화면을 구현하는 데는 많은 기술적인 고민이 필요했던 것입니다. 인간은 그림으로 구상화시켜가면서 만드는 것이 본능적입니다. 이런 문제에 대한 요구가 Sencha 내외에서 많이 있고 이를 해결하기 위한 Sencha 내부의 노력도 꾸준히 있으리라 봅니다.

23.7 Sencha Touch의 Kitchen Sink 데모 프로젝트

Sencha Touch의 기능들을 살펴볼 수 있도록 제공하는 대표적인 Sencha Touch 데모 프로젝트가 Kitchen Sink라는 프로젝트입니다. AppLaud로 Kitchen Sink 데모 프로젝트를 간단히 생성할 수 있도록 지원하고 있습니다.

스텝 **1**

MSD AppLaud 창을 호출하고 그림과 같이 설정합니다. 필자는 아직 Sencha Touch 2 버전으로 Kitchen Sink 데모 프로젝트를 생성하는 마법사가 지원되지 않기 때문에 Sencha Location에 Sencha Touch 1 버전 경로를 설정하고 있습니다. 참고로 Sencha Touch 1이나 Sencha Touch 2 버전의 Kitchen Sink 데모 프로젝트에 대해서는 기능 상 큰 차이점이 없습니다. Create project with Sencha Touch Kitchen Sink app을 체크하고 "Next" 버튼을 클릭합니다.

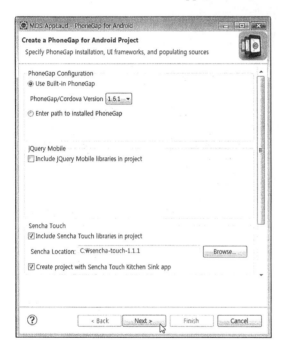

스텝 **2**

그림과 같이 프로젝트 명을 입력하고 "Next" 버튼을 클릭합니다.

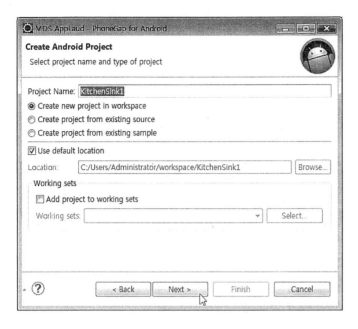

스텝 3

안드로이드 SDK 버전을 선택하고 패키지명을 정의하여 프로젝트를 생성합니다.

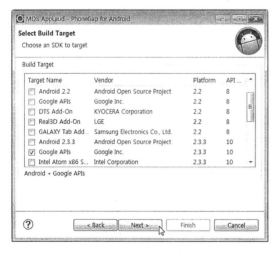

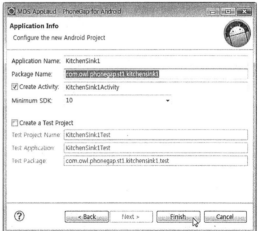

스텝 4

그림과 같이 Kitchen Sink 데모 프로젝트가 생성됐습니다.

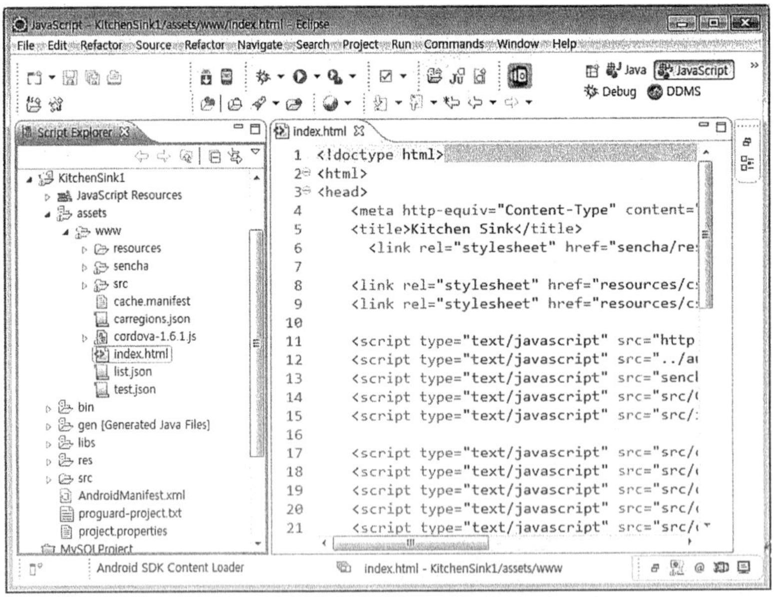

스텝 5

index.html 파일을 보면 그림과 같이 Sencha Touch 관련 라이브러리를 호출하고 있고 Sencha Touch 기능들을 사용할 수 있는 각종 샘플 소스들을 호출하고 있습니다.

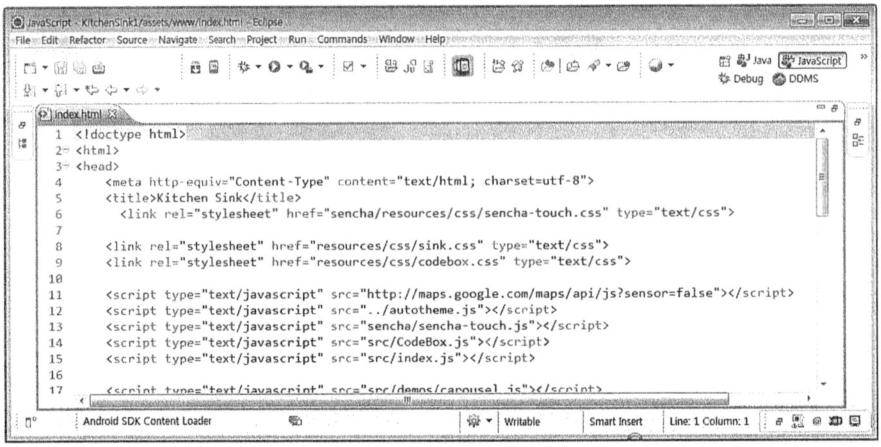

스텝 6

그림에서 보여주는 js 파일들이 각각 Kitchen Sink 앱에서 실험할 수 있는 Sencha Touch의 기능들임을 눈여겨보기 바랍니다. 앞서 언급한 바와 같이 <body> 태그에는 특별한 출력 구문이 없다는 것도 잘 봐두고 다음에서 실험한 사례를 보기 바랍니다.

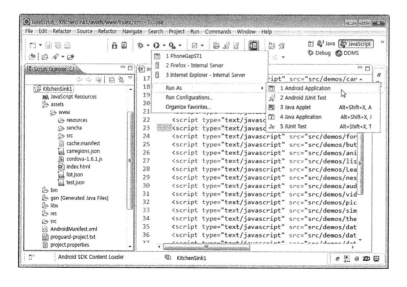

```
17    <script type="text/javascript" src="src/demos/carousel.js"></script>
18    <script type="text/javascript" src="src/demos/icons.js"></script>
19    <script type="text/javascript" src="src/demos/map.js"></script>
20    <script type="text/javascript" src="src/demos/tabs.js"></script>
21    <script type="text/javascript" src="src/demos/bottomtabs.js"></script>
22    <script type="text/javascript" src="src/demos/toolbars.js"></script>
23    <script type="text/javascript" src="src/demos/touch.js"></script>
24    <script type="text/javascript" src="src/demos/forms.js"></script>
25    <script type="text/javascript" src="src/demos/buttons.js"></script>
26    <script type="text/javascript" src="src/demos/animations.js"></script>
27    <script type="text/javascript" src="src/demos/list.js"></script>
28    <script type="text/javascript" src="src/demos/LeafSelectedPlugin.js"></script>
29    <script type="text/javascript" src="src/demos/nestedlist.js"></script>
30    <script type="text/javascript" src="src/demos/audio.js"></script>
31    <script type="text/javascript" src="src/demos/video.js"></script>
32    <script type="text/javascript" src="src/demos/picker.js"></script>
33    <script type="text/javascript" src="src/demos/simulator.js"></script>
34    <script type="text/javascript" src="src/demos/themes.js"></script>
35    <script type="text/javascript" src="src/demos/data/jsonp.js"></script>
36    <script type="text/javascript" src="src/demos/data/ajax.js"></script>
37    <script type="text/javascript" src="src/demos/data/yql.js"></script>
38    <script type="text/javascript" src="src/demos/data/hasManyIteration.js"></script>
39    <script type="text/javascript" src="src/demos/data/nestedLoading.js"></script>
40
41    <script type="text/javascript" src="src/demos/sheets_overlays.js"></script>
42    <script type="text/javascript" src="src/structure.js"></script>
43    <!-- Uncomment following line to access PhoneGap APIs (not necessary to use PhoneGap to package w
44    <!-- <script type="text/javascript" charset="utf-8" src="cordova-1.6.1.js"></script>-->
45
46  </head>
47+ <body>
48  </body>
49  </html>
50
```

23.8 Kitchen Sink 데모 프로젝트 실험

스텝 1

Kitchen Sink 데모 프로젝트를 선택하고 Run > Run As > Android Application 메뉴를 실행합니다.

스텝 2

필자는 실물 단말기를 선택하고 "OK" 버튼을 클릭했습니다.

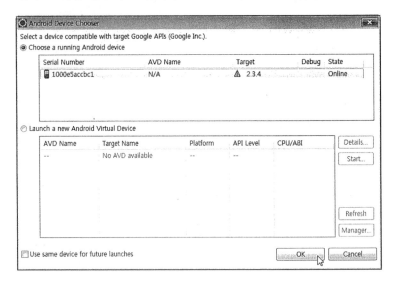

스텝 3

Kitchen Sink 앱이 실물단말기에서 실행됐습니다. 이제 Sencha Touch의 웹앱 기능을 맛볼 수 있게 됐습니다. User Interface를 선택하면 Sencha Touch에서 제공하는 화면 객체들에 대한 스마트 디자인 탐색할 수 있는 목록이 나타납니다. 이 목록에서 List를 터치해보겠습니다.

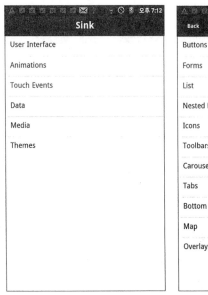
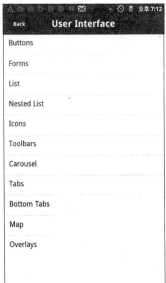

스텝 4

몇 가지 목록 형식의 스마트 디자인을
보여줍니다. 상단에 있는 "Source" 버튼
을 클릭해보면 이 화면을 출력하는 소스
코드가 나옵니다. Sencha Touch에 능
숙한 개발자라면 간단해 보이지만, 초보
자에게는 진입 장벽이 느껴질 것입니다.
HTML을 기준으로 화면 디자인을 하는
것과는 달리 전문 프로그래머에게 적합
한 코딩 방식을 취하고 있고, 일반적인
자바스크립트와는 달리 Ext라는 프레
임워을 사용하고 있어서 이에 대한 학습
과 이해가 필요하며 전문 자바 개발 방법
론에 대한 지식도 필요합니다.

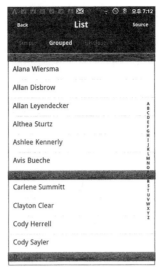

스텝 5

애니메이션의 경우 스마트폰에서 제공
하는 기본적인 화면 전환 애니메이션을
실험할 수 있도록 지원하고 있고, 터치
에 대한 실험도 할 수 있게 지원됩니다.
나머지 다른 기능들은 독자님들이 직접
Kitchen Sink 데모 프로젝트를 만들어
서 실험해보고 Ext에 대한 이해가 없더
라도 이런 스마트 디자인 기능을 구현할
수 있구나 하는 정도로 맛보기 바랍니
다.

찾아보기